아시아 유적지 기행

문명에 대한 가벼운 사유

최진숙

히움

일러두기

* 유적지 명칭은 각 나라에서 부르는 명칭, 또는 영어명칭과 다를 수 있습니다.

* 이 책의 내용에서 언급된 모든 유적지들은 저자가 직접 답사한 곳입니다.

* 이 책의 목차에 나와 있는 유적지들은 모두 세계문화유산에 등재되어 있습니다.

* 출처가 명시되어 있지 않는 사진은 저자가 찍은 것입니다.

* 필요한 내용은 각주로 되어있지 않고 옆에 설명되어 있습니다.

책을 내면서

　이 책은 저자가 세계에 있는 유적지를 답사하면서 새롭게 이해하고 발견한 인류문명에 대한 사유들을 모아놓은 기행서다. 지난해 '한국유적지기행'을 출판하면서, 문명 기행에 대한 집필 대상이 '한국'에서 '세계'로 옮겨진 것이고, 이 책은 세계유적지기행 시리즈 첫 번째로 주인공들은 아시아유적지들이다. 이 지구의 대륙을 남극을 제외하고 보통 6대주 (아시아, 유럽, 아프리카, 오세아니아, 북아메리카, 남아메리카)로 나눈다. 인류가 남긴 그 많은 문명을 한권의 책에 담는 것은 불가능한 일이고, 따라서 6대주 대륙별로 나누어 집필하는 것이 좋겠다고 판단했다. 그러나 아시아 대륙에만도 놀랄만한 유적지가 너무 많아, 아시아 국가 중 유적지가 압도적으로 많은 중국과 인도를 선두로 하여 아시아유적지기행은 두 권의 책으로 나누었다. 본 책에는 중국을 선두로 하여, 캄보디아, 인도네시아, 태국, 일본 그리고 튀르키예에 있는 유적지들이 소개되어 있다. 유럽으로 넘어가는 길목에 있는 튀르키예는 로마 문명유적지가 많아서 유럽유적지로 분류하는 것이 맞을 수도 있지만, 대부분의 영토가 아시아 대륙에 있기도 하고 유럽 문명과 차별성이 있기 때문에 본 책에 포함시켰다. 나아가 본 책에 있는 유적지들은 다음과 같은 기준으로 선정되었음을 밝혀둔다. 먼저 유네스코가 지정한, 세계인이 자연스럽게 수용할 수 있는 "탁월한 인류 보편적 가치"가 있는 세계문화유산일 것, 둘째, 저자의 관점에 볼 때 많은 세계인이 보고 싶어 하거나 반드시 보았으면 하는 유적지일 것, 셋째 유적지들이 직접 탐험 가능한 나라에 있어야 할 것, 마지막 가장 중요한 기준은 저자에게 깊은 감동과 울림을 주어야만 할 것, 이상이다.

'한국유적지기행'에서 이미 밝혔듯이, 저자가 살아가면서 가장 궁금했던 것은 우주와 인간의 관계였고, 저자의 삶은 그 답을 찾아가는 과정이라고 생각한다. 그리고 그 답을 찾을 수도 있을 것 같은 착각을 불러일으키는 곳이, 이 작고 따뜻한 지구라는 행성에 인류가 출현하여 흔적을 남기고 간 유적지였다. 결국, 그 착각은 저자의 가슴을 휘몰아치게 하며 남은 생을 유적지 탐험과 답사의 길로 내몰았다. 영화 '매트릭스'에서 나오는 말, '길을 아는 자와 길을 걷는 자'는 다르듯이, 유적지를 찾아 직접 '길을 걷는 자'가 되기로 한 것이다. 그리고 이왕 '길을 걷는 자'가 되었으니, 우주와 인간을 설계한 신이 있다면, 신이 숨겨놓은 진리가 무엇인지, 신이 개입하여 설계한 것은 맞는지 '길을 찾는 자'가 되어 알아보라는 미션을 스스로에게 던졌다. 다른 일에는 딱히 재주가 없는 것 같고 길을 걷는 것은 그나마 잘하는 일 같아서다. 그런데 '길을 걷는 자'가 되고 나서 깨달은 것은, '길'이란 중도에 멈출 수 있는 것이 아니었고, 다시 돌아간다는 것은 그동안 투자한 자원을 낭비한 꼴이 되니 더더욱 어렵다는 것이다. 결국, 앞으로 나가는 것만이 그동안의 노력도 날리지 않고, 목적지에 대한 희망도 유효하다는 것을 알게 되었다. 달리 방법이 없는 저자는 지금도 걸어서 앞으로 나아가는 중이다. 지금 걸어서 가는 길 끝에 무엇이 있는지 알 수 없고, 목적지가 '찾고자'했던 곳이 아니더라도, 걸었다는 것 자체만으로도 감사해야 하는 것이 아직 '길을 찾지 못한 자'의 태도일 것이다. 길을 모르고 걷는 것과, 길을 모르는 것을 알고 걷는 것은 분명 다른데, 그래도 후자의 여정들이 이 책에 기록되어 다행이라고 생각한다.

　이미 간파했겠지만, 세계유적지들은 답사하고 싶다고 해서 쉽게 갈 수 있는 곳이 아니다. 세계 유적지 답사는 한국 유적지답사와 차원이 다르다. 세계 유적지를 가는 이동 거리와 이동 시간을 감수해야 하고 경제적 지원도 필요하다. 그래서 이 책을 빌려 온전히 저자 자신에게 집중할 수 있도록 도와준 가족에게 고맙다는 말을 전하고 싶다. 나아가 아무리 세계유적지에 관심이 있다 해도 저자 본인이 '길을 걷는'것을 선택하지 않았다면 또한 가능한 일이 아님을 알고 있다. 야외활동을 좋아하는 기질을 타고 났고 '길'을 걷고 집필할 수 있는 열정과 체력을 가진 저자 자신에게도 수고했다는 말을 해야 할 것 같다. 아시아에 이어서 다른 대륙에 있는 유적지도 계속해서 집필해야 하니 용기와 격려가 필요해서이다. 생의 남은 에너지를 왜 유적지 관련 책을 집필하는데 쓰려고 결심했는지 잘 모르겠지만, 인간 본성에 있다는 선한 이타성이 발현되어서 그런 것이라고 해두자. 그 이유가 가장 적절한 것 같고 마음에도 든다. 그러나 이러한 유적지 기록은 후대에게 문명에 대한 철학적 사고와 사유를 주어 삶의 가치와 의미를 재발견할 수 있도록 해 준다고 저자는 믿고 있다. 무엇보다 세계 문명유적지에서 저자가 발견하고 깨달은 내용을 읽고 독자들이 즐거움을 가졌다면, 이 책은 더할 나위 없이 궁극적인 목적을 달성한 것이다. 그리고 저자 자신도 집필하는 동안 유적지의 자연과 함께 즐겁게 산책했다는 것을 고백해야겠다. 몽골 초원에 흐르던 바람과 보로부두르의 몽환적인 안개, 앙코르와트의 붉디붉은 노을, 만리장성 위에 벽돌만큼 많았던 사람들, 아야소피아 창살로 들어오던 천국의 햇살, 병마용을 이천년이 넘도록 묻어 두었던 흙, 옥룡설산에서 천년만년 누군가를 기다리던 눈, 발리사원 호수에 주저 없이 내리꽂히던 비, 유적지에서 마주한 이 모든 자연이 저자에게 고스란히 자취로 남아있다. 유적지기행으로 이 지구의 호모 사피엔스 인간만이 할 수 있는 위대한 경험을 하게 해준 우주의 신께 감사드리면서 향기롭고 어여쁜 꽃을 바치고 싶다.

2024. 10. 광안리에서

| 목차 |

중국

1. 시안 병마용갱　13
길을 걷는다는 것　13
동서고금을 이어주는 길, 실크로드　17
진시황제의 어마무시한 호위무사들　20
기록을 증명하다　24
생자필멸(生者必滅), 영원한 삶이 어디 있다고　26
창업보다 수성이 어렵다　29
우주에서 인간의 근원을 찾다　32

2. 베이징 만리장성　36
인류 최대(最大) 최장(最長)의 방어용 성벽　36
하루아침에 만들어지지 않았다　39
중국의 이유 있는 최대(最大) 정신　41

3. 베이징 자금성　45
황제가 있는 금지된 공간　45
왕관을 쓰려는 자, 그 무게를 견뎌라　49
권불십년(權不十年), 고이면 썩는다　53
피서산장과 열하일기　58

4. 낙양 용문석굴 62

성주풀이, 삶을 존재하게 하는 죽음 62

불교 석굴 예술의 정수 65

흥망성쇠는 필연이다 68

5. 운남 리장 고성 72

홍등불빛의 고성(古城) 72

중국의 조공시스템 76

한국 외교관의 롤 모델, 서희 78

히말라야 끝자락에 서다 81

6. 마카오 성 바울성당 85

네가 왜 마카오에서 나와 85

다시 만난 마테오리치 87

화려한 무대의 뒷모습 90

캄
보
디
아

1. 씨엠립 앙코르와트 97

회색 도시에 찬란하고도 찬란한 97

지상에 천상세계가 100

유령도시에서 세계 최고의 유적지로 104

불가사의하고 미스터리하고 107

앙코르(Encore)! 앙코르(Angkor)의 화양연화 111

2. 씨엠립 바이욘　　　　　　116

불교, 크메르의 호국신앙이 되다　　116

큰 바위 얼굴의 정체　　　121

무상무념의 행복　　　123

인도네시아

1. 족자카르타 보로부두르　　　129

비행공포증, 모든 것에는 대가가 있다　　129

압도적이고, 독보적이고, 예술적인　　132

네 가지 놀라움　　　134

만다라의 세계를 만나다　　　138

2. 족자카르타 프람바난　　　142

힌두 신들이 모여 사는 곳　　　142

다신교적 일신교　　　147

다시 태어나다니요　　　150

힌두교 우주론과 빅뱅 이론　　　152

3. 발리 문화경관　　　156

언제 어디서나 신과 함께　　　156

햇살과 진심을 담은 논, 자티루위　　158

영혼의 세계, 타만 아윤 사원　　　161

태국

1. 아유타야 왓 마하탓   167

영광과 몰락의 도시   167

보리수에 갇힌 부처님   170

왜냐고 묻지 마라, 모.른.다.   173

2. 아유타야 왓 프라시산펫   177

심했다. 왕실 사원이라는 이유로   177

인간은 왜 전쟁을 하는가   179

승리를 기억하다, 왓 야이차이몽콘   182

그럼에도 불구하고 종교는 따뜻하다   185

일본

1. 교토 청수사   191

이곳에 백제인의 숨결이   191

공중 돌출 건축물의 실례(實例)   195

독학과 답사   197

썰,썰, 說   199

일본의 신사문화   201

2. 가고시마 집성관   206

메이지유신 세계문화유산 유감   206

일본 근대화의 시작점   208

서구에 대한 태도가 운명을 바꾸다   211

3. 히메지 히메지성   216

벚꽃 날리던 날, 언덕 위의 하얀 성   216

도요토미 히데요시의 악한 야망   221

기적처럼 살아남다   223

튀르키예

1. 이스탄불 아야소피아   227

파란만장한 이스탄불   227

더 파란만장한 아야소피아   230

영원한 앙숙   235

두 종교의 충돌에 대한 예측   238

2. 이스탄불 블루모스크   242

알아야 제대로 볼 수 있다   242

무함마드의 생애   245

창조는 전승과 모방으로부터   248

푸르고 푸른빛의 기도실   252

3. 이스탄불 바실리카 시스턴   255

물빛 흐르는 로마 최대 저수지   255

신화 속 괴물 메두사의 머리   257

4. 카파도키아 데린구유   261

초고대문명이 정말 존재했을까   261

이슬람 국가에 기독교 유적지가 있는 이유   266

기독교의 반전   271

박해받던 종교가 박해하는 종교로   273

종교는 언제 사악해지는가   276

5. 에페소 셀수스 도서관   280

신약성경에 나오는 그 '에베소'   280

의욕적인 지식인 바울   283

지혜, 미덕, 지성, 지식의 보고(寶庫)   284

로마제국과 몽골제국   287

나의 도서관   290

참고문헌 · 295

중국

1. 시안 병마용갱

2. 베이징 만리장성

3. 베이징 자금성

4. 낙양 용문석굴

5. 운남 리장 고성

6. 마카오 성 바울성당

1. 시안 병마용갱

◇◇◇◇◇◇

길을 걷는다는 것

저자는 어린 자녀들을 둔 학부모들을 대상으로 강의를 한 경험이 있다. 그때 저자는 부모들에게 자녀 방에 지구본이나, 지구본이 싫다면 세계지도라도 붙여놓으라고 제안했다. 일단 지구본은 전 세계를 한눈에 볼 수 있게 하여 시각적으로 지구과학이나 세계지리를 배우는데 가장 효과적인 도구이다. 뿐만 아니라, 세계의 기본적인 지식과 정보를 주기 때문에 각 나라의 다양한 문화와 역사를 이해하게 쉽고, 따라서 배우는 학생들이 가져야 할 덕목인 융합적인 사고와 폭넓은 관점을 가질 수 있다는 아주 평범한 이유에서다. 무엇보다 글로벌 시대에 사는 학생들이니만큼 세계인의 시각으로 문제를 분석하고 해결하는 능력을 키워주기 위해서라도 지구본이나 세계지도가 필요하다고 강조했다. 이 정도면 저자가 왜 자녀 방에 지구본을 놓거나, 세계지도라도 붙여놓으라고 제안했는지에 대한 이유가 충분히 설명된 것 같다. 그러나 저자의 속내에는 이러한 이유에 덧붙여 또 다른 이유가 하나 더 있었다. 지구본이나 세계지도는 미래의 꿈나무들에게 언젠가 세계를 가보겠다는 꿈을 키우게 하고, 세계를 걷도록 유도할 수 있을 거라고 판단했기 때문이다. 즉, 세계로 나가서 일단 걷게 하고 싶었던 것이다. 걷지 않고 다른 세상을 볼 수 없다. 걸어야 새로운 세상을 볼 수 있고, 진짜 세계를 보는 눈도 생긴다. 할 수만 있다면, 누구라도 세계를 걷게 하라고 말하고 싶다.

이런 말을 하고 생각해보니, 저자가 호주에서 머무르는 동안, "A ship in harbor in safe, but that is not what ships are built for"라는 문구를

자주 보았던 것 같다. 특히 호주 초등학교에서 이 문구를 많이 활용했던 것으로 기억한다. 구지 해석하자면, 항구에 있는 배는 안전하겠지만, 그것은 배가 만들어진 이유가 아니라는 뜻이다. 이 문구는 미국의 신학자이자 교수인 존 쉐드(John A. Shedd)의 격언집에서 나온 명언임을 나중에 알았다. 호주에서 처음 이 글을 보았을 때는, 그저 호주의 도시들이 대부분 바다에 있으니 배타기를 즐기는 호주인의 문화와 잘 어울리는 문구라 그들이 애용하나보다 했다. 실제로 그럴 수도 있다. 그러나 초등학교에서 이 문구를 학생들에게 알려주는 것에는 뚜렷한 이유가 있을 거라고 생각한다. 보통의 사람들은 도전을 필요로 하는 상황에서도 현재의 안정적인 상황이 편해서, 또는 실패할 것을 염려하여 그대로 머물러 있는 경우가 많다. 그러나 인간은 도전해야 하는 상황과 끊임없이 맞닥트리게 된다. 아니 역으로 보면, 세상에는 도전하고 싶은 것이 너무 많다. 이때 우리는 용기가 필요하다. 망설이지 말고, 도전하고 싶은 것에 용기를 내어 도전하라고 호주의 선생님들은 이 말을 학생들에게 자주 전해주었던 것이 아닐까 싶다.

사실, 항구에 머물거나 넓은 바다로 나가거나, 인생은 각자의 선택이다. 편안하게 항구에서 안주하며 지내는 것을 선택했다면, 굳이 거친 풍랑과 해풍을 겪는 위험을 감수하지 않아도 된다. 그런데 그것이 진정 인간이 바라는 삶일까. 항구에 머물며 안주하면서 사는 것이 삶의 목적은 아닐 것이다. 너무 평범한 이야기가 될 수 있지만, 거친 세상에서 풍랑을 이기고 그것을 극복하는 것이야말로 인생의 진정한 참맛을 느낄 수 있다고 생각한다. 도전이란 그래서 삶을 역동적이고 흥미롭게 하며 의미 있게 만드는 것이 아닐까. 무엇보다 도전에서 무한한 행복을 가질 수 있다는 사실을 절대 간과하면 안 된다. 열정을 발휘하여 도전을 받아들이고, 도전을 즐기면서 새로운 경험을 얻는 것, 인생을 사는 멋진 방법이다. 좀 실패하면 어떤가, 거친 파도를 극복한다면, 우리는 더 강해지고 성장할 수 있는데. 지금 바다로 나갈 준비를 하고 있는가. 그렇다면 이제 용기만 있으면 된다. 바다로 나가 새로운 기회를 만나고, 새로운 세계를 보는 것이다. 세상으로 나가기 위해 지금 막 발을 뗐다면, 혹시 지금 지구본이나 세계지도는 가지고 있는가. 지금 필요하지 않은가. 필요하다고 느낀다면, 이미 세계를 나갈 준비를 마친 것이다. 용기를 낸 것이다.

그런데 떠나라고 해서 모두가 떠날 수 있는 것은 아니다. 누구라도 떠날 수 있지만, 누구라도 떠날 수 없는 일이다. 떠날 수 없는 상황도 있고, 그렇게 하고 싶은 마음이 생기지 않을 수도 있다. 저자도 알고 있다. 이처럼 떠나지 못하는 데는 여러 이유가 있겠지만, 그럼에도 불구하고 떠나는 것은 용기의 문제라고 생각한다. 그래서 용기를 가지게 하려면 명확한 동기를 만드는 것이 좋겠다. 삶에 있어서 무언가 행하려고 할 때, 행동을 할 수 있는 이유를 만들어주는 것이 동기이다. 그래서 먼저 동기를 찾으라고 말해주고 싶다. 그러려면 자신에게 먼저 귀를 기울여야 한다. 자신이 생각하는 중요한 가치가 무엇인지, 무엇을 하고 싶은지, 우주의 중심인 자신을 먼저 들여다보아야 한다. 설사 시간이 지나 예전에 들었던 마음의 소리를 잊었다 해도, 다시 문을 두드려 들으면 된다. 그렇다고 들리지 않는데, 구태여 자신을 괴롭혀가며 들을 필요는 없다. 소리가 없으면 없는 대로 받아들이면 된다. 진정한 자신의 소리는 찾아서 애타게 듣는 것이 아니고, 저절로 들려야 한다. 들릴 때까지 스스로를 신뢰하고 자신을 보살피며 기다려 보는 것도 좋다. 그러다 마음의 의욕이나 열정에 힘이 생겨 본인이 무엇에 관심이 있는지, 흥미 있는 활동이 무엇인지 찾아내면 그것을 귀담아 들으면 된다.

홍콩 앞 바다에 정박해 있는 배들, 이렇게 정박해 놓기 위해 배를 만든 것은 아니다.

누군가 저자에게 왜 길을 걷느냐고 묻는다면, 저자는 이렇게 말할 것이다. '한국유적지기행'에서 밝혔듯이, "삶은 신이 감춰놓은 진리를 찾아가는 여정"이고, "유적지는 진리를 찾아내고 진리를 공부하는 학습장 같은 곳"이기에 그곳을 향해 길을 걷는 것이라고. 그리고 "유적지를 탐험할 때마다 같은 공간 다른 시간 속에 있는 과거의 문명과 해후하는 것에 늘 가슴이 뛰었고... 깨달음과 사유를 가질 수 있어서" 참 좋았다고 말하고 싶었다. 그런데 가만히 보니, 본 책에 있는 첫 유적지를 만나기도 전에 이리 장황한 이야기를 늘어놓는 것을 보면 또 직업병이 도진 것 같기도 하다. 평소에도 선생티를 낸다고 주위에서 군소리를 많이 듣는 편이다. 그냥 가만히 있으면 될 걸, 무슨 일이든 조금 어긋난 것을 보면 그냥 넘어가지 못하고 꼭 참견을 하고 지적을 하는 습성이 있다는 것, 인정한다. 그러나 이 책에서만큼은 뿌리 깊게 박힌 그런 성질을 좀 부리고 싶다. '선생'이란 학문적으로 도를 깨달은 자, 가르침을 업으로 하는 자 등 여러 뜻이 있지만, 저자는 선생(先生)을 '먼저 태어난 사람'이란 뜻으로 받아들이겠다. 이 책을 읽는 독자들보다 훨씬 먼저 태어난 사람이라는 것, 뭐 대단한 벼슬은 아니지만, 이것으로 성질을 좀 부려보겠다는데, 독자들도 어쩌겠는가. 그럴 정도의 자격은 있다고 치부하는 저자를 받아줄 수밖에 없을 것이다. 그러나 이 책의 모든 이야기에는 저자가 아는 것을, 저자가 좋아 하는 것을 모든 사람들에게 나누어 주고 싶어 하는 저자의 진심이 고스란히 담겨져 있다는 것은 알아주었으면 좋겠다. 그리고 혹시 이 책의 유적지가 하는 이야기를 듣고 길을 떠나기로 했다면, 용기를 내어 도전을 선택했다면, 이제 세계로 나가 새로운 세상을 볼 것이니 참 잘한 일이라고 말해주고 싶다. 새로운 세상은 걸어야 보인다는 말, 사실이다. 최소한 저자의 경험에서는 그렇다. 이 세상을, 이 지구를, 이 우주를, 한번 걸어 보는 것이다. 길을 걷다보면 또 다른 새로운 길을 만날 수도 있고, 자신만의 새로운 길도 만들 수 있으며, 자신 스스로가 길이 될 수도 있다. 그러니 길을 걷는다는 것은 아름답고 멋지고 가슴 떨리는 일만 해후하게 된다는 것, 저자가 확실하게 보장할 수 있다.

동서고금을 이어주는 길, 실크로드

　인류도 이렇게 걸으면서 시작되었다. 그리고 걸으면서 새로운 세상을 발견하고 길을 걸으며 진화했다. 인간의 이동은 생존을 위해서 필수적이었기에, 인류역사도 길에서 시작할 수밖에 없었다. 걸어서 앞으로 나가야만 만들어지는 생존의 길은 점점 견고해진다. 그러다 인간은 생존하기 위한 물자를 직접 생산할 수 없다 하더라도, 물물교환으로 필요한 물자를 확보할 수 있다는 사실을 알게 된다. 그때부터 인간의 욕망이 길을 만든다. 교환의 공간이 필요해지면서 그곳으로 가는 길을 만들고, 보다 편리한 방법으로 욕망을 채우기 위해 교환 장소인 목적지 간의 길을 연결한다. 고대부터 이렇게 연결된 길은 현대까지 이어져 세계지도에서 가장 긴 길이 되었다. 이 길이 바로 실크로드(Silk road)다. '실크로드', 즉 '비단길'은 중국에서 중앙아시아, 인도로 이어지는 길에서 당시에 가장 많았던 교역 물품이 비단이란 것을 발견한 독일의 지리학자가 지은 이름이다. '실크로드'라고 하면, 일반적으로 중국 대륙과 유럽 세계를 잇는 동서교역로라고 생각하지만, 정확히는 인도양을 통해 이어지는 바닷길을 제외한, 대륙에 있는 모든 사막과 오아시스 도시를 거치는 교역 경로까지 포함한 길을 말한다. 이 길은 세계역사에서 단순히 물자를 교역하는 물리적 가치를 넘어, 정치, 경제, 문화를 이어준 교통로로서 세계 문명 교류에 결정적인 역할을 해왔다. 또한 이 길은 동서양의 역사를 바꾸어 놓기도 했다 예를 들어, 교역으로 인해 서양 로마로 들어간 중국의 비단과 향료는 서로마 제국을 패망의 길로 접어들게 한 간접적 원인이 되었다. 몽골은 거대한 중국대륙의 실크로드를 따라 중앙아시아를 횡단하여 세상에서 가장 큰 영토를 차지한 제국이 되었다. 실크로드는 이렇게 동양과 서양, 고대와 현대, 그야말로 동서고금을 이어주는 세계에서 가장 오래된 길이다.

시안에서 이스탄불까지의 실크로드를 그려보았다.
본 책도 시안에서 시작해 이스탄불에서 끝난다.

실크로드는 세계에서 가장 오래된 길인 것에 모두 동의하지만, 그 기원에 대해서는 학설이 분분하다. 고고인류학적으로 최초의 문명이라고 할 수 있는 것은 '불과' 5000년 전에 등장했으니, 그때 인류가 이동하면서 생긴 길이라고 보는 학자도 있고, 더 거슬러 올라가 지구의 빙하기가 끝나고 난 후부터 만들어진 길이라는 주장도 있다. 그러나 아시아에서 인도를 거쳐 유럽으로 이어지는 이 비단길은 기원전 1,200년 북방기마민족, 즉 유목민들이 처음으로 개척했다고 보는 것이 일반적이다. 유목민들의 특징은 초지를 찾아 이동하는 것이다. 이동하기 위해 유목민들은 어릴 때부터 말 다루는 기술을 배운다. 이렇게 길을 갈 수 있는 교통수단으로 말이 있었으니 교역을 위해 교환 장소인 목적지로 누구보다 쉽고 빨리 갈수 있었을 것이다. 그 이후 유목민들은 자신들이 만들어놓은 이 길을 조금 더 체계적으로 관리하면서 동아시아에서 얻은 비단을 유럽에 팔고, 반대로 로마제국과 중동에서 얻은 물건을 동아시아에 팔면서 활용했다고 보는 것이다. 또한 기원전 115년 중국인들이 시안을 출발해서 중앙아시아, 서아시아의 유럽까지 개척했다는 자료도 있다. 실크로드 기원에 대해 많은 연구들이 있지만, 지구에서 가장 길게 이어진 길, 그래서 가장 많은 지구인들이 걸었고 지금도 걷고 있는 길은 분명하다. 그리고 그 길의 출발점이 시안이고, 종착점은 이 책 마지막 부분에 있는 튀르키예 이스탄불로 알려져 있다. 이 책에서 가장 먼저 만나게 되는 병마용갱 유적지는 실크로드 시작점인 시안에 있다.

중국인들은 이렇게 말한다. '중국의 100년 역사를 보려면 상하이, 1000년 역사를 보려면 베이징, 3000년 역사를 보려면 시안으로 가라'고. 시안은 중국 3000년의 역사를 가진 고대도시라는 뜻이다. 우리에게 '장안'으로 더 잘 알려져 있는 시안은 로마, 카이로, 아테네와 함께 세계 4대 고대도시로 손꼽히며, 동양에서는 가장 오래된 고대도시라고 보면 된다. 시안은 당(唐)나라 시대에 가장 번영을 이루었는데, 당시 인구 100만 명이 넘는 세계 최대 규모를 가진 대제국의 수도였고, 문화와 예술이 가장 찬란하게 꽃피었다고 한다. 이렇게 번영을 이룰 수 있었던 것은 바로 실크로드 때문이었다. 시안의 랜드 마크인 대안 탑이 그 증거다. 대안 탑은 대형 목조탑을 모방한 7층 벽돌 전탑으로, 높이가 64m나 되는 현존하는 가장 오래되고, 가장 규모가 큰 불탑으로 대자은사의 경내에 세워져 있다. 실크로드 출발점인 시안에 세워진 대안 탑은 당나라시대인 652년, 소설 서유기의 삼장법사로 알려져 있는 현장법사가 인도에서 가져온 경전과 불상 등을 보존하기 위해서 세워진 탑이다. 이 불탑은 한국과 일본 등에 전파된 인도의 불교문화와 불교 건축양식을 하고 있는데, 당시 현장법사가 인도까지 다닐 정도로 실크로드에서 교류가 활발히 이루어졌다는 뜻이기도 하다. 물론 실크로드 영향으로 번성하게 된 것은 당나라 뿐만은 아니었다. 그보다 훨씬 이전인, 중국역사에서 최초로 통일국가를 이룬 진나라 역시 실크로드의 영향을 크게 받았다. 진나라의 시황제가 전국을 통일하기 전인 기원전 260년, 진나라는 7개 국가(연·위·제·조·진·초·한)중 가장 변방에 있었지만, 실크로드가 지나가는 길에 있었기에 외부의 많은 문물을 받아들일 수 있었고, 그 문물들이 진나라의 군사력을 강화하는데 큰 영향을 미친 것으로 알려져 있다. 실크로드가 안겨다준 번영으로 중국에서 최초로 통일국가를 이룬 진나라는, 세계를 깜짝 놀라게 한, 보고도 믿기 어려운 거대하고 불가사의한 문명을 이곳 시안에 남겨놓았다. 바로 진시황제의 부장품인 병마용 테라코타(terra-cotta, 점토를 구운 모형)들이다.

진시황제의 어마무시한 호위무사들

살아가면서 우리는 누군가에게 보호받으며 살아간다. 국가나 직장, 그리고 가족이나 친구, 동료, 나아가 법적제도 등 어떤 형태로든 물리적인 보호를 받고 있다. 또한 심리적으로도 끊임없이 보호받기를 원하는 것이 인간의 본성이다. 개인의 인생에서 단 한명의 든든한 호위무사만 있어도 심리적 안정감으로 보다 편안한 삶을 살 수 있지 않을까 생각한다. 그래서 누군가에게 호위무사가 있다는 것, 무조건 당연히 이해한다. 그런데 살아서도 죽어서도 상상을 초월하는 숫자의 호위무사를 가진 사람이 있다. 바로 진시황제이다. 황제이니 그 정도의 호위무사를 두는 것이 마땅하다고 생각할지 모르나, 문제는 많아도 너무 많다는 것이다. 이 어마어마한 수의 호위무사들을 보면, 중국 역사에서 왜 '진시황제'가 가장 많이 언급되는지 그 이유를 알 것 같다. 저자뿐 아니라, 독자도 중국 황제들 중 가장 많이 들었던 이름이 진시황제가 아닐까. 그 진시황제가 묻힌 무덤이 시안에서 35km 떨어진 곳에 정사각형 토지에 동서남북 네 개의 문이 달린 담장으로 에워싸인 43m 높이의 거대한 봉분으로 남아있다. 이 거대한 봉분을 진시황제의 무덤이라고 추정하고 있지만, 사실 아직 발굴하지 않아서 정확히 알 수는 없다. 발굴하지 않는 이유는 간단하다. 발굴하는 과정에서 유물들이 파손될 것을 우려하여, 후손들을 위해서 발굴기술이 완벽해질 때까지 기다리고 있는 것이다. 그러나 그 거대한 봉분이 진시황제가 묻힌 곳이라는 것이 거의 확실해졌다. 그 봉분 주변의 구덩이에서 어마어마한 규모의 병사와 말 등 병마용 테라코타가 발견되었기 때문이다. 이 병마용은 진시황제의 무덤을 호위하기 만들어졌다고 학자들은 추정하고 있는데, 추정대로라면 흙으로 빚은 테라코타이니 변할 리도 없는 호위무사들을 진시황제는 영원히 가지고 있는 것이다.

병마용 테라코타

처음 이 병마용갱(兵馬俑坑, 병사, 말 등의 모형이 있는 갱도)을 마주하게 되면, 일단 압도적 규모에 놀라서 순간적으로 숨을 멈출 수도 있다. 사실 함께 이곳을 답사했던 한 지인은 기대와 상상을 초월하는 그 규모에 갑자기 놀라서 눈물까지 흘렸던 것을 기억한다. 처음에는 평소 가슴이 생생하게 살아 있는 분이기에 감동의 눈물을 흘리시나보다 라고 생각했지만, 그 광경을 보고 있는 저자 또한 믿기 어려운 상황이었기에 그분의 눈물을 당연하게 받아들였다. 갑작스러운 놀라움이 던져준 감정적 반응을 주체하기 어려웠던 것은 저자도 마찬가지였다. 호흡을 가다듬고 놀라움을 가라앉힌 후, 서서히 병마용 갱도 안을 들여다보기 시작했다. 그런데 눈을 부릅뜨고 있는 군사들의 얼굴과 마주치는 순간, 압도적인 규모에 놀랐던 가슴에 반전이 생겼다. 슬쩍 두려움이 다가왔다. 병마용이란 '병사와 말'로 군사력을 의미한다. 군사력에는 무력이란 단어가 자연스럽게 따라오는데, 저자는 '무력'을 정말 싫어한다. 정확히 말하면 무서워한다. 사전적 의미로 '군사상의 힘이나, 때리거나 부수는 육체적 힘'인 무력을, 그것도 어마어마한 규모의 무력을 보게 되자 병마용 모형임에도 불구하고 자신도 모르게 걸음을 뒤로 하며 경계태세를 갖추었다. 그리고 병마용을 바라보던 눈길도 거두었다. 테라코타 병사의 눈을 응시하면, 눈을 부릅뜨고 있는 그들이 더욱 더 눈을 크게 뜨고 바라볼 것 같아서다. 무엇보다 일사불란하게 도열된 이들 병마들은 누군가 명령만 내린다면, 지금 당장이라도 우르르 걸어 나와 전쟁터로 갈 것만 같았다. 그리고 정말 우르르 나올까봐 진심 무서웠다.

이곳 병마용갱은 1974년 발굴조사를 시작, 현재 발굴된 갱도 4곳에서 병사 8,000여점, 전차 130기, 말 520점이 발굴되었다는데, 이건 많아도 너무 많지 않은가. 더군다나 발굴된 것보다 더 많은 수가 흙 속에 묻혀있다고 하니, 도대체 얼마나 많은 병마용을 만들었다는 말인가. 2024년 중국의 인구가 인도에 밀린다고 하지만, 중국이 정말 많은 인구를 가졌다는 것을 병마용갱을 보면 인정하게 된다. 이 대규모의 진시황릉 테라코타 작업도 그 당시 진나라의 인구가 많았기 때문에 가능했을 것이다. 사마천의 사기에는 기원전 246년 이 병마용갱을 건설하기 위해 진시황이 340만 명의 인부를 동원하였다고 기록되어 있다. 340만 명, 정확한 통계인지 확인할 수는 없지만, 고대시대에 동원된 인구수가 340만 명이라니, 일단 그 규모로만 보면 세계에서 가장 큰 유물이 될 수도 있겠다. 진시황릉 주변의 땅에서만 이렇게 많은 유물들이 쏟아져 나오는데, 진시황릉 본 무덤에는 도대체 얼마나 많은 유물이 있을지 상상이 가질 않는다.

명령을 기다리는 호위무사

먼저 230m에 이르는 1호 갱 안으로 들어가면 측면을 수호하고 있는 궁수들과 함께 보병대와 기병대의 병사 1,087명이 전투 대열로 서 있다. 하나하나를 모두 흙으로 빚어낸 병사들의 키는 평균 180 cm이고, 모두 기골이 장대하고 얼굴 표정도 모두 다르다. 그중에서도 눈길을 끄는 것은 아직 채색이 남아있는 병사인형들이다. 원래는 실제 사람처럼 채색되었으나 수천 년의 시간동안 묻혀 있다가 갑자기 발굴되었을 때 외부 공기와의 접촉으로 채색부분이 탈색된 것이라고 한다. 그래도 이 지역의 토양이 알칼리성이고 유기물 입자가 적어서 채색이 땅속에서 오랫동안 보존된 것으로 보고 있다. 이곳 갱도에는 병사인형뿐 아니라, 실제 사람처럼 만들어진 신하들, 궁중광대 등 궁궐에 있던 다양한 사람들의 모형들도 있다. 그뿐인가, 이곳에서 실물크기의 청동제 마차, 진시황이 기르던 말 같은 동물들, 그리고 갑옷과 투구까지 발굴되었다. 이런 병마용갱을 발견하고 너무 놀란 중국 정부는 현재 발굴과 함께 많은 연구를 진행하고 있다. 예를 들어, 병마용 조각상의 팔이 쉽게 부러지는 현상이 나타났는데, 제작할 때 용이하게 하기 위해서 몸통과 팔을 같이 만든 게 아니라, 조립식으로, 즉 각각 만든 후 접착한 것으로 최근 밝혀졌다. 또한 병마 조각상에 남아 있는 지문을 정밀하게 분석한 결과, 이 조각상을 제작한 도공의 나이가 14살에서 16살사이라는 것도 알아냈다. 나아가 장교가 들고 있는 칼의 길이가 일반 병사의 칼보다 더 길다는 것과, 병마용의 머리 모양과 갑옷의 형태, 병마용 들은 계급과 역할에 맞추어 배치되었던 규칙등도 세세하게 밝혀지고 있어서, 고대전쟁의 전술 방식 등을 이해하는데도 커다란 진전을 보이고 있다. 현재 세계인이 주목하고 있는 이곳, 앞으로 발표될 진시황의 영원한 호위무사들에 대한 연구결과도 무척 기대된다.

조립해서 복원해 놓은 군사 및 말의 모형들

기록을 증명하다

병마용 갱도가 발굴되면서, 사기에 기록되어 있는 진시황제의 무덤에 대한 이야기가 실제로 맞는지 확인할 수 있는 기회가 왔다. 후대인들을 진시황제의 무덤이 이곳에 있다는 것을 어떻게 알았을까. 중국 전한(前漢) 시대의 역사가인 사마천(기원전 145년경-기원전 86년경)이 쓴 '사기'의 기록에서다. '사기'에는, '九月 , 葬始皇酈山', 즉 9월, 시황제를 여산(酈山)에 매장했다는 기록 뿐 아니라, 진시황제의 황릉을 언제 어디에 건설했는지, 진시 황릉에 얼마나 많은 인부들이 동원되었는지, 그리고 황릉의 구조와 매장된 내용까지 비교적 세세하게 기록되어 있다. 그리고 무덤을 완성한 후 도굴을 막고자 동원되었던 인부들을 모두 생매장했다는 내용까지 포함되어 있는데, 그 많은 사람들을 죽였다니 이 부분의 기록 또한 병마용 숫자만큼 무시무시하다. 그러나 이렇게 나름 구체적으로 적혀있는 기록들이 실제로 있었던 일인지 학자들 사이에서 의문이 있었다. 왜냐면 이 사기는 진시황제의 무덤이 완공된 후 약 1 세기가 지나고 저술된 것이다. 즉, 황릉 내부로 들어갈 수 없던 상황이니 사마천이 진시황 능의 내부를 직접 보고 쓴 내용이 아니라는 뜻이다. 따라서 학자들은 사마천이 사기를 저술 할 때 당시 기존에 있던 기록들을 참고했을 가능성이 높다고 생각한다. 유방이 진나라를 함락시킨 후 진나라의 문서들을 수집하고 보관했다는 기록이 있는데, 그 문서들 중에는 당연히 진시황 능에 대한 기록들이 있었을 것이고, 사마천은 이러한 기록들을 보고 집필했다고 보는 것이다. 어느 시대나 참고문헌은 필요한 법, 사마천 또한 기존의 문서들을 참고하여 후대를 위해 역사서를 쓴 것이다. 나아가 학자들이 사기에 대해 완전 신뢰가 어려웠던 또 다른 이유는, 사기에는 기록과 서사가 섞여있어서 어디까지가 사실인지 구분하기가 매우 어려웠다는 것이다.

그런데 병마용갱의 발굴로 이 기록들이 일부 증명되고 있다. 먼저 '사기'

에는 진시황이 죽은 후 후궁들을 순장하라고 명령했다고 하는데, 실제 진시황 능이 있는 근처 구덩이에서 여러 개의 무덤이 발견되었다. 그 곳에서 황실의 여자들만이 할 수 있는 값비싼 장신구들과 함께 18~30세까지의 젊은 여성들이 자연사가 아닌 살해되었다는 증거를 찾아냈다. 나아가 '사기'에 70만 명의 죄수를 동원해서 이 거대한 프로젝트를 시행했다는 기록이 있는데, 이곳에서 범죄자들에게 씌우는 족쇄가 발견되어 기록의 신뢰도를 높였다. 또한 지상의 황궁과 같은 규모로 '수은이 흐르는 강'과 망루를 가진 도성 안에 화려하게 조성했다고 되어있다. 실제로 분석한 결과, 황릉이 있는 흙의 수은 함유량이 인근 지역 흙보다 상당히 높다는 것이 확인되었다. 사실 1974년 한 농부에 의해 병마용갱이 발견되기 전, 진시황제의 무덤이라고 추정하고 있는 근처 마을에서는 농작물 농사가 잘 안되었다고 한다. 그런데 기록에서 수은이 흐르는 강에 황릉을 조성했다하니, 무덤 부근 토양이 좋을 리가 없었다. 따라서 황릉의 높은 수은 함량 또한 사마천의 기록을 증명해 보인 셈이다.

나아가 병마용갱의 발굴로 진시황제의 죽음 후 어떤 일이 있었는지도 추정이 가능해졌다. 처음 이곳을 발견했을 때 병마용은 철저하게 모두 파괴되어 있었을 뿐 아니라 갱도에 불에 탄 흔적도 있었다. 자연재해나 도굴로 볼 수 없는, 누군가 고의적으로 파괴한 것이다. 이렇게 파괴하려면 최소한 수 천 명의 사람이 필요하다고 한다. 누가 파괴했는지 정확히 알 수는 없지만, 분명 진시 황릉의 내부를 알고 있는 집단일 것이다. 그렇다면, 그 집단은 황릉건설에 강제동원 된 죄수들이었을 가능성을 배제하지 않고 있다. 발굴에서 찾아낸 족쇄를 보아 범죄자에게 혹독했다는 것을 알 수 있고, 이 혹독함에 대한 보복으로 진시황제 사후 황릉을 파괴했다고 보는 것이다. 만약 죄수들이 파괴했다면, 진시황제 사후 권력다툼으로 진나라의 국가세력이 심하게 약해졌다는 의미도 된다. 그러나 진시황제 사후 심한 권력다툼이 있었다는 것은 확실해지는 것 같다. 근처 10개 무덤들이 진시황 후궁들의 무덤이라면 진시황제의 사후 권력 다툼의 희생양으로 살해되었을 가능성도 있다. 결국 진시황의 무덤건설이라는 거대한 프로젝트는 진시황제 때 완성하지 못하고, 황제 사후 진나라가 망하게 되는 과정에서 그 다음 황제 호해가 마무리했다는 것이 병마용갱 연구자들이 현재까지 내린 결론이다. 만약 진시황의 무덤이 발굴된다면, 병마용갱에서 발굴된 유물들이 '사기'의 기록을 증명했듯이, 그곳의 유물들도 기록을 증명할 것이며, 그들 또한 중국 고대문명에 대한 최고의 역사적 자료가 될 것이다. 그리고 이곳은 세계에서 가장 큰 고고학적 유적지가 될 것이다.

생자필멸(生者必滅), 영원한 삶이 어디 있다고

진시황제, 그는 누구인가. 진시황제가 어떤 사람이었는지 정보 홍수 시대에 살고 있는 우리는 간단히 '검색'창에 이름만 띄워도 바로 알 수 있다. 저자에게는 격세지감(隔世之感)이 느껴지는 일이지만 말이다. 모두 짐작하겠지만, 유적지 답사기를 쓰려면 그 유적지와 관련된 역사, 문화, 정치, 경제, 예술 등과의 연결고리를 찾고, 그들과의 역학관계까지 조사하고 분석하고 공부해야 한다. 그렇게 하지 않고, 어떻게 감히 인류 조상님들의 수많은 희생과 노력의 결정체인 그 찬란하고 고귀한 문명을 다룰 수 있단 말인가. 지금은 공부를 하려면, 지식을 습득하는 통로가 반드시 책이 아니라는 것을 잘 알고 있다. 새삼스럽지만, 사실 저자는 치기(稚氣) 어렸던 20대에 단 한번 단편 소설을 쓴 적이 있다. 지금 읽어보면 너무 유치한 생각들과 감정들로만 표현되어 있어서 민망스럽지만, 그 한편을 쓰기 위해 밤을 새워가며 수많은 책을 읽었던 기억이 난다. 그 당시는 그랬다. 대부분 책이나 신문 등을 통해 글의 주제와 관련된 정보나 지식을 습득했다. 그래서 책을 읽는 사람들을 식자층이라고 말하던 시절이었다. 그런데 요즘의 지식 습득방법은 드라마틱하게 바뀌었다. 일반 지식은 물론 전문 지식까지도 손쉽게 습득할 수 있는데, 검색을 통해서다. 많은 사람들이 인정하는 지식의 가치는 재생산되고 확산되어 사이버 공간에 제공되어 있다. 더 중요한 변화는 지식습득 방식이 텍스트, 문자로만 가능한 것이 아니라는 것이다. 이제 우리는 정보를 습득할 때 텍스트로 읽던 것을 영상이나 화면으로 보고 있다. 뇌의 복잡한 과정을 통해 깊은 사고로 유도하는 지적행위가 책읽기라고 믿고 있던 저자는 이제 눈의 노화로 장시간 책을 읽을 수 없게 되자, 책은 조금씩, 대신 다큐멘터리 영상 등을 통해 지식을 습득하고 있다고 여기서 조용히 고백한다.

책이든 영상이든 중국역사와 관련하여 가장 많이 다루어지는 인물이 진시황제이다. 병마용갱 하나만으로도 진시황제가 어떤 사람이었는지 충분히 설명 가능하겠지만, 그래도 중국 문명 발전에 결정적 역할을 한 그에 대해 여기서 살펴볼 필요가 있다. 그는 우리에게 많은 교훈도 남겼기 때문이다. 무엇보다 그는 죽음에 집착하면 삶이 피폐해진다는 평범한 진리를 알려주고 있다. 어마어마한 규모의 병마용을 보면, 그는 현생에 있었던 호위무사들을 그대로 재현해서 사후에도 함께 하려고 한 것 같다. 그렇다면 진시황제는 정말 영생을 믿은 것일까? 영생까지는 모르겠지만, 불로불사(늙지도 않고 죽지도 않음)에, 불로장생(늙지 않고 오래 삶)에 대한 욕망은 매우 컸고, 또 이렇게 되기 위해 온 정신을 쏟았던 것은 분명해 보인다. 기원전 221년 진시황은 불로장생을 위한 불로초(먹으면 늙지 않는다는 풀)를 구하기 위해 신하들을 사방으로 보냈다는 '사기'의 기록을 보면 말이다. 사실 불로초가 어떤 것인지는 정확히 알 수 없지만, 불로초를 구하기 위해 우리나라와 일본까지 갔다는 설화도 함께 전해져 내려온다. 특히 우리나라 제주도 정방폭포에도 '서불과차', 즉 서불이 정방폭포를 다녀갔다는 글씨가 새겨져 있어서, 불로초를 찾아 제주까지 온 것이라고 추정하고 있다. 그러나 불로초를 구하기 위해 여러 나라를 방문한 것은 설화일 뿐 허구이고, 그만큼 진시황이 고대 동아시아 국가들과 활발하게 교류했다는 증거라는 주장도 있다.

위에서 어느 정도 증명이 되어 '사기'의 내용을 진실로 받아들인다면, 진시황제가 신하들에게 불로초를 찾으라고 지시한 내용도 어느 정도 신뢰할 수 있을 것이다. 이러한 내용은 그 당시 진시황제가 죽음에 대해 많은 두려움을 가지고 있었다는 뜻이 된다. 인간은 누구나 죽음에 대한 두려움을 가지고 있지만, 진시황제는 평소에도 누군가 자신을 살해할 것이라는 두려움으로 평생 공포를 느끼며 살았다고 한다. 황제의 궁 안에 비밀스러운 구름다리를 270곳이나 만들어 그리로만 다녔다고 하고, 자신의 거처를 발설하는 자는 모두 찾아 죽였다고 하니, 다음 날 갑자기 사라진 신하들이 그 대상이었을 것이다. 죽음에 대한 극도의 공포 때문에 어쩌면 불로초에 그렇게 집착했을 수 있다. 인간의 짧지만 귀한 시간을 다른 행복이나 즐거움 대신 공포로 채운 것이다. 이러한 죽음의 공포와 불로초의 집착으로 삶을 피폐하게 하는 대신, 살아있는 모든 것은 죽는다는 생자필멸(生者必滅)의 투명한 진리를 받아들였으면 진시황제는 조금 더 의미 있는 삶을 가졌을 것이라는 생각이 든다. 삶의 집착을 버리는 것이 쉽지는 않지만, 여기서 우리는 죽음에 대한 자세가 삶을 바꿀 수 있고, 욕심을 내면 낼수록 삶은 허기진다는 것을 진시황제로부터 깨닫게 된다.

이렇게 불로장생을 꿈꾸며 모든 권력을 동원해 엄청나게 노력한 것에 비하면 진시황제는 오래 살지도 못했다. 기원전 210년 고작 50세의 나이로 사망했으니 말이다. 이때가 진나라를 세우고 겨우 11년 째 되던 해다. 죽음의 이유는 여러 가지 설이 있다. 장거리 시찰 중 과로로 인한 스트레스로(일중독), 또는 수은에 중독되어 간이 나빠져서(수은중독)라는 설 등이다. 먼저 일중독에 빠져 과로사라는 근거는 그의 업무량이다. 대나무를 엮은 뒤 그 위에 글씨를 쓰는 기록 수단인 죽간은 이런 '冊' 모양이 되는데, 지금의 책의 뜻, '冊' 이란 글도 이 때 만들어진 것이다. 그런데 진시황은 이 죽간의 무게를 재어 하루의 업무량을 조절할 정도로 일을 많이 했다. 거기다 자동차도 없던 시대에 직접 전국을 시찰하고 다녔다고 하니, 과다업무의 스트레스에다 체력의 한계가 죽음으로 몰았다는 설이다. 또 다른 사망원인의 가능성은 수은중독이다. 그런데 아이러니하게도 이 수은중독은 진시황의 불로장생 욕망 때문에 생긴 것이다. 즉, 진시황은 수은에 대해 완전히 잘못된 정보를 가지고 있었던 것 같다. 진시황제는 어디서 수은이 불로초의 하나라는 정보를 입수한 것일까. 정보의 출처는 어디인지 모르지만, 검증을 해 보았는지 모르겠다. 사실 수은을 소량 섭취할 경우 일시적으로 피부가 팽팽해질 수 있다고 하는데, 진시황제는 이를 보고 수은이 효과 있다고 믿었고, 따라서 매일 수은을 먹고 발랐던 것으로 추정된다. 수은에 고농도로 노출되면 신경계는 물론, 몸에 축적되면 장기 손상까지 일으켜 죽음에 이를 수 있다고 한다. 그 어떤 설이든, 진시황제의 죽음은 과하게 일하지 말 것과 입수된 정보는 검증이 필요하다는 또 다른 교훈을 우리에게 주고 있다.

창업보다 수성이 어렵다

중국을 하나로 통일했던 그리 강성하던 진나라는 진시황이 사망하고 불과 4년 만인 기원전 206년 항우에게 멸망한다. 이러한 역사적 사실에서 우리는 새롭게 국가를 세우는 것보다 새롭게 만든 국가를 지키는 것이 더 어렵다는 것을 깨닫게 된다. 즉 창업(創業)도 쉽지는 않지만, 수성(守成)은 더 어렵다는 것이다. 진시황제는 전국시대를 통일하고 중국 역사상 최초의 통일 국가를 세운 최초의 황제이다. 그가 어렵게 창조한 통일국가 진나라는 중국을 하나로 만든 힘의 원천이기도 하다. 그러나 진나라가 그냥 우연히 쉽게 전국을 통일한 것이 아니다. 학자들은 진나라가 전국을 통일할 수 있었던 이유를 이렇게 보고 있다. 먼저 그는 인재를 고용할 때 능력을 보고 등용했다. 그 대표적인 예가 '이사'라는 외부인재를 외부(타국)에서 등용하여 통일을 이루는데 많은 조언을 받았다고 한다. 두 번째는 법을 통해 엄격한 규율을 적용했다. 그리고 법치국가로서 법에 따른 개혁을 통해 부국강병을 만들어놓았다. 마지막으로 지리적 이점을 적극 활용했다. 이미 언급했듯이, 전국 7개 국가 중 가장 변방에, 그러나 실크로드가 지나가는 길에서 외부의 많은 문물을 받아들였다. 이렇게 만들어 놓은 인프라들이 진나라를 최초의 통일국가로 만든 것이다.

진시황제는 통일국가를 만든 후에도, 백성들을 통합하고 안정된 베이스로 통치하기 위해 그 동안에 만들어진 시스템과 문자, 그리고 화폐와 도량형을 통일한다. 나아가 도로망도 확충하고 재정비하면서 치안도 강화했다. 이렇게 기반이 더욱 견고해지자 무역과 농업은 물론 군사력도 발전하게 된다. 나아가 토지 지주제를 폐지하고, 황제가 임명한 관리를 통해 다스리는 군현제(郡縣制)를 통해 중앙정부가 국민들을 직접 통치하게 되는데, 이 제도는 분열되었던 중국을 단일 문화권으로 묶는데 큰 기여를 하게 된다. 이때 만들어진 모든 제도들은 이후 2천년 중국 황조들의 기본 틀이 되었고, 그래서 지금 중국을 진나라의 'Chin'에서 시작된 이름, 'China'라고 부른다. 이렇게 보면 진시황제는 엄청난 노력으로 중국 역사상 최초의 통일 국가를 성공적으로 창업한 것이 분명 맞다.

　성공적으로 창업한 통일국가 진나라를 이제 진시황제는 잘 보존하고 지켜내야 한다. 그러나 이 위대한 성공은, 오히려 창업자 진시황제로 인해 위기를 맞이한다. 아직 진시황제의 무덤은 보지 못했지만, 병마용갱을 봐도 알 수 있지 않은가. 너무 무리를 해서 무덤을 지은 것이다. 중국의 상나라 시대부터 청나라 시대까지 막강한 힘을 가졌던 왕들의 무덤과 비교하면 진시황제의 무덤이 가장 크다고 한다. 그렇다면 다른 왕들은 진시황제처럼 무덤을 지을 능력이 없어서였을까. 아니다. 큰 황릉을 지으려면 정치적, 경제적, 사회적, 군사적으로 큰 무리가 따라야 하기 때문에 짓지 못했을 것이다. 다시 말하면, 지금 발굴되고 있는 병마용갱 규모로 건축하고, 엄청나게 많은 테라코타 조각품들을 정교하게 제작하려면, 엄청난 국가 예산이 필요할 뿐 아니라 엄청난 시간까지 필요하다. 당시 근접 국가들과의 전쟁으로 늘 긴장감에 있는 상황에서, 국가가 노동력을 사들이고 오랜 시간을 투자해서 무덤을 건설했다는 것은 누가보아도 무리였음을 알 수 있다. 따라서 진시황제만큼의 막강한 힘을 가졌던 중국의 왕들은 병마용갱 규모로 건설할 수 있는 기술력이 없었던 것이 아니라, 오히려 무덤을 무리하게 건설해서 나라가 망하게 되었다는 교훈을 받아 크게 짓지 않았다는 것이 학자들의 공통된 생각이다. 그리고 성공적인 통일국가 진나라 수성(守成)은 창업자 진시황제가 죽자 더욱더 어렵게 되었다. 거대한 규모의 무덤과 병마용갱을 건설하는데 필요한 국가예산을 사용할 수 있을 만큼의 큰 권력이 한사람에게 집중되어 있었기 때문이다. 권력을 다루는 일에 참여하지 않았고 경험도 하지 못한 다음 세대에게 갑자기 권력이 주어졌으니 권력을 어떻게 쓰는지 알지도 못한 채 권력다툼으로 우왕좌왕하다가 진나라는 무너지고 만다. 그래서 창업보다 수성이 더 어렵다는 말이 진나라에 딱 어울리게 되었다.

최근의 한 연구소에서 창업은 쉬우나 수성은 어렵다는 이 말을 지지하는 연구결과를 내놓았다. 이 연구에서, 초소형 무선 뇌 신호 측정 장치를 통해 동물(쥐) 실험을 했는데, 자유롭게 경쟁하여 상대방의 먹이를 빼앗게 한 결과, 상대의 먹이를 빼앗을 때보다, 그 먹이를 빼앗기지 않으려고 노력할 때 뇌가 더 격렬해지는 것을 발견했다. 이는 목표물을 쟁취하는 것보다 쟁취한 목표물을 지키는 것이 더 힘들고 어렵다는 것을 과학적으로 증명해 보인 셈이다. 인간사회에서 경쟁은 어쩔 수 없는 사회적 상호작용이다. 인간 본성이 가지고 있는 경쟁 심리는 모든 에너지를 동원시켜 목표로 하는 것을 쟁취한다. 쟁취한 새로운 상황이 만들어졌다. 이제 어렵게 만들어낸 것을 이 새로운 상황을 어떻게 유지할 것인가가 관건이 된다. 즉, 목표를 달성했다고 끝난 것이 아니라는 뜻이다. 그러니 아주 조그마한 것이라도 목표로 한 것을 얻어냈다면, 어떻게 해야 잘 지켜낼 수 있을지 생각이 필요하겠다. 외부 환경에 의해 지키지 못하는 것은 어쩔 수 없다지만, 본인의 실책으로 어렵게 얻어낸 것을 지켜내지 못한다면 억울할 수 있으니 말이다. 특히 새로운 것을 얻어내는 것, 즉 창업의 성공은 어렵고 더디지만, 수성을 하지 못해 무너져 내릴 때는 한순간인 경우가 많다. 무너져 내려오는 것은 가속도가 붙기 때문이다. 그래서 무너져 내려올 때 너무 당황하지 말고 마음의 힘을 길러야 한다. 지키지 못한 것에 대해 과도하게 집착하거나 절망하기보다는 다른 창업을 위한 중요한 경험이라고, 그래서 다음 창업에서는 더욱더 잘 수성할 수 있다고 말이다.

우주에서 인간의 근원을 찾다

우주에서 유일하게 발견된 문명은 현재까지 인류문명뿐이다. 현대를 사는 우리들은 인류문명의 신세계로 가는 '문'이라고 할 수 있는 유적지 발굴을 통해 과거로 시간여행을 할 수 있게 되었다. 특히 1949년에 개발된 방사성탄소 연대측정법은 고고학적 유물의 발굴을 획기적으로 진보시켰다고 본다. 방사성탄소 연대 측정법(radiocarbon dating)이란 유물이나 유적에 포함되어 있는 유기물 중 탄소 일부에 포함된 방사성을 내뿜는 물질인 탄소-14의 양을 측정하여 연대를 추정하는 방법이다. 이 놀라운 기술 개발로 고고학적 유물이나 유적들의 정확한 연대를 알 수 있게 되었다니 문명을 탐험하는 사람으로서 정말 기쁘다. 그렇다면 유적지 발굴의 타임머신은 과거 어디까지 갈 수 있게 할까. 인류 문명의 출발은 약 5,000년 전으로 보고 있다. 그리고 더 거슬러 올라가면 현생 인류는 약 35만 년 전에 출현했고, 이 지구에 인간의 종으로 볼 수 있는 생명체는 약 240만 년 전에 처음 나타났다고 추정하고 있다. 꾸준한 유적지 발굴로 인해 인류의 문명이 언제부터 시작되었는지 그 시작점에 대한 연구와 논의와 수정은 아마 인류가 존재하는 한 멈추지 않고 계속될 것이다. 그런데 저자가 유적지를 답사하면서 발견한 것은, 인간은 우주에 대해 이해하려고 꾸준히 노력했고 우주에서 인간의 근원을 찾으려는 과학적 사고와 지적 깨달음을 처음부터 가지고 있었다는 것이다. 즉, 인류가 남긴 유산에는 천문과 우주와 관련된 문명이 많고, 인류의 반복되는 주제는 '하늘'이었음을 유적지를 통해 알 수 있었다. 인간이라면 누구라도 광활하게 끝없이 펼쳐진 밤하늘을 바라볼 때, 이 대우주에서 인간들은 어떻게 존재하게 된 것일까라는 의문을 자연스럽게 가지게 된다고 생각한다. 그래서 인류의 선대인들처럼 후대인 우리들도 하늘을 우러러보며 우리는 누구인가, 어디서 왔는가, 여전히 인간 생명의 근원을 묻고 있는 것이다. 영국의 이론 물리학자였던 스티븐 호킹은 '만약 우리가 왜 존재하는가하는 물음의 답을 발견한다면, 그것은 인간이성의 최종적인 승리가 될 것이다'라는 말을 남겼다. 우리는 아직 우주의 신비를 알지 못하고 인간이 왜 존재하는가라는 답을 찾지 못하고 있다는 뜻이다.

　모든 인간은 별에서 와서 별로 간다는 이야기는 알고 있다. 이 이야기는 우주 과학적 시각으로 보면 설명 가능하다. 우주 공간의 모든 원소는 별 안에서 만들어지는데, 처음 수소와 수소가 합쳐져서 헬륨이 되고 또 헬륨이 서로 합쳐져서 탄소가 되고, 이런 식으로 점차 복잡한 원소가 생성된다. 그리고 별에 속하는 것은 우리 태양이고, 지구는 태양이 만들어지면서 함께 만들어진 행성이기 때문에 우리는 별에서 온 것이 된다. 우주의 모든 존재들은 원소라는 아주 작은 단위로 이루어졌고, 인간도 원자로 흩어지는 존재가 되어 결국 다시 별로 간다는 것, 설명이 된다. 이러한 이동으로 우주의 절대적 시간과 무한대 공간이 끊임없이 움직이고 있다는 것은 천문학자 칼 세이건도 강조한 부분이다. 우주를 공부하고 우주를 관찰한 그는 이 지구 행성에서 지금 이 순간 현재를 '찰나'라는 시간으로 명명했고, 우리는 "광막한 공간과 영겁의 시간 속에서 행성 하나와 찰나의 순간을 공유"하고 있음을 경이롭게 생각했다. 그 움직임의 공간에서 순간의 이 '찰라'가 연속되고 연결되면 우주의 시간이 되는 것이고, 따라서 우리는 우주의 처음과 끝이 된다. 어릴 때부터 저자는 우주를 신이라고 명명한다면 이 큰 대우주에 속해 있는 우리는 신의 한 부분으로 신과 함께 있는 것이라고 믿었다. 이 순간 우주를 보고 있다면 그것은 신의 품속에 있는 나를 보고 있는 것이다. 인간의 본질에 신과 같이 성스러운 신성(神聖)이 있는 이유도 바로 신과 함께 하고 있기 때문이라고 저자는 생각한다.

우리는 정말 별에서 와서 별로 가는 것일까

그러나 우리가 여기서 깨달아야 하는 중요한 사실은, 우주의 시간이 아무리 크고 넓어도 현재 이 순간 뿐, 더 가질 수 없다는 것이다. 그리고 이 순간을 맞이하는 우리는 우주의 시공간 흐름 속에 있는 운명적인 주인공이다. 운명의 주인공은 이미 되었고, 지금 우리가 가질 수 있는 것은 현재의 순간뿐이라면, 우리는 삶에 대해 어떤 자세를 가져야 할지 답이 나온다. 지금 이 순간 내가 있는 이 공간과 시간에 충실할 수밖에 없지 않을까. 이 우주에서 기적적으로 존재하게 된 우리의 삶이 얼마나 커다란 가치가 있는지 온 몸으로 깨닫게 되지 않을까. 그런데 많은 사람들은 단 한번 가질 수 있는 매 순간들을 과거에 대한 후회와 미래에 대한 불안으로 낭비한다. 저자 또한 과거에 저지른 많은 실수와 과오에 많은 후회를 하며 지낸다. 그럴 때마다 이 우주에서 유일하게 가질 수 있다는 것이 현재라는 사실이 많은 위로가 된다. 더 정확히 이야기하면, 인간이 이 광활한 우주의 한 셀(cell)로, 아니 우주의 먼지일지라도, 아니 아무 것도 아니더라도 이 우주에 존재하는 것 자체가 너무 신기해서 다른 모든 것은 시시해진다. 그리고 솔직히 인간이 과거와 미래는 어찌 어떻게 해볼 수 없다는 것이 너무 다행이다. 만약 과거와 미래를 어찌 해볼 수 있다면, 그건 너무 큰 혼란과 어찌 해내야 하는 버거움으로 현재를 살지 못할 것이다. 미래의 과거이기도 하고 과거의 미래인 현재, 이 순간만을 가질 수 있다는 것이 너무 좋다. 살면서 황홀한 순간보다 비극적인 순간이 더 많다고 해도 그 마저도 찰나처럼 지나가니, 어느 순간이든 일희일비하지 말고 현재에 집중할 수 있어서 더 좋다. 그래서 지금 이 순간, 시간의 현재이고 내 존재의 현재인 지금, 마음이 하는 말에 귀 기울이고 저자가 할 수 있는 일을, 즐길 수 있는 일을 할 것이다. 그리고 우주에서 허락된 현재라는 시간을 마음껏 누릴 것이다.

2. 베이징 만리장성

◇◇◇◇◇

인류 최대(最大) 최장(最長)의 방어용 성벽

옛말에 '하룻밤에 만리장성을 쌓다'라는 말이 있다. 이 뜻은 여러 가지로 풀이 될 수 있지만, 일반적으로 하룻밤이라 하더라도 의미 있고 길고 오래 걸리는 무엇인가를 할 수 있다는 의미로 쓰인다. 때로는 하루 밤에도 아주 깊은 인연을 맺을 수 있다는 것을 표현할 때도 사용되는데, 핵심은 지금도 아주 긴~ 무언가를 표현할 때 만리장성을 비유한다는 것이다. 그만큼 만리장성이 '매우', 아니 '무지무지하게', 아니 '인간이 쌓았다고 믿기 어려운 만큼'의 길고 긴 길이를 가지고 있기 때문으로 풀이된다. 그런데 그럴만하다. 지구에서 인간이 쌓은 가장 긴 성이기 때문이다. 인류 문명 건축물 중에서 유일하게 달에서도 보인다는 말도 있을 정도다. 우주 공간에서 사람의 눈으로는 지구의 건축물들을 볼 수 없기 때문에 달에서 보인다는 말은 사실이 아니지만, 이 지구에서 인간이 건설한 최대(最大), 최장(最長)의 건축물임은 분명하다. 이렇게 긴~ 무언가를 말할 때 비유하는 성, 인간이 이 지구에서 건설한 최대의 토목공사로 만리(萬里) 길이를 가진 성, 만리장성이 이번 답사기의 주인공이다. 명색이 지구에서 최장의 성인데, 만리장성이 걸쳐있는 중국의 한 지역을 보고 만리장성을 다 보았다고 말하는 것은 예의가 아니다. 그러나 그리 긴 성을 따라가 보는 것은 물리적으로 불가능하니, 상대적으로 의미도 있고 상징성도 있는 구간을 답사하려면 중국의 수도 베이징으로 가는 것이 좋다.

베이징에는 만리장성 외에도, 본 책의 다음 순서인 자금성과 이화원 유적지가 있다. 중국에서 베이징은 상해에 이어 두 번째로 큰 도시이자, 아시아 도시들 중에서 가장 많은 세계문화유산을 보유하고 있다. 중국은 한국과 뗄 레야 뗄 수 없는 역사적, 문화적, 지리적으로 매우 깊은 관계가 있다는 것을 구지 설명할 필요가 있을까. 더 설명하면 잔소리다. 한국은 여전히 한문(Chinese characters)을 쓰고 있고, 유교문화(Confucianism)가 존재하고 있다. 때문에 우리는 중국을 잘 알고 있다고 생각할 것이다. 그러나 이렇게 유적지를 통해 중국 문명을 접하게 된다면, 중국을 보다 잘 이해할 수 있고, 중국을 보는 시각도 달라질 것이라고 생각한다. 중국의 문명은 기원전 2000년 경, 중국 황하 강 중하류 지역에서 시작된 것으로 추정하고 있다. 이렇게 이른 문명의 발달로 아시아 국가들 중 유적지가 가장 많고, 유적지가 많다보니 현재도 유적 발굴이 가장 활발히 진행되고 있다. 세계유산 총 숫자로만 보면, 2024년 기준 중국은 이탈리아 다음으로 유네스코 세계유산이 많이 등재되어 있다. 이탈리아의 세계유산은 58건(문화유산 53개, 자연유산 5개), 중국은 56건(문화유산 38개, 자연유산 14곳, 복합유산 4곳)이다. 자연유산을 제외한 문화유산으로만 보면 이태리(53개), 독일(48개), 스페인(43개), 프랑스(42개) 다음으로 중국(38개)이다. 따라서 중국은 세계문화유산이 가장 많은 세계 5대 문화유산 대국이라고 볼 수 있다. 참고로 한국은 14건의 문화유산과 2건의 자연유산으로 총 16개의 세계유산을 보유하고 있다.

　세계 최대의 토목공사라고 불리 우는 만리장성(중국인들은 '장성'이라고도 부름)은 베이징에서 약 80Km 떨어져 있다. 베이징에서 만리장성을 찾아가는 것은 교통편이 잘 마련되어 있어서 크게 어렵지 않다. 만약 베이징에서 만리장성을 가게 된다면, 팔달령 장성(八達嶺長城)이 될 것이다. 일단 이곳은 인파에 제대로 걷기 힘들다는 것을 각오하고 가는 것이 좋다. 그만큼 사람들이 많다는 뜻인데, 베이징에서 그리 멀지 않은 곳에 있다는 지리적 장점 때문이다. 지리적 장점 외에도 이 장성을 많이 찾는 이유는 장성자체의 형상이 용이 춤을 추고 있는 것처럼 보여 많은 사람들이 좋은 기운을 가지기 위해서라고 한다. 물론 이 팔달령 장성은 만리장성의 일부분에 불과한 것이고, 만리장성의 각 구간마다 형상은 다를 것이다. 현재 중국 북부 일대에 거쳐있는 만리장성의 지도상에 나와 있는 길이는 2,700㎞이다. 기복이 있거나 중첩된 부분을 고려하고 중간에 갈라져 나온 성들까지 모두 합치면 총 길이가 무려 6,400km까지 이른다고 하니, 인간이 쌓았다고 하기에는 길어도 너무 긴 만리장성이다.

그러나 사실 이 만리장성에 대한 길이는 줄 곧 논란이 되어왔다. 만리장성 주변에 사는 사람들이 집을 짓기 위해, 또는 관광용품으로 팔기 위해 돌을 가져가는 바람에 만리장성의 돌들은 점점 사라지고 있다고 한다. 어떤 지역에서는 댐 공사로 인해 만리장성 일부가 물에 잠기기도 했다. 이처럼 여러 가지 이유로 현재 만리장성의 전체 길이는 그만큼 길지 않을 거라는 주장이 있다. 전체 길이에서 안전하게 보전되어 있는 부분은 전체의 20% 이하이고, 일부만 존재하는 지역은 30% 정도이며, 50% 이상은 장성의 모습이 사라졌다는 설도 나온다. 그러니 만리장성의 전체길이를 결정할 때, 중국 역대 왕조들이 건설한 장성 유적을 정확히 어디까지를 인정해야 하는 것인지, 사라진 모습까지 포함해야 하는 건지, 한다면 어디까지를 만리장성으로 보아야할지 논란이 되는 것이다. 그러나 중국정부는 만리장성과 직접적인 관계가 있는 진나라 및 한나라, 명나라의 장성 유적뿐만 아니라 다른 왕조에서 건설된 성까지도 포함시켜서 만리장성의 길이를 6,400km(지구의 반지름)로 발표한 것이다. 세계에서 가장 긴 성이라는 상징성을 가지려면, 그 길이를 최대한 확장시켜 보다 더 길~게 더 길~게 하는 것이 중국으로서는 당연한 욕심일 것이다. 그러나 길이에 대한 논란과 상관없이, 만리장성은 인류 최대(最大) 최장(最長)의 방어용 성벽임을 저자는 인정하겠다.

하루아침에 만들어지지 않았다

　인간은 외부로의 침입을 두려워하고 자신을 방어해야 한다는 자기보호 본능을 가지고 있다. 이러한 본능은 어떤 연습이나 모방 없이 태어날 때부터 유전적으로 몸에 지니고 있는 성질이다. 인류역사에서 개체를 유지하고 종족을 유지하려는 인간의 본능 중 방어 본능은 세계문화유적지에서 흔히 볼 수 있는 '성'(城)을 만들었다. 인류가 부족국가로 함께 모여 살면서 외부의 침략을 막기 위해 일손을 모아 성을 쌓는 것은 아주 자연스러운 인간의 행위라고 보면 된다. 따라서 성은 부족을 적으로부터 보호 할 수 있는 가장 최소한의 물리적 방어시설이다. 나아가 성을 건설하는 목적에는 전쟁을 미리 예방하기 위한 것도 있다. 즉, 적들이 상대방의 어마무시한 성을 보게 되면, 쳐들어가는 것이 쉽지 않음을 인지하고 일단 생각을 해보게 된다. 이러한 숙려기간을 거치는 동안 전쟁을 할 것인지 말 것인지 결정이 달라질 수 있다. 따라서 성은 전쟁 비용과 희생을 줄이는 효과도 있다.

　거대한 만리장성의 시초는 기원전 3세기로 보고 있다. 만리장성은 춘추전국시대의 국가들, 즉, 초(楚)·위(魏)·연(燕)·조(趙)·진(秦)등이 북방의 유목민 흉노족이라는 이민족의 침략을 대비해서 처음 쌓았다고 전해진다. 그러다 기원전 222년, 진나라가 중국을 통일하면서, 진시황제는 그 큰 땅을 어떻게 지킬 것인지 고민에 빠진다. 위에서 이미 우리는 알아버렸다. 진시황은 죽음에 대해 두려움이 유달리 많았다는 것을. 언제라도 북방의 흉노족이 말을 타고 진나라로 쳐들어올 것만 같아 진시황은 두려움에 떨었을 것이다. 가만히 있을 진시황이 아니니, 북쪽에 만들어져 있던 기존의 여러 성들을 보수하고 정비하여 서로 연결시키라고 명령을 내린다. 그러나 이때 보수하고 연결한 장성은 동쪽으로는 요동(현재의 랴오닝성), 서쪽은 임조(현재의 간쑤성)까지였고, 그 이후, 한나라가 영토를 차지하면서 서쪽의 옥문관까지 확장시킨다. 그러다 남북조시대 북조에서 나온 수나라가 중국을 통일하면서, 원래 만리장성의 위치보다 남쪽으로 새로운 장성을 쌓게 되었고, 이

것이 현재 남아 있는 만리장성의 기초가 된다.

그러나 그 이후 오랫동안 만리장성은 큰 역할을 못한 채 방치되어 왔다. 그리고 드디어 13세기에 그 대단한 몽골의 징기스칸이 이 성벽을 뚫고 중국을 침략한다. 기원전 3세기부터 쌓고 연결하고 보수하고 정비하여 길고도 긴 성을 만들었는데, 활용도 못해본 셈이 되었다. 몽골이 세운 원나라가 패망하자, 그 자리를 차지한 명나라가 또다시 몽골이 침입할 것을 두려워하여 16세기 말에 만리장성을 대대적으로 개축하고 신축한다. 이때 만들어진 만리장성이 지금까지 내려온 것이다. 따라서 만리장성은 중국의 한 왕조가 아닌, 어쩌면 중국에 있었던 대부분의 모든 왕조들이 어떤 형태로든지 건축에 참여하고 쌓아올려 세계에서 가장 긴 성이 된 것이라고 보는 것이 맞겠다. 그렇다. 만리장성은 하루아침에 만들어진 것이 아니었다.

명나라가 탑도 세우고 대대적으로 개축. 신축한 만리장성

이렇게 진나라부터 명나라까지 약 1,000년이 넘는 기간 동안 기존의 성곽을 새로 연결하고 축조하고 확장하다보니, 각 구간마다 구조나 형태가 다르다고 한다. 처음의 만리장성은 지금의 만리장성보다 더 북쪽에 위치하고 있었으며, 성을 쌓는 방법도 달랐다. 진시황 시기부터 삼국시대까지는 토성(土城), 즉 반죽한 흙을 먼저 깔고 그 위에 흙과, 흙을 잡아주는 역할을 하는 볏짚을 섞은 반죽을 쌓는 방식으로 쌓은 성이었다. 또한 이때 흙으로 쌓았던 성의 높이는 현재의 만리장성과 비교하면 낮았다고 한다. 지금 벽돌로 쌓아져 있는 만리장성은 명나라시기에 이곳을 보수할 때 새로 쌓은 것이다. 만리장성에 있는 각 구간의 성 이름들과 각 성의 구조나 형태에 대한 것은 구지 이 책의 지면을 할애하여 설명하지 않겠다. 이 정보가 필요한 독자들은 다른 곳에서 얼마든지 쉽게 얻을 수 있기 때문이다. 아마 독자들은 만리장성에 있는 수많은 성들의 이름만 들어도, 모든 장성들을 답사하는 것은 현실적으로 쉽지 않고, 길어도 너무 긴 만리장성에 대해 그저 대.단.하.다.라는 말만 되풀이할 것이다. 그렇지 않은가.

중국의 이유 있는 최대(最大) 정신

이렇게 길고 긴 최장의 만리장성은 중국의 세계 최대(大) 정신과도 관련이 있는 것 같다. 기존의 성을 확장하고 또 확장한 것이 북방의 흉노족의 침략을 대비한 것도 있겠지만, 어쨌든 더 연장하여 할 수 있는 한 최대로 해야 한다는 중국인의 기본 심리도 작용했다고 생각한다. 그리고 현대의 후대인들도 이 최대정신이 발현되어 만리장성의 길이를 모든 왕조가 건설한 성을 포함해서 발표했다. 그리고 이 지구에서 가장 긴 성임을 확고히 했다. 이러한 최대 정신은 동양에서 가장 오래된 역사를 가지고 있고, (2023년 기준, 인도(14억2천8백만 명)가 중국(14억2천오백만 명)을 추월했다는 통계가 나왔지만) 인구 또한 지구에서 가장 많은 것에 기인했다고 본다. 정말 사람이 많다는 것은 중국 어디를 가도 알 수 있다. 저자가 만리장성을 답사했을 때도 아니나 다를까 너무 많은 인파로 발 디딜 틈조차 없었다. 중국의 유명 장소는 어디든 그렇게 인파가 넘쳐난다. 그래서 중국의 어느 도시를 가든, 늘 '대국이여~'라고 감탄인지, 부러움인지, 놀라움인지 뭐 암튼 외치고 다녔던 것 같다. 실제로 중국을 답사하러 다니면, 중국은 살아서 꿈틀거리고 있는 용처럼 느껴지곤 한다. 해외에 의존하지 않고, 중국 자체의 내수 시장만으로 충분히 경제가 돌아간다는 사실도 몸소 체험하게 된다. 특히 만리장성에 있는 그 수많은 사람들을 보면, 만리장성은 그 어느 나라가 아닌 최대의 노동력이 있는 중국에 있을 수밖에 없겠구나, 중국만이 가능하겠구나, 라는 생각이 절로 든다. 다른 나라에서는 절대로 할 수 없는, 꿈도 꿀 수 없는 문명을 쌓고 위대함을 가지게 된 가장 큰 요인도 어쩌면 지구에서 가장 많은 인구를 가진 나라이기 때문이 아닐까라는 생각까지 하게 된다. 그리고 가장 많은 인구 보유 때문에 중국인들이 최대 정신을 가지게 된 것이라는 개연성과 함께 그 정신이 납득이 갔다.

그리고 중국의 이러한 세계 최대(大) 정신은, 만리장성이 아닌 다른 곳에

세계에서 가장 긴 장가계 케이블 카

중국

서도 종종 발견된다. 그 정신을 볼 수 있었던 것들 중 하나가 세계에서 가장 길다는 장가계 천문동으로 올라가는 케이블카에서였다. 저자는 비교적 최근인 2023년 8월에 중국 후난성 북서부에 있는 장가계를 답사한 적이 있다. 신선이 머문다는 이곳은 자연경관이 뛰어난 곳으로 중국 최초의 국가 삼림공원이고, 유네스코 세계자연유산으로도 선정되어 있다. 장가계 하면 압도적으로 아름다운 비경이 기억되지만, 더 뚜렷하게 기억되는 것은 중국인 가이드가 말한 중국은 무엇이든 세계 최대이어야 한다는 정신을 가지고 있다는 내용이다. 세계 최대를 지향하는 중국, 인구는 오래전부터 세계 최대였고, 만리장성도 세계에서 최고로 긴 성이니, 장가계 천문동으로 올라가는 케이블카 정도야 세계에서 가장 길게 만드는 것이 무슨 대수일까. 그러나 무엇이든 세계 최고이어야 한다는 정신은 아예 시내 한복판에서부터 케이블 시발점을 만들어 일반인들이 사는 집 위로 까지 케이블카가 지나가는 상황으로 만들었다. 즉, 세계에서 가장 긴 케이블카를 만들기 위해 일반주택위로까지 케이블을 확장한 것이다. 결국 해발 1,518m에 있는 천문동으로 가는 그 케이블카는 세계에서 가장 긴 7,455m, 올라 가는데 만 약 30~35분 걸리는 케이블카가 되었다. 더 놀라운 것은 이렇게 자신의 집 위로 케이블카가 지나가는 데도 아무런 컴플레인을 안하는 중국인들이다. 모두 세계 최장 케이블카를 만드는데 암묵적 동의를 한 듯하다. 관광객들은 일반 주택들의 내부를 내려다보면서 올라가는 참으로 특이한 경험을 하게 된다.

저자는 이렇게 긴 시간을 보내야 하는 케이블카 안에서 더욱 더 특이한 경험을 하게 된다. 우연히 한국인 3명과 중국인 3명, 총 6명의 중년여성이 케이블카를 함께 타게 되었는데, 이 두 나라의 여성들 간에 노래 배틀(Battle)이 일어난 것이다. 서로의 언어를 이해 못하니 노래가사도 당연히 모르면서, 한국분이 먼저 트로트 한곡을 구수하게 부르고 나니, 중국분이 여기에 질세라 흥을 돋우며 중국노래를 한 곡조 뽑았다. 이러다 보니, 국가적인 자존심을 건 선수들처럼 최선을 다해 노래를 부르는 모습에 모두 빵 터지고 말았다. 얼마나 흥이 나는 분위기였으면, 알지도 못하는 중국 노래를 듣고서 한국 분들은 모두 앵콜! 앵콜! 하고 외쳐댔다. 같은 동양인이고 문화를 공유해서인지, 아니면 그 케이블카에 있었던 분들의 정서적 공감대가 비슷해서인지, 처음 만난 사이에 노래 배틀(Battle)이라니, 그것도 어색하기는커녕 전국노래자랑에 나온 사람들처럼 노래에 도취해서 즐거운 시간을 보내다니, 아마 세계 최장 케이블카 안에서 한국대 중국, 국가 대결 노래자랑 한 것도 세계 최초가 아닌가 싶다. 이렇게 노래자랑 프로그램이 진행될 수 있을 정도로 세계에서 가장 긴 케이블카, 그 무엇이 되었든 스케일로는 따라올 수 있는 나라는 없다고 당당하게 물리적 구조물로 보여주고 있는 중국의 세계 최대 정신, 인정 할 수밖에.

3. 베이징 자금성

◇◇◇◇◇

황제가 있는 금지된 공간

중국의 수도 베이징에는 또 하나의 세계 최대가 있다. 세계에서 가장 큰 궁궐인 자금성이다. 전형적인 궁궐의 형식이 잘 보존되어 있는 자금성은 베이징의 대표적 유적지이기도 하다. 자금성 문 앞에 서게 되면 한국의 궁궐 규모와 절대 비교하지 말고 그냥 역시 세계 최대의 스케일을 가진 중국다운 궁궐이라고 인정하면 된다. 그리고 모든 나라에 있는 건축물은 그 나라의 지형과 자연, 그리고 문화 환경을 고려하여 어울리게 짓는다는 것도 알고 있으면 좋겠다. 자금성(紫禁城)은 1420부터 1912년까지 명과 청의 황제가 살았던 궁궐이다. 이 궁궐은 1406년 명나라의 영락제가 수도를 베이징으로 정하면서 건설공사가 시작되었고, 영락 18년인 1420년, 14년 만에 완공되었다. 이 대공사에 자그마치 100만 명 이상의 인부와 벽돌 1억 만 개, 기와 2억 만 개가 투입되었다고 한다. 뿐만 아니라, 이 건축물의 기둥 자재로는 중국 사천지역에서 조달된 최고급의 녹나무가, 전각의 받침대와 부조에 쓰인 돌은 베이징의 최고급의 대리석이, 그리고 궁궐의 중심이 되는 정전의 바닥은 금색의 벽돌이 사용되었다. 당시 겨울철에 공사할 때는 길에 물을 뿌려 일부러 빙판을 만든 후 돌들을 옮겼다고 하니, 최대 궁궐 건설공사답게 모든 노력과 정성이 들어갔다는 것을 알 수 있다.

황제를 보호하기 위해 병사 9만 명이 언제든지 집결할 수 있는 공간, 자금성 태화전

　이렇게 완성된 자금성에는 황제일가와 함께 9천 명의 시녀와 천 명의 내시도 함께 살았다고 전해지는데, 만 명이 넘는 인구가 하나의 궁궐에서 있었다니 궁궐이 하나의 도시였던 셈이다. 대부분의 고건축물이 그러하듯이, 초창기의 자금성 또한 여러 차례 번개를 맞아 불에 타기도 했지만, 1949년 본격적으로 궁궐의 고건축 보수 공사가 시작되면서 과거 황궁의 모습을 되찾아갔고, 1957년에는 고건축 보호를 위한 피뢰침이 설치되면서 자금성은 번개로 부터 자유로워졌다. 명나라부터 청나라까지 거의 500년에 가까운 세월동안 중국을 상징했던 자금성은 1987년 "명·청 시대의 궁궐"이라는 이름으로 유네스코의 세계유산으로 지정되었다. 현재 자금성은 고궁 박물원으로 되어 있어서 일반인들이 방문할 수 있으며, 궁궐 내 박물관에는 명, 청 시대의 황실이 지난 500년 동안 모아 놓은 엄청난 규모의 작품들을 소장되어 있으니, 한번 쯤 들러보는 것이 좋다. 다만 자금성에 있던 유물들의 일부는 1948년 국공내전(1927년 이후 중국국민당과 중국공산당 사이에 일어난 내

전)때, 장제스의 국민당에 의해 대만으로 방출되었다. 이때 자금성에서 대만으로 옮겨진 유물들 대부분이 엄청난 가치를 가지고 있다고 하는데, 아마 장제스가 가치 있는 것들만 골라서 가져가는 것은 아닌지 모르겠다. 이때 가져간 유물들은 대만의 국립고궁 박물관에 전시하여 대중에게 공개하고 있다. 우스갯소리인지, 아니면 사실인지 몰라도, 중국이 대만을 공격하지 못하는 이유가 국립고궁박물관에 있는 자금성의 유물들이 파괴될 것이 두려워서라는 말이 있다. 그렇다, 소중한 인류의 문화유산인데, 정치적 목적으로 파괴하면 절대 안 될 일이다.

자금성에서 가지고 온 유물들을 보기 위해 저자는 귀한 시간을 내어 대만 국립고궁박물관을 방문한 적이 있다. 자금성의 가치 있는 유물들을 많이 보관하고 있기 때문인지 몰라도 대만의 국립고궁박물관은 세계 5대 박물관으로 손꼽힌다. 이 박물관에 있는 유물들을 보려면 10년 이상 걸린다는 말이 나올 정도로 오랜 역사를 지닌 중국답게 많은 유물들이 이곳에 있다고 한다. 고궁박물관을 관람한 저자가 보았을 때, 특히 명나라와 청나라 때 만들어진 생활용품 도기 등은 그 기술력과 예술성이 돋보였다. 그래서 저자는 중국의 수준 높은 유물들을 보고 싶어 하는 사람들을 만나면, 대만 국립고궁박물관을 꼭 방문해 보라고 권하고 있다. 한국에서 그리 멀지 않아 큰 비용을 요구하지도 않는다. 대부분의 관광객들은 박물관보다는 자연이나 야외 관광지에 더 관심을 가질 수도 있지만, 대만을 간다면 무조건 반드시 이 박물관을 방문하여 인류 문명의 유물 작품들을 마음껏 감상하면서 문화 향유를 했으면 한다. 이 책의 서두에서 이미 언급했지만, 한국의 역사는 중국과 매우 깊은 관련이 있으며, 중국 문명의 결과물들인 유물 또한 한국의 유물들과 무관하지 않다는 것을 여기서 한 번 더 강조해도 될 것 같다.

이제 자금성의 규모를 보자. 궁궐 내에는 980여 채의 건물과 9,999개의 방이 있다고 전해져 내려오고 있지만, 자금성의 건물과 방의 개수는 자료마다 조금 씩 다르게 기술되어 있다. 자금성의 건물과 방을 저자가 직접 세어보지 않아서 정확한 숫자를 말할 수는 없지만, 확실히 말할 수 있는 것은, 정말 많.다.는 것이다. 자금성을 전체로 보면, 직사각형의 구조에 남북 961m, 동서 753m로, 해자(성 둘레에 파놓은 연못)와 성벽을 포함하지 않고도 72만 ㎡의 넓이를 가지고 있다. 자금성의 주위에 있는 해자의 너비는 52m이고 깊이는 6m이며 이 곳 해자에는 동서남북을 가로 지르는 4개의 다리가 놓여 있다. 자금성의 성벽의 높이는 11m, 궁궐 주위의 장벽의 길이는 사방 4km에 이르며 담에는 4개의 큰 출입구가 있다. 이 정도의 규모가 되어야 황제의 허락 없이는 누구도 들어오거나 떠날 수 없는 자금성이 된다.

자금성의 자(紫: 보라색, 자주색)는 북극성을 의미하고, 금(禁)은 금지되었다는 뜻이며 성(城)은 도시를 의미한다. 여기서 자주색 북극성은 황제 권력은 하늘로부터 받은 것을 상징하는데, 따라서 자금성은 우주와 같은 공간으로 여겼고, 하늘로부터 신성함을 부여받은 황제와 그의 가족 영역이 된다. 자금성의 건축양식은 일반인들의 세상과 황제의 세상을 분리하는 역할을 하면서, 황제의 위대함을 강조하고 황제의 신성함과 불가침성을 더욱 확고히 하고 있다. 건축양식을 보자, 디테일한 부분까지도 황제 중심의 철학적 사상들을 담았다는 것을 알 수 있는데, 예를 들어, 황제만 사용할 수 있는 곳은 황제의 상징인 용 문양이 새겨져 있고, 건물의 기와도 황제의 색깔인 황금색으로 되어 있다. 오직 2개의 건물만이 다른 색으로 되어 있는데, 황실 도서관과 왕자들의 거주지이다. 도서관은 화재예방을 위해 물을 상징하는 검은색으로, 왕자들의 거주지는 성장과 나무를 상징하는 녹색의 기와가 얹혀 있다.

자금성의 성 내부의 배치는 전통적 궁궐의 배치에 따라 모두 남향을 향하고 있다. 유교의 국가답게 궁궐 맨 앞에는 조상들을 모시는 사원을, 그 뒤에는 공식 업무를 보는 건물들을, 그리고 맨 뒤에는 사적인 공간의 건물들을 배치했다. 북쪽 방향으로 태화전· 중화전· 보화전이 한 줄로 서 있고, 동서에 문화전· 무영전 등의 전각이 있다. 특히 태화전은 중국에서 가장 오래된 목조 건물로 나라의 주요 의식이 치러지던 곳인데, 태화전의 앞마당에는 병사 9만 명이 모일 수 있는 넓은 공간이 있다. 이곳은 하늘로부터 부여받은 신성함을 가진 황제를 보호하기 위하여 언제든지 병사들이 집결될 수 있는 공간이다. 황제를 보호하고 적의 침입을 막기 위한 장치들은 곳곳에 설치되어 있다. 예를 들어 자금성의 바닥은 걸을 때 발자국 소리가 들리도록 장치되어 있고, 땅 밑에서 침입하지 못하도록 40여 장의 벽돌을 겹쳐 쌓여있다. 또한 자금성에는 담을 넘어 침입할 가능성을 없애기 위해 나무를 심지 않았다. 하늘이 내린 아들, 황제가 사는 곳인데 이 정도의 보안 장치는 있어야 하지 않을까. 그러니 황제가 있는 이곳 자금성은 아무나 들어올 수 없는 금지된 곳이었다. 자금성의 건물들은 남북의 축을 따라 배열되어 있는데, 남쪽의 축을 따라 가면 천안문 광장을 만난다. 천안문광장은 1989년 반정부 시위를 개혁개방 정권이 유혈 진압한 곳이기도 하다. 그래서 이곳은 중국역사상 가장 중요한 의미를 가지고 있는 장소가 되었다. 자금성을 방문하려면 천안문을 거쳐야 하는데, 여러 번의 검열을 받아야 한다는 것도 알아두는 것이 좋겠다. 아직 중국이 사회주의 국가라는 것을 이곳에 가면 실감하게 된다. 중국의 정치적 상징성을 갖고 있는 세계 최대 궁궐 자금성, 그리고 중국 정치에 커다란 영향을 미친 천안문 광장, 이 두 곳은 중국 역사에서 가장 핵심적인 장소가 아닌가 싶다.

왕관을 쓰려는 자, 그 무게를 견뎌라

이 말은 셰익스피어의 희곡에서 나오는 대사이다. 권력에 집착하는 왕을 비판하기 위해 사용된 말인데, 이 말에 담긴 뜻은 간단하다. 왕관을 쓸 수 있는 큰 권력에는 그만큼의 무게, 즉 막중한 책임이 따른다는 것이다. 왕이 아무리 신하들에게 조언을 구한다 해도 결국 최종 결정은 왕이 하기 때문에 왕관의 무게는 스스로 결정한 결과에 대한 책임이 된다. 그래서 책임질 수 없고 견딜 수 없는 무게라면 왕관을 가지지 말아야 한다. 책임을 지지 않고 무게를 견디지 못하는 자가 왕관을 쓴다면, 자신을 먼저 파멸로 이끌 것이고 후에는 다른 사람에게 피해를 주게 되어 있다. 바로 청나라의 마지막 황제 푸이가 가졌던 왕관이 그랬다. 물론 푸이의 왕관은 스스로의 결정으로 쓴 것은 아니지만 자신들의 권력을 위해 억지로 왕관을 씌운 자들에게 이런 말을 할 수도 있겠다. 자금성하면, 저자와 연배가 비슷한 사람들은 1988년 한국에서 개봉된 영화, 마지막황제(The Last Emperor)를 떠올릴 것이다. 그 당시 워낙 유명한 영화였다. 중국 청나라의 마지막 황제이며 후에 만주국 황제로 즉위한 선통제 푸이의 생애를 그린 영화인데, 중국과 영국합작 영화인데다 중국인이 아닌 이탈리아인 감독 작품이어서 역사적 사실을 조금 더 객관적으로 표현했다고 생각한다. 이 영화는 처음으로 중국 정부에게서 촬영을 허가받아 직접 자금성 현장을 배경으로 제작되었다. 그리고 중국 근대사 정중앙을 뚫고 가는 이야기와 멋진 음악, 그리고 뛰어난 연출까지 더해져 1988년 미국 아카데미 시상식에서 9개의 상을 휩쓸었다. 특히 이 영화를 본 사람들이라면, 3살밖에 안된 어린 푸이가 황제식을 거행할 때 울던 모습, 그리고 그 어린 황제를 달래며, 섭정왕인 순친왕이 '울지마세요, 곧 끝나요'라고 말하던 장면도 기억에 선명하게 남아있을 것이다. 그런데 이 영화에 나온 대사처럼 정말 푸이가 즉위하고 얼마 되지 않아 '곧' 청나라는 끝났다. 어린 아이이기에 무겁고 답답하고 어색한 분위기에서 자연스럽게 울 수도 있었지만, 그 어린 아이가 황제가 되어야 하는, 말도 되지 않는 상황을 그 울음이 대변해 준 듯 했다. 그리고 어쩌면 황제식 때의 어린 황제의 울음은 앞으로 닥쳐올 험난한 미래를 예고해 준 것인지도 모르겠다.

영화 '마지막 황제' 포스터

황제식에서 울음을 터트린 푸이는 1906년 청나라 제10대 황제인 광서제의 동생 순친왕에서 태어났다. 1908년 광서제가 죽게 되자 당시 강력한 권력을 가진 서태후는 광서제의 후계자로 푸이를 지명하여 태어난 지 2년 10개월 만에 청나라 11대 황제 선통제로 즉위시켰다. 즉위식도 광세제가 죽은 그 다음날, 자금성 태화전에게 거행되었고, 서태후는 푸이의 생부인 순친왕을 섭정왕으로 임명하여 정치의 실권을 위임하였다. 어린 황제의 그 다음 궁궐 생활은 어떨지 누구나 상상할 수 있는 일이다. 돌봄이 절대적으로 필요한 나이이기에 수많은 환관들 속에 둘러싸여 지내다가, 성장과정에서는 중국의 근대사에서 일어난 굵직굵직한 사건들 속에서 온갖 파란만장한 일들을 겪게 된다. 결국 1912년 청나라 마지막 황제인 푸이는 퇴위를 선포하고 286년간 중국을 통치한 청나라 왕조는 공식적으로 멸망하였다. 명. 청 황제가 있던 500년 동안 상징적이자 정치적 장소였던 자금성의 역할도 그때 끝이 난다. 그리고 푸이의 그 다음 생은 황제식 때 터트린 울음만큼 비극적 상황이 된다. 일본에 의해 만주국의 꼭두각시 황제가 되었지만, 2차 세계대전에서 일본이 패하자 소련에 붙잡혀 있다가, 마오쩌둥이 내전에서 승리하면서 중국의 새 공산당 정부에 넘겨진다. 이후 10년을 감옥에서 공산주의 교육을 받은 후 1959년에야 베이징으로 돌아갈 수 있었다. 베이징으로 돌아온 푸이는 식물원 보조 정원사로 일하다가 결국 1967년 61세의 나이에 신장 암으로 세상을 마감한다. 이렇게 황제식에서 울음을 터트린 푸이는 비굴하고 비참한 삶을 살다 갔다. 그런데 14명의 명나라 황제와 10명의 청나라 황제, 총 24명의 황제가 있었던 자금성은 1912년, 청의 마지막 황제 푸이 때 가장 주목을 받은 것 같다. 청나라의 마지막 황제이기도 하고, 중국 역사상 마지막 황제이기 때문일 수 있지만, 저자는 푸이가 어린 황제였기 때문이라고 생각한다. 영화 마지막 황제도 어린 푸이에게 초점이 맞추어져 있다. '왕관을 쓰려는 자, 그 무게를 견뎌라'라는 이 말도 어린 푸이에게 씌워진 왕관을 보면서 연상된 것이다. 푸이에게 주어진 권력의 그 왕관은 어린 황제가 견뎌낼 수 있는 무게가 아니었던 것이다. 즉, 권력을 유지하려면, 그 권력에 대한 책임의 무게를 감당할 수 있어야 하는데, 3살의 어린아이가 어떻게 감당할 수 있겠는가.

인간은 모두 자신이 짊어질 수 있는 무게만큼만 짊어지고 가야한다. 지금 견디기 힘들고 감당하기 힘든 삶을 살고 있다면, 자신이 짊어질 수 있는 무게 그 이상을 지고 가는 것이다. 그 이상의 무게가 있다면 과감하게 던져버려야 한다. 그렇지 않으면 무리한 무게로 자신의 삶을 황폐하게 만들 수 있다. 그런데 주위를 보면 무리하게 큰 무게의 짐을 지고 낑낑거리며 살고 있는 사람들이 있다. 그것은 스스로 자신을 제대로 파악하지 못했기 때문이다. 더 정확히 이야기하면 자신에게 귀를 기울이지 않고 있다는 것이다. 우리는 불행인지 다행인지 무게를 감당할 수 있는 능력이 모두 다르게 태어난다. 이것을 인정해버리면 생이 가벼워진다. 사실 특정한 권력을 가질 수 있는 능력이 부족하다고 해서 불행한 것도 아니다. 오히려 책임을 지는 무게가 없어서 편안한 삶이 될 수도 있다. 혹시 버거운 그 무엇인가가 타인의 시선이라든가, 다른 사람과의 경쟁에서 이겨야 한다는 부질없는 욕심 같은 것이라면, 자신의 행복과 바꿀 만큼 중요한 것인지 더더욱 생각해 볼 일이다. 욕심은 늘 허기지게 한다는 사실을 알아야 한다. 이제 견딜 수 있을 만큼의 무게만 짊어지자. 무겁게 짊어질 이유는 없다. 그리고 사실 자신의 견뎌낼 수 있는 한계를 인정하는 것이 그리 어려운 일이 아니다. 과도한 무게를 견뎌내면서 무언가 특별해지려고만 하지 않는다면, 자신의 삶을 살 수 있다고 저자는 믿고 있다. 생존하기 위해 뛰다보니 자신도 모르게 어깨에 걸쳐져 있는 과도한 무게, 그 무게를 가볍게 하는 방법은 바로 자신을 들여다보고 자신의 능력을 간파하고, 불필요한 무게를 견디고 있는 것은 아닌지 스스로를 체크해보면 된다. 청나라의 마지막 황제 푸이의 울음으로 시작된 이야기가 우리가 짊어지고 있는 불필요한 무게에 대한 사유까지 확장된 줄 몰랐다.

권불십년(權不十年), 고이면 썩는다

자금성 하면, 청나라 마지막 황제였던 푸이가 단번에 떠오르지만, 어린 푸이하면, 푸이를 황제로 내세운 서태후가 뒤따라온다. 그리고 서태후 하면 이화원이 자동적으로 소환됨이 저자만이 그런 것은 아닐 것이다. 이화원은 베이징 시내의 중심 자금성에서 차로 30분 거리에 있다. 베이징에 왔으면, 중국의 창의적인 정원예술과 정원 철학이 담긴 이 고전 원림을 보고 가는 것이 좋다. 1750년 처음 세워진 이화원의 전신인 '청의원'은 1860년 제2차 아편전쟁으로 심하게 파손되었고, 파손된 이곳을 1886년 서태후가 재건하여 '이화원'이란 이름을 붙였기 때문에, 이화원은 서태후와 깊은 관계가 있는 것이다. 당시 그녀가 이화원을 지을 때 중국인들에게 큰 비난을 받았다고 한다. 확실한 증거는 없지만, 당시 러시아를 막기 위한 해군예산 은전 3,600만 냥을 서태후가 이화원 재건에 사용했다고 중국인들은 생각하고 있다. 이 예산은 당시 청나라 전체 1년 예산의 30%에 달하는 수치라고 한다. 이 막대한 돈을 이화원 건설에 사용한 것은 잘못된 일이라고 보는 것이다. 설사 해군의 예산이 아니었다고 할지라도 당시 외국과의 전쟁 중이었기에 지도자는 당연히 국방에 힘을 써야 했고, 따라서 정원 건설에 투자할 돈이 있으면 국방비로 써야 하는 것이 상식일 것이다. 그런데 정말 서태후가 국가 예산을 유용했다면, 서태후 때문에 청일전쟁에서 중국이 일본에게 치욕적인 패배를 겪었다고 중국인들이 생각할만하다. 그런데 이런 비난을 받고 재건된 이화원이 이제 후세에게 남겨진 정원건축의 걸작이 되어 지금 많은 사람들이 찾는 것을 보니 참 역사는 아이러니하게 흘러가는 것 같다.

　서태후는 현재 중국에서 매우 부정적인 평가를 받고 있는데, 그녀의 사치와 향락, 잔인함이 이화원에서 극을 달했다는 역사적 기록이 있다. 사실 역사란 이긴 자가 기록하는 것이라, 진실을 밝히는 것에는 한계가 있다. 그러나 추정해볼 수 있는 것은, 유교문화인 중국에서 여자가 막강한 권력을 휘둘렀으니, 어떤 긍정적인 활동과 업적이 있다고 해도 그녀가 저지른 악행만을 부각하려는 의도도 있을 수 있다는 것이다. 특히 그녀는 한족이 아닌 만주족이 세운 청나라의 황후이기에 더욱 그럴 수 있다. 그럼에도 불구하고 현재 중국에서 그녀를 '악녀'라고 칭하는 것은 이화원에서 행해진 그녀의 행동들과 연결되어 있는 것은 분명해 보인다. 서태후로 인해 이화원도 부정적인 이미지를 가지게 되었다고 하니 말이다. 서태후는 이화원을 재건한 후, 이화원을 여름 피서지로 사용하면서 극도로 사치스러운 생활을 했다는 것은 중국인뿐 아니라 세계인들도 이미 알고 있는 내용이다. 예를 들어, 그녀의 한 끼 식사는 중국 농민이 1년간 먹을 수 있는 식사비용이었고, 그녀의 옷은 3천 벌이 넘어 하루에도 몇 번씩 옷을 갈아입었다고도 한다. 거기다가 그녀의 잔인함도 전해져 내려오고 있다. 특히 죄인에게 주는 처벌은 상상만 해도 소름이 끼치는데, 이 책에는 그녀의 잔인했던 행동들을 구지 서술하지 않겠다. 서술하면서 화를 내고 싶지 않기 때문이다.

　나아가 서태후의 부정적인 행위의 끝판왕은 다음 이야기다. 정확한 기록이 있는지 알 수 없지만, 이화원의 낙수당과 쿤밍호 가운데 있는 남호도는 서태후의 수청을 들기 위한 미소년들을 강제적으로 모아놓은 곳이라는 충격적인 설이 있다. 그 당시 서태후의 나이가 53세였다고 하는데, 무슨 일인지 남호도에 있던 젊은 미소년들은 서태후의 침소인 낙수당에 들어가면 나오지 않았다고 한다. 당시 낙수당에 있던 사람들을 통해서 내려온 소문인지, 아니면 서태후에게 적대 감정을 가진 자들이 퍼트린 이야기인지 저자에게 확인할 방법은 없다. 그러나 이 이야기는 중국 사회에 이미 널리 퍼져 있는 듯하다. 반은 진지하게 반은 조소 섞인 미소를 날리면서 서태후의 이런 이야기를 하던 중국의 지인이 생각난다. 이런 이야기 때문일까, 중국 역사에서 가장 화제성을 가지고 있는 인물 중 하나가 서태후다. 오랫동안 과부 생활을 했던 그녀가 정말 욕정 때문에 많은 중국 청년들을 희생시켰다면, 중국 역사에서 어쩌면 영원히 악녀로 남아있을 수도 있겠다. 중국에 잘생긴 남성이 드문 이유가, 미남은 서태후에 의해 모두 죽었기 때문이라고 하는 우스갯소리가 있을 정도이니, 진실은 모르지만, 이화원과 관련해서 가장 강한 역사스토리를 남긴 사람이 서태후라는 것은 분명하다.

무시무시한 일이 있었다고 전해지는 이화원의 남호도가 멀리 보인다.

역사 속에 있는 서태후를 조금 더 들여다보자면, 그녀는 분명 정치적인 책동이나 술책, 임기응변적인 책략이 뛰어났던 것 같다. 온갖 권모술수를 써서 47년간이나 정치의 실권을 잡았으니 말이다. 그런데 그녀는 권력의 단맛을 너무 깊이 알아버렸고, 끝내는 권력에 중독되어 권력에만 집착한 여성의 이미지로 후대에 남게 된 것은 유감이다. 서태후는 근대사에 있었던 인물이니 그녀에 관한 기록은 비교적 정확할 것이다. 기록에 의하면, 1835년에 태어나 1908년에 죽기까지 서태후는 함풍제의 세 번째 황후이자 섭정 황태후, 청 제국 말기의 독재 권력자로 살았다. 어린 시절 허드렛일로 생계를 꾸려나갔던 그녀가 궁녀가 되었는데, 젊었을 때는 누구나 아름답지만, 유독 아름다웠는지 그 당시 황제 함풍제의 눈길을 끌어 후궁이 된다. 그리고 1856년 그녀는 아들 재순(훗날의 동치제)을 낳으면서 함풍제의 총애를 듬뿍 받게 되자 총애를 유지하려고 전력을 쏟았다. 그러나 함풍제가 죽자, 아들인 10대 황제 동치제가 즉위하면서 섭정(군주를 대신하여 나라를 다스리는 행위)을 하게 되고 본격적으로 권력의 중심에 서게 된다. 그리고 동치제가 어린 나이에 갑자기 죽은 후에는 조카뻘인 어린 11대 광서제 4살을 내세워 계속 섭정을 하면서 권력을 유지하였고, 마지막에는 3살의 푸이를 12대 선통제를 내세워 권력을 끝까지 놓지 않았다. 그녀가 권력을 어떻게 가지게 되었는지 정리해보면, 함풍제의 후궁으로, 아들 동치제의 어머니로, 조카뻘 광서제 4살의 큰어머니로, 마지막 황제 선통제의 큰 할머니로 가지게 된 것이다. 너무 심하긴 한 것 같다. 이렇게 긴 시간 동안을 권력을 놓지 못하고 권력 중심에 서 있었으니 권력에 중독된 것이라고 말하는 것이다.

　당연한 이야기이지만, 평생 권력을 휘두르며 자신의 만족을 채우던 서태후도 세월은 이길 수 없었다. 전해오는 이야기이지만, 서태후는 얼굴의 주름을 없애기 위해 천연 진주가루를 먹고, 산모의 초유를 마셨으며 마사지와 한방 미용 팩으로 얼굴을 관리했다고 하는데, 그래서인지 서태후의 피부는 유달리 고왔다고 한다. 나이 들어 얼굴이 고우면 무엇 하리오, 사람은 나이가 들수록 우아하게 늙는 것이 중요한데, 사치와 향락에 빠져 살았던 서태후는 '우아'하고는 거리가 멀었을 개연성이 높다. 만약 그녀가 사치에 모든 정신을 내놓았다면, 내면의 맑음과 고요를 가지지 못한 그녀의 늙음은 오히려 추할 수도 있다. 향락에 빠진 그녀는 매일 연회를 하면서 기름진 음식, 특히 오리고기를 매우 즐겼다고 하는데, 육식 과다 섭취 때문인지 위 기능이 저하되어 결국 죽음에 이르렀다고 한다. 이 시점에서 흥미로운 것은, 죽기 직전에 그녀가 남긴 '다시는 나처럼 여인이 정사에 나서는 일이 없도록 하라'는 유언이다. 본인은 정사에 광적으로 관여했는데 다른 여인은 하지 못하게 하다니, 끝까지 그녀는 자신만이 권력을 가져야 한다는 욕심을 버리지 못한 것 같다. 왜 여성이 정사에 관여하면 안 되는지 지금 여기서 그녀에게 물어보고 싶다. 한 나라의 몰락과 권력의 부패는 여성/남성의 문제가 아니라, 사치 향락을 일삼고 권력의 노예가 된 한 개인의 문제였는데 말이다.

권불십년(權不十年), 즉, 권세는 10년을 가지 못한다는 말이 있는데, 서태후는 47년간 권력을 잡았으니, 그 썩음과 부패가 얼마나 심했을지 쉽게 알 수 있다. 어디 권력뿐이랴, 세상의 모든 것은 흘러가야 한다. 즉, 순환되어야 한다. 순환이 되지 않고 고여 있으면 부패하기 마련이다. 고여 있는 물은 썩은 냄새만 가득하지만, 흘러가는 물은 맑고 깨끗하고 경쾌하다. 이러한 순환의 진리를 모른다면 본인뿐 아니라 그 영향이 닿는 사람들까지 고통을 겪게 된다. 모든 것에는 끝이 있으니 서태후의 권력도 끝이 났지만, 고여서 정체되어 냄새나고 부패된 그 권력 때문에 얼마나 많은 사람들이 희생되었을까 생각하니 안타깝기 그지없다. 흘러가지 않고 머무르려고 하는 자, 그리고 억지로 머물러서 타인을 힘들게 하는 자들은 이 순환의 진리를 깨닫지 못한 자들이다.

피서산장과 열하일기

　서태후의 이미지가 짙게 깔린 베이징의 이화원은 중국의 4대 정원에 포함된다. 중국의 4대 정원은 베이징의 이화원과 청더의 피서 산장, 그리고 소주의 졸 정원과 유원을 말한다. 그리고 이들은 모두 세계문화유산으로 지정되어 있다. 그런데 저자는 정원 문화를 잘 몰라서인지, 정원에 대해서 진심이 아닌 것 같다. 특히 인공 정원 자체를 크게 선호하는 편이 아니라 심지어 관상수도 좋아하지 않는다. 그래서인지 중국에 있는 정원들을 답사해보면, 뛰어나도록 아름다운 조경이라고 하더라도 저자의 마음을 움직이지 못한 것 같다. 예를 들어, 중국의 4대 정원, 졸 정원과 유원이 있는 소주는 정원의 도시라고 부를 만큼 정원들이 많아서 그곳의 여러 정원들을 답사해보았지만 지금도 저자의 뇌 속에 떠오르는 정원은 없다. 소주의 정원들은 대부분 개인 소유이고 정원 양식 또한 모두 유사했던 것으로 기억한다. 즉, 인위적으로 만든 가산(假山)과 연못, 또는 작은 호수를 만들고, 그 주변에 정자나 누각 같은 작은 건물을 자연과 조화를 이루도록 배치하는 방식이다. 아무튼 정원에 대해 시큰둥한 이런 저자가 중국의 4대 정원을 모두 답사했다는 것이 오히려 놀랄 정도다.

　그런데 왜 저자가 이화원을 포함, 중국의 4대 정원을 언급하는지 독자들이 궁금해 할 것이다. 그렇다. 중국의 4대 정원 중 하나인 피서산장을, 궁극적으로는 우리가 잘 알고 있는 열암 박지원이 쓴 '열하(熱河)일기'를 말하고 싶어서이다. 피서산장은 청나라 때 별궁으로, 중국 황제들이 여름에 이곳에서 행정업무를 보면서 시원하게 피서(避暑)를 하던 곳이다. 전체 면적 5.46제곱km, 주위의 성벽은 10km나 되는 중국에서 가장 큰 황실 정원이기도 하다. 이 정원의 규모는 이화원의 2배에 달한다고 한다. 궁전지역, 호수지역, 평원지역, 산림지역, 이렇게 4개의 구역으로 나누어져 있는 피서산장은 다양한 건축양식의 건물들과 호수와 숲들이 서로 어우러져 '중국스러운' 정원 풍경을 자아내고 있다. 피서산장의 건축물이나 조경기술은 중국 봉건 사회의 발전상을 보여주는 중요한 역사적 자취이기도 하지만, 한국의 역사적 자취도 이곳에 있다. 박지원의 '열하(熱河)일기'에서 나오는 피서산장이 이곳이기 때문이다. '열하'라는 지명은 북경에서 250km 북방에 위치한 지금 승덕(承德)의 옛 이름이다. 피서산장을 열하행궁(热河行宫)으로도 불리는 이유다. 1703년 청나라 강희제 때 건설하기 시작해서 1792년 건륭제에 이르러 준공되었다고 한다. 피서산장은 황제의 여름 피서지 겸 집무를 보기 위해 세워진 것이 분명해 보이지만, 북방 몽고족의 침입을 대비하기 위한 목적도 있었다고 한다.

피서산장을 방문하게 되면, 한국인으로서 자연스럽게 그 당시 이곳에 왔던 조선의 사신들의 흔적을 찾게 된다. 박지원이 기록한 '열하일기'에 따르면, 피서산장으로 들어가는 입구 안의 넓은 앞마당에서 조선의 사신들은 황제에게 '삼배구고두례'(三拜九叩头礼)를 했다고 한다. 즉, 3번 절하면서 절을 할 때마다 머리를 바닥에 3번씩 닿게 했다는 뜻이다. 그 당시 청과 조선의 관계를 알 수 있는 구절이다. 지금처럼 교통이 좋아서 쉽게 올 수 있는 곳도 아니고, 머나먼 땅에서 긴 날을 죽을 고비 넘기며 겨우 이곳에 도착해서 처음 한 행동은 머리를 조아리는 것이었다. 그것도 자금성이 있는 북경도 아니고 북경에서 한참 떨어진 열하(熱河)까지 건륭제의 만수절(칠순잔치) 행사에 참석하겠다고 왔으니, 조선 사신들은 많이도 고달프고 힘들었을 것이다. 힘없는 국가들은 강대국 때문에 늘 그렇게 고달팠다. 그러나 이렇게 힘든 여정의 시간을 낭비하지 않고 오히려 이런 경험을 최대한 활용한 사람이 조선사절단에 있었으니, 바로 조선 시대 대표적인 실학자 박지원이다. 그 당시 자신의 8촌 형이자 사절단의 수장이기도 한 박명원을 따라 수행비서역에 해당하는 군관자제 신분으로 박지원은 이 사절단 일행에 합류할 수 있었다. '열하일기'라는 책은 박지원이 사절단에 합류하여 1780년(정조 4년) 음력 8월 9일부터 8월 14일까지 열하에서 6일간 머물면서 보고 듣고 관찰한 내용을 기록한 일종의 기행서이다.

조선의 사신들이 '삼배구고두례'를 했다는 피서산장 입구

　　그런데 이 '열하일기'가 주목받는 이유가 무엇일까. 6일이면, 매우 짧은
시간이라 볼 수 있는 이 기간에 내용을 간파하고 분석하여 꼼꼼하고 명확
하게 기록했다는 것이다. 박지원은 청의 황제가 변방의 중심인 열하에서
그 많은 인구와 넓은 영토를, 나아가 주변 민족들을 어떤 정책으로 어떻게
관리하는지 그들의 통치술을 유심히 살폈으며, 청나라와 다른 나라가 어떻
게 돌아가고 있는지 정세도 분석했다. 예를 들어 자신이 머무는 숙소를 '베
이스캠프' 삼아, 피서 산장에서 열리는 황제의 생일 파티에 참석해 관찰도
하고(박지원이 황제의 생일 파티에 들어갈 수 있는 급이 아니었기에 이 부분은 논란이 있
음), 인근 마을의 술집에서 술도 한잔하면서 당시의 청나라 상황을 살펴본
것이다. 세계에 대한 그의 열망을 그곳에서 찾으려고 했던 것 같다. 그러나
박지원의 직업이 학자이고 연구자였다는 것을 안다면, 이러한 행동들이 그
리 놀랄 일이 아니다. 무엇보다도 피서 산장에서 중국의 지식인들과 많은
이야기를 나누었다고 하는데, 진보적 사유로 실제의 세계에서 문제 해결
방법을 찾는 실학자다운 자세였다고 생각한다. 더군다나 박지원은 '허생
전' 소설도 쓴 문필가이기도 하다. 훌륭한 문장력으로 열하의 일정을 그대
로 진솔하게 해학과 현장감을 넣어 기록한 '열하일기'에 당시 청나라를 가
보지 못한 많은 조선인들이 열광할 수밖에 없었다고 본다. 물론 그 조선인

에 일반 백성들이 포함되지 않을 수도 있지만 말이다.

저자가 '열하일기'에 열광까지는 아니어도 관심을 가지게 된 이유는 간단하다. 저자 또한 지금 기행서를 쓰고 있기 때문이다. 왜 구지 힘들게 세계의 유적지를 답사하고 낑낑대며 답사기를 쓰고 있는지 그 이유를 찾을 수 없어서 집필을 포기하려고 한 적도 많다. 그러나 해만 뜨면 노트북 앞으로 가서 과다 몰입으로 끊임없이 유적지 답사 경험과 사유내용 쓰고 있는 저자 자신을 포기시키지 않은 것은 기행서 집필이 이타성이 발현된 행위라는 믿음 때문이다. 그리고 이렇게 '열하일기' 같은 선조들의 기록이 후대인 우리에게 얼마나 많은 것을 안겨주고 있는지 알아버렸기 때문이다. 저자는 '한국유적지기행'에서 김정호가 기록한 대동여지도를 언급한 적이 있다. 그리고 이타성을 가진 "기록은 문명을 전승하고 다음 세대와의 연속성을 가진다는 점에서 매우 중요하다"고 강조했다. 그런데 저자가 본 책을 집필하는 동안에 하나 더 깨달은 것이 있다. 유적지 기행서는 후손들에게 선조들의 시대와 만나게 해주기도 하지만, 기행서 집필자 자신도 꿈을 꾸게 해준다는 것을 말이다. 대동여지도를 제작하기 위해 김정호는 길을 걷고 걸었지만, "가슴이 뛰어서" 한 행동이었고, 지도기록 그 자체가 꿈을 찾아가는 과정이 아니었을까. 박지원 또한 '열하일기'를 집필하는 동안 가슴이 뛰었을 것이고, 꿈을 꾸었을 것이다. 그리고 이제 그 책은 후대의 자손들을 그 시간으로 데리고 가기도 하지만, 박지원이 꿈꾸던 시간과도 해후하게 한다. 이타적 기록의 힘은 너무 대단하지 않은가.

3. 베이징 자금성 **61**

4. 낙양 용문석굴

◇◇◇◇◇◇

성주풀이, 삶을 존재하게 하는 죽음

저자는 어렸을 때, 흔히 '달동네'라고 부르는 서울 돈암동 산꼭대기에 있는 마을에 살았었다. 고향 동네에서 식솔들을 건사하고 이웃 사람들에게 도움을 줄 수 있을 만큼 부를 쌓았던 조부모님이 돌아가시자 그 자산들은 물 새어나가듯이 빠져나갔고 부모님에게 남은 자산은 거의 없었다. 그나마 조금 남아있던 자산을 챙겨서 자식들 교육시켜보겠다고 부모님은 5명의 자식들을 데리고 서울로 상경했다. 이렇게 서울로 이사를 감행했지만, 서울 평지에는 대가족이 함께 거주할 수 있는 집한 칸 얻기 어려운 상황이었고, 겨우 자리 잡은 곳이 평지가 아닌 40분 정도를 걸어서 올라가야 하는 산꼭대기 마을이었다. 그래도 그 동네에서 집을 소유한 것만으로도 상대적으로 부자 측에 속했던 것으로 기억한다. 저자 나이 고작 네 살이었으니, 딱히 큰 변화라고 할 수 없지만, 다른 가족들에게는 서울 상경이 인생의 획기적인 전환점이 되었을 것이다. 어느 정도 철든 나이에 있었던 다른 가족들은 생계를 각자 책임져야 하는 그야말로 각자도생의 길을 찾아 나섰지만, 어린 나이였던 저자는 달동네의 미로 같은 구불구불한 골목길에서 골목대장 노릇을 하며 마음껏 놀 수 있었다. 그때는 그랬다. 아무 근심 걱정이 없었다. 좁은 골목마다 울려 퍼지던 아이들의 해맑은 웃음소리에는 앞으로 펼쳐질 인생의 고민 따위는 담겨져 있지 않았다. 어쩌면 살아오면서 아무 근심 걱정 없던 때가 오직 그때뿐이었는지 모르겠다.

경사진 산비탈에 집을 세웠기 때문에 윗동네와 아랫동네가 있었고, 동네별 아이들은 무리로 몰려다니며 자신의 동네 위상을 보이기 위해 전쟁 놀이를 했지만, 진짜 전쟁을 불사할 만큼 그들의 모습은 진지했던 것 같다. 당시에는 중국 영화, 정확히 말하면 홍콩 영화가 대유행이었는데, 어린 친구들은 전쟁에서 이기기 위해 동네 뒷산에서 중국 무술을 배운다고 고사리 같은 손으로 나무를 쳤던 기억도 난다. 그런데 그 어린 시절 그런 달동네에서 유일하게 저자의 집에는 LP판을 재생하는 전축이 있었다. 큰 오빠가 전자제품 장사를 했기 때문이다. 덕분에 어린 나이에 다양한 장르의 음악을 들을 수 있었고, 음악을 통해 감수성도 깊어졌다고 생각한다. 그런데 놀라운 것은 그때 듣고 따라 했던 노래들은 한 줄의 가사도 틀리지 않고 그대로 부를 수 있다는 것이다. 지금은 방금 들었던 노래도 돌아서면 잊어버리는데, 신기하다. 그 당시 유명했던 '김세레나'라는 가수가 있었다. 이 가수는 특히 민요를 많이 불렀는데, 그 가수가 부른 '성주풀이'라는 민요는 가사 하나 틀리지 않고 지금도 저자가 부를 수 있는 노래다. 테스트해보아도 좋다.

낙양성 십리 허에
높고 낮은 저 무덤은
영웅호걸이 몇몇이며
절세가인이 그 누구냐
우리네 인생 한번 가면
저기 저 모양이 될 터이니
에라 만수 에라 대신이야

가사 내용이 무엇을 뜻하는지도 모른 채 흥얼대다가, 지금에서야 '성주풀이'에 대해 알아보았다. 이 노래는 원래 무당이 가정의 무사태평과 행복 건강을 위해 부르던 노래에서 파생된 경상도 민요라고 한다. 가사 중 궁금했던 '에라 만수 에라 대신이야'는, '만수'란 오랜 삶을, '대신'이란 인간의 길, 흉, 화, 복을 담당하는 신, 즉 만수의 신을 의미하는 것도 알았다. 그리고 이 노래에 나오는 '낙양성'은 중국 시안과 정주 사이에 있는 '낙양'이 맞다. 이렇게 성주풀이에 나오는 낙양! 낙양이 왜 이곳에 나올까. 궁금하지 않은가. 아마도 성주풀이는, 그 낙양성에 있는 무덤들을 봐라, 영웅호걸이면 뭣하고, 절세가인이면 뭣하랴, 우리네 인생은 그저 태어나 일회성으로 잠깐 머무르다 저 무덤으로 가는 길이라고, 따라서 인생은 별거 아니라는 것을 말하려던 것 같다. 그리고 인생의 허무와 자조 섞인 가사를 극적으로 만드려고 영웅호걸이나 절세가인의 무덤이 많은 낙양성을 불러온 것이 아닐까 생각한다. 실제로 이 성주풀이의 주제가 되는 중국 낙양의 북망산에는 옛 황제들의 무덤이 많이 있다. 이 노래를 전혀 모른다고 해도, 가사를 읽어 보면 죽음이 있기에 인간의 짧고 힘겨운 삶은 아무것도 아니라고 우리를 위로해 주고 있는 내용이라는 것을 쉽게 간파할 수 있다. 그런데 그 위로가 되는 것이 바로 '죽음'이라는 것이 저자에게 놀라운 반전으로 다가왔다. 무언가 가슴에 서늘함이 생기면서 통증을 느끼게 했다.

죽음, 인간 모두에게 필연적으로 일어나는 절대적 운명이다. 죽을 운명의 존재인 인간은 죽음 앞에서는 누구나 평등하다. 그래서 죽음에 대한 사유는 생명에 대한 사유와 더불어 인류 역사에서 가장 오래된 철학적 사유이기도 하다. '성주풀이'의 가사 또한 태어나면 누구든 반드시 죽는다고 말한다. 뛰어난 용맹과 지혜를 가지고 세상을 호령했던 영웅들도, 당대에 누구와도 비교할 수 없을 만큼 빼어난 미모의 여인들도 모두 죽는다고 말한다. 그래서 죽음이란 누구에게나 평등하다는 이 노래가 삶의 위로가 되는 것이다. 우리에게 '죽음'이 없다면, 그리고 그 '죽음'이 만인에게 평등하지 않다면, 우리가 사는 세상이 온전하게 유지될 수 있을까. 아마 세상은 무질서로 이미 무너져 내렸을 것이다. 그리고 '죽음'이 없다면, 인간의 '삶'이 무슨 가치와 의미가 있을까? 언젠가 모두 죽는다는 것을 알고 있기에 오늘 이 순간 우리는 최선을 다해 삶을 소중히 하고 가치 있게 살아간다고 생각한다. 그리고 누구에게나 죽음이 있다는 것을 아는 우리는 공동운명체로서 서로를 이해하고 서로 도와가며 살고 있는 것이다. 그래서 죽음은 삶의 가치를 최상으로 만들고 있다고 해도 과언이 아니다. 죽음으로 삶이 멈추고 소멸된다고만 생각했는데, 역설적이게도 죽음이 우리의 삶을 지탱하는 것이라니, 인간의 삶을 살아가게 하는 동력이라니, 죽음에 대한 뜻밖의 사유였다. '성주풀이'는 죽음을 말하는 어두운 노래가 아니라, 죽음이 있으니 더 의미 있고 후회 없는 삶을 살라는 은유적 표현이었다. 삶의 유한함을 아는 우리, 죽음을 기억한다면, 어떻게 살아야할지도 알게 된다. 성주풀이에 나오는 낙양, 그곳에 있는 용문 석굴 앞에서 마음에 희망을 듬뿍 담아 혼자 신나게 흥얼거려 보았다. 에헤라, 만~수~~~ 에라, 대신이야!

불교 석굴 예술의 정수

'성주풀이'에 나오는 낙양의 용문 석굴은 대규모의 불교 유적지이다. 처음 중국에 불교가 들어온 것은, 기원전 206년 유방이 항우와의 전쟁에서 승리한 후, 진나라에 이어 중국을 두 번째로 통일한 왕조인 전한(前漢) 시대로 보고 있다. 이때 서역의 나라들, 즉 중앙 아시아나 서부 아시아에 있는 인도, 파키스탄, 네팔 등과 교류하면서 비단길을 통해 불교가 중국으로 들어오지 않았나 싶다. 우리가 알고 있듯이, 불교는 힌두교의 한 줄기로 인도에서 발생하여 인근 동양국가에 전파된 것이다. 사실 인도에서 전통적으로 내려오던 힌두교의 브라만교는 민족 종교적인 색채가 강하여 다른 나라에 쉽게 전파할 수 없는 종교임에 반해, 이 브라만교에서 확장 탄생한 불교는 보편성을 가지고 있어서 다른 나라로 쉽게 전파가 가능했을 것이다. 따라서 인도와 교류하고 있던 중국으로 불교가 전파되는 것은 어쩌면 자연스러운 일이었다. 중국에 처음 불교가 들어왔을 때, 중국인들은 불교를 전파하는데 필요한 불교 경전을 먼저 번역했다. 번역된 불교 경전은 생활양식이나 사고방식이 인도인들과 완전 달랐던 중국인들에게 불교를 전파하는데 커다란힘을 발휘하게 된다. 그리고 불교 경전을 통해 새로운 불교문화가 중국에 만들어진다. 중국에 본격적인 불교문화가 시작되었다고 보는 북위(北魏)시대에 대규모 석굴 불상들이 조성되는데, 이때 용문 석굴도 조성된 것이라고 한다.

용문 석굴은 중국 허난 성 낙양에서 남쪽으로 12㎞ 떨어진 곳에 있는 동굴사원이다. 두 개의 산, 동산과 서산 사이에 강물이 흐르고, 강에 접하고 있는 면이 매우 가파른 절벽으로 되어 있다. 그런데 직접 가서 보면 그 절벽의 돌이 다루기 쉬운 석회암이라는 것을 알게 된다. 석굴을 만들고 조각을 새기기에 좋은 입지 조건을 가지고 있는 이곳에 그래서 거대한 용문 석굴이 가능할 수 있었다. 안내문에 따르면, 등록된 용문 석굴의 면적은 331㏊, 완충 지역은 1,042㏊이라고 하니 그 규모가 어마어마하다. 북위(北魏)의 효문제가 낙양으로 천도한 494년부터 시작된 용문 석굴에는 강의 동쪽과 서쪽에 총 2,345개의 석굴이 있고, 그 안에는 10만 개가 넘는 불상과 약 2,500개의 비문들, 그리고 60개 이상의 불탑이 있다고 한다. 이렇게 수많은 석굴이나 불상, 탑들 중 최고의 완성도를 보여주는 인상적인 작품들은 대부분 당나라 시대(316~907)에 만들어진 것이다.

용문 석굴에서 가장 많이 알려진 것은 고양동과 석굴사, 그리고 봉선사동에 있는 작품들이다. 먼저 서산 남쪽 아랫부분의 정중앙에 있는 고양동의 석굴은 용문 석굴에서 가장 오래되고 규모도 가장 크다. 이 고양동은 5세기 후반 당시 귀족들과 관료들, 그리고 불교 신자들의 지원을 받아 만들어졌다고 한다. 고양동의 주벽에는 석가모니와 양옆으로 보살이 세워져 있고 그 규모는 중국답게 정말 거대하다. 용문 석굴에 왔다면 가장 보존이 잘되어 있는 석굴사도 살펴보는 것이 좋겠다. 이 석굴 앞에는 목재지붕의 형태가 그대로 남아있고, 커다란 7개의 불상이 조각되어 있으며, 이곳에 있는 비문은 이 석굴이 527년에 완성되었다고 정확히 말해주고 있다. 그러나 가장 인상적인 곳은 675년 당나라 고종이 만들었다는 봉선사동일 것이다. 봉선사동의 거대한 석상들은 당나라 시대가 중국 예술 황금기였다는 것을 가장 확실하게 보여주는 작품들이다. 특히 통통한 몸매에 자애로운 미소를 띠고 있는 비로자나불상은 보는 이를 압도한다. 봉선사동의 이 불상들은 당나라 시대의 석조물 가운데 가장 규모가 크고, 당나라를 대표하는 작품이기도 하다.

봉선사동 석굴의 불상들

사실 용문 석굴에는 너무 많은 석굴과 불상, 석비와 불탑들이 있어서 모두 다 관찰하기는 쉽지 않다. 그러나 이들 모두는 각 시대에 따라 다른 특징을 보여주고 있다는 것은 알 수 있다. 용문 석굴의 조성은 4세기 동안 지속되었는데, 북위의 황제 효문제(孝文帝)가 수도를 낙양(洛陽)으로 옮긴 뒤 만들어진 초기 작품들은 인도풍의 느낌이 강하다. 중국적인 불교 조각의 색채가 확립되기 전이라 그럴 것이다. 이 시기에 서산에 조성된 석굴들이 전체 석굴 가운데 약 30%를 차지한다. 그러나 당나라 시대로 오면서 중국 불교는 전성기를 맞이하게 되고, 이때 거대한 석굴사원이 집중적으로 조성된다. 이 시기에 만들어진 석굴은 전체 석굴 가운데 60%를 차지한다. 이 시기에는 석굴의 특징도 바뀐다. 불상은 갸름해지면서 목이 길어지고 어깨도 처지면서 전체적으로 가녀린 인상을 준다. 또한 서방 인도풍의 흔적도 거의 없어지고 중국 고유의 형상이 뚜렷해진다. 장식들도 우아하고 화려하며 섬세하고 특히 회화적인 표현도 예술적으로 두드러진다. 따라서 용문 석굴의 석조물들을 말할 때, 초기의 작품보다는 당나라 시대에 조성된 작품들로 평가하는 것이다. 그리고 유네스코는 이 석굴에 부조된 작품들이 당나라의 뛰어난 문화 수준뿐 아니라 복잡하고 정교한 사회상을 응집하여 잘 보여주고 있다고 평가하여 세계문화유산으로 지정했다. 그리고 4세기란 오랜 기간에 걸쳐 만들어진 예술품으로서 중국의 석조미술의 최고봉이자 불교 석굴 예술의 정수라고 발표했다.

흥망성쇠는 필연이다

강 너머 멀리서 용문 석굴의 전체 사진을 찍으면 그 긴 시간이 하나의 렌즈 안으로 집결된다. 그리고 그 렌즈 안에는 긴 시간 동안 있었던 나라들의 흥망성쇠도 보인다. 처음 이곳에 있었던 나라는 자신들만의 양식과 철학으로 용문 석굴에 부처님을 조각했다. 그리고 사라져 갔다. 새롭게 등장한 나라가 이곳에 자신들의 부처를 정성스럽게 조각한다. 그리고 사라져갔다. 긴 시간 동안 이렇게 국가들이 생성하고 소멸하는 과정을 지켜보고 그 흔적을 고스란히 간직하고 있는 용문 석굴은, 흥망성쇠는 반복한다는 교훈을 우리에게 직접 보여주는 유서 깊은 유적지가 되었다. 1065년 사마광이 집필한 중국 역사책 '자치통감'에 이런 말이 있다고 한다. '고금의 흥망성쇠를 알고 싶다면, 낙양성에 가보라' 그만큼 낙양은 많은 나라의 흥망성쇠가 가장 많이 일어난 지역이라는 뜻이다. 그러니 낙양의 용문 석굴에도 고스란히 그 자취가 남아있는 것이다. 낙양은 역대 아홉 왕조의 수도였다. 아홉 왕조는 동주, 후한, 조위, 서진, 북위, 수, 당, 후량, 후당이다.

낙양이 여러 나라의 수도였던 것은 지리적 위치 때문이다. 낙양은 중국 중부지방에 있는데, 이곳 중부지방은 황하문명의 발원지이기도 하다. 고대부터 물이 있어 기름진 땅을 차지하는 자가 승리한 민족이 되는데, 중국에서는 중원지방을 차지하는 자가 세상을 호령했다고 볼 수 있다. 한나라 시기의 낙양은 황하강을 통해 경제적 활동이 활발해지면서 대도시가 된다. 그러나 후한 말, 정권을 잡은 동탁이 연합군을 피해 장안으로 천도하면서 낙양에 불을 지르는 바람에 낙양은 폐허가 된다. 그 후 위나라가 세워지면서 낙양은 다시 재정비되고 이곳에 황궁도 들어오게 되는데, 이때 다시 많은 인구가 이곳으로 유입된다. 낙양은 다시 번창한 도시로 부활했지만, 화려한 번영은 오래가지 못했다. 4세기 낙양은 북방의 유목민족에 의해 점령당했기 때문이다. 그러다 439년 북위가 북중국을 통일했고, 493년에 수도를 낙양으로 옮기면서 낙양은 다시 살아난다. 이미 우리는 고금의 흥망성쇠의 본보기를 가장 잘 보여주는 곳이 낙양이라는 것을 알고 있으니, 흥했던 북위가 다시 쇠하게 된다는 것을 예측할 것이다. 그랬다. 북위는 534년에 분열되고 쇠해졌고, 589년 수나라가 중국을 통일하였다. 새롭게 흥해진 수나라는 수도를 장안(현재 시안)에 두었던 것을 낙양으로 옮긴다. 그러나 수나라는 낙양으로 수도를 옮기면서 오히려 쇠해진다. 낙양에 큰 궁궐을 짓고 대규모의 운하를 만들면서 이 토목공사에 백성들을 강제 동원했다. 백성들의 원성은 나라가 쇠하는 지름길로 가고 있다는 적신호다. 결국 수나라는 망한다. 그리고 당나라가 중국을 통일하면서 낙양은 장안 다음으로 큰 도시가 된다. 낙양은 이제 정치적인 도시는 아니었지만, 고대부터 땅을 기름지게 만들었던 황하강이 유유히 흐르고 있는 경제적인 도시로는 변함이 없다. 황하강을 끼고 낙양은 꾸준히 경제적으로 발전하는 도시로 거듭났고, 따라서 당나라 이후부터 지금까지 비즈니스로 인해 큰 부를 가진 자들이 가장 많이 거주하는 도시가 되었다.

중국 왕조들의 흥망성쇠 자취가 남아있는 용문석굴

　황하문명과 기름진 땅이 있는 낙양, 수많은 나라가 이곳에서 흥망성쇠하고 그 과정에서 수많은 영웅호걸이 태어나고 사라졌기에 위의 '성주풀이' 노래 가사에 '낙양성'이 나온 것이겠다. '낙양성 십 리 허에 높고 낮은 저 무덤'에는 얼마나 많은 영웅호걸이 묻혀있는 것일까. 한때 세상에 당당히 존재하며 뛰어난 용맹과 지혜를 가졌던 영웅호걸들은 생자필멸(生者必滅)의 순리로 조용히 사라졌지만, 흥망성쇠(興亡盛衰)의 과정에서 자신의 나라를 위한 진정한 대의에 생을 산화시킨 자들이 아닌가. 잠깐 머무르다 가는 '우리네 인생', '한번 가면 저기 저 모양이' 되는데, 영웅호걸로 멋지게 살아보았으니 그들에게 후회는 없을 것이다.

　인간은 흥하기 위해 끊임없이 움직이고 도전하고 전쟁을 한다. 전쟁을 했다면 반드시 흥하는 쪽도 있고 망하는 쪽이 있기 마련이다. 그런데 흥하고 망하는 것은 반복한다는 것이다. 우리네 삶 또한 그렇지 않은가. 흥하기만 하거나 망하기만 하는 삶은 없다. 인생의 그래프를 그려보면, 흥과 쇠가 오르락 내리락 한다. 즉, 흥하면서 올라가다가, 정점에서 다시 쇠함으로 내려온다. 그리고 이러한 그래프 패턴은 반복된다. 그래프를 전체적으로 보면 여러 개의 산이 있는 모양새다. 이렇다 보니 흥함의 정점에 있을 때 우리는 어떻게 해야 할지, 쇠함의 바닥에 있을 때는 또 어찌해야 할지 알 수 있다. 즉, 흥할 때도 쇠할 때도 일희일비 (一喜一悲) 할 필요가 없다는 것이다. 흥하면 내려가고, 쇠하면 올라간다는 것을 알고 있지 않은가. 그래서 흥함이 정점에 있을 때는 내려갈 준비를 하면 된다. 내리막길을 준비한 자는 내려갈 때 붙는 가속도의 충격을 훨씬 줄일 수 있고, 절망하지 않는 여유를 가질 수 있다. 쇠할 때는 바닥을 치고 올라가는 선에 올라타면 된다. 그리고 그래프 바닥에 있을 때 비축해놓은 에너지를 부어 멋지게 새처럼 흥으로 날아오르면 된다. 이렇게 한다면 쇠함도 그리 우울하거나 힘든 일이 아닐 수 있다. 흥하고 쇠하는 것이 필연이라면, 그리고 그것이 반복된다면, 인생은 놀이기구인 롤러코스터(roller coaster)를 탈 수 있는 놀이터라고 생각하면 어떨까. 오르고 내릴 때 그 짜릿함과 두려움에서 오는 소리도 눈치 보지 말고 맘껏 지르면 된다. 그렇다면 매 순간 생동감 있게 살아서 움직이는 자신이 눈부시고 찬란하게 빛나는 어느 하루에 서 있는 것이 보일 것이다.

5. 운남 리장 고성

◇◇◇◇◇◇

홍등불빛의 고성(古城)

저자가 중국의 리장(麗江)을 방문했을 때는, 때마침 비가 부슬부슬 내리고 있었다. 비가 내림에도 불구하고 유명 관광지인 탓에 골목마다 오가는 사람들로 넘쳐났지만, 가게마다 밝힌 홍등불 빛이 빗물과 어우러져 퍽 낭만적으로 느껴졌다. 그리고 고성(古城)이라 그런지 무협지에서 나올법한 자객이 어디에선가 뚝 튀어나와 지붕 위를 붕붕 날아다닐 것 같은 분위기였다. 저자는 어릴 때 학교 수업을 제치고 극장에 갔을 정도로 무협 영화를 좋아했다. 그리고 무협 영화에 동화되어 한참을 독학으로 무술까지 배웠다. 그런 경험 때문인지 저자는 스스로 무협 영화에 나오는 자객 같은 몸가짐을 하고 날렵한 걸음걸이로 리장 고성을 걷기 시작했다. 무협 영화를 너무 많이 보았나 보다. 누군가 지붕 위에서 뛰어 내려와 대결하자고 해도 놀라지 않고 응수할 마음의 준비도 했다. 그때부터 저자는 현실이 아닌 무협 영화 속에 있는 협객이 되었다. 이제 홍등불빛 아래에서 어깨를 부딪치며 지나가는 거리의 사람들도 무협지 속의 적들이 된다. 누가 공격해 올지 모르니 경계를 하고 조심해야 한다. 앗, 저 멀리 무협 영화의 전설로 남아있는 배우 '왕우'가 유유히 걸어오고 있다. '왕우'는 60년대와 70년대 무협 영화의 전성기를 만들어간 무협 배우이다. 저자의 10대는 왕우의 무협영화들을 보면서 지냈는데, 지금 생각해 보니 그 배우가 저자의 10대 정서에 엄청난 영향력을 미쳤던 것 같다. 그 당시 그 무엇을 하든 남은 시간이 있다면, 무협지를 읽었고, 무술 연습을 했으며, 남자아이들과 무술 시합을 했으니 말이다. 무협 영화 때문에 행복했던 저자의 10대를 이곳 리장에서 만나다니 너무 반가워서 스스로를 와락 안아보았다.

 리장 고성은 그런 곳이다. 무협지 영화 속에나 있을법한 고전적이고 환상적이고 로맨틱한 곳이다. 그런데 알고 보니 리장 고성에 있는 대부분 집에는 '나시족'들이 살고 있다고 한다. '나시족'이라는 이름은 1954년에 정식으로 붙여진 이름으로, 중국 남방의 소수민족 중의 하나이다. 특이하게도 나시족은 모계 중심의 부족으로 일처다부제의 전통을 가지고 있다는데, 이곳 리장이 있는 운남 성에 많이 거주하고 있었다. 함께 답사 간 중국지역 전문가에게 들어보니, 중국이란 나라의 땅덩어리가 너무 커서 남쪽까지 관리가 되지 않아 소수족의 대표인 나시족이 생겨날 수 있었다고 한다. 즉, 중앙 정부로부터 간섭을 받지 않아 오히려 자신들만의 고유 전통문화를 이어올 수 있었다는 것이다. 그들에겐 중국 땅이 커도 너무 큰 대륙이라는 것이 오히려 잘된 일이었다. 그런데, 나시족의 전통문화가 있다고 해서 고성 안을 걸어보았으나, 물건을 파는 가게들이 대부분이어서, 이곳은 전통문화를 볼 수 있는 곳이라기보다 하나의 커다란 상업 시장이라는 생각이 들었다. 물론 고성 안에는 물건을 파는 가게외에 호텔 등 일반 큰 도시에 있는 시설들이 대부분 갖추어져 있다. 따라서 겉으로 볼 때 집들이나 건물들의 모습이 옛날식이긴 한데, 내부 시설은 모두 현대식이다. 저자 일행은 리장 고성 내에 있는, 외관은 전통적인 고가인데 내부는 최신식 시설이 갖추어진 화려한 호텔을 잡아, 호사스러운 답사를 했다. 참고로 물가는 생각보다 많이 싼 편이었다. 그리고 서양국가에서 여행 온 외국인들이 간혹 보이긴 했지만, 관광객들은 대부분 중국인이었다. 인구가 워낙 많기때문에, 내국인들만으로도 관광수요는 넘쳐나고 관광 사업도 충분히 가능한 나라가 중국이다. 처음 리장 고성을 관광 사업으로 개발한다고 발표했을 때, 중국내에서는 논란이 많았다고 하는데, 지금은 국내의 수많은 사람들이 찾아오는 유명 관광지이자 상업적 요충지가 되었으니 더 이상 비난할 수도 없게 되었다. 아니, 오히려 성공사례로 다른 지역에서도 고성 리장을 벤치마킹하여 관광지 개발을 하고 있다고 한다.

리장 언덕에서 바라본 전통 건축물들

 작은 수로들과 목조건물로 조성된 수많은 골목길로 이루어진 리장 고성은, 마을 전체가 800년 전 옛 모습들을 그대로 간직하고 있다. 아직도 옛날 전통적인 급수체계를 유지하고 있을 만큼 역사적 마을이다. 옛 모습과 전통문화를 담고 있는 이 마을의 건축물들은 가치 있다고 판단한 유네스코는 이곳을 세계문화유산으로 지정하였다. 조금 다른 시선으로 보면 저자처럼 이곳 리장 고성을 복잡한 상업 시장으로 볼 수 있지만, 옛 고성의 운치가 전혀 없는 것은 아니다. 이미 밝혔듯이 처음 답사하던 날처럼 비가 내리는 날, 모든 건물에 황색 홍등불이 켜지면 고성의 운치가 한껏 더해지는 미적 황홀함은 여운을 남기기에 충분하다. 특히 고성 안에는 작은 개천들이 흐르고 있어서 이곳을 동양의 '베니스'라고 부르는 사람도 있는데, 이탈리아 베니스를 답사한 저자가 볼 때 일직선상에서 둘을 비교하는 것은 조금 모순감이 있다고 생각했다. 간단히 비교해도 베니스에 있는 건축물은 형태가 완전 다르고 바다 물 위에 있는 반면, 리장 고성은 한 마을의 수로로 이어지는 물 옆에 있으며 건축물은 완전 동양의 목조 가옥들이니 말이다. 하긴 저자가 사는 부산에도 강물이나 개천, 그 무엇이 되었든 물이 흐르고 그 근처에 집이나 건물이 있으면 부산의 '베니스'라고 부르는 걸 보면, 이탈리아의 '베니스'가 가지고 있는 '물의 도시'라는 상징성은 참으로 대단하다고 생각한다. 물이 있는 도시는 무조건 '베니스'를 비유하니 말이다. 리장 고성을 '동양의 베니스'라고 말하는 것에 구지 예민하게 굴 필요는 없었는데, 하고 한번 웃었다. 들려오는 이야기에 의하면, 이곳에서 1996년에 강도 7의 큰 지진이 있었는데, 리장 고성에는 큰 피해가 없었다고 하니, 목조건물을 지을 때 얼마나 단단히 올렸는지 지진으로 인해 확인한 셈이 되었다.

그리고 이왕 운남성 리장 고성에 왔다면, 보이차를 한번 마셔보는 것도 좋다. 중국 운남성은 '보이차'로 매우 유명한 곳이다. '보이차'는 운남성에서 생산되는 발효차의 일종인데, 독특한 향과 색을 가지고 있어서 차로서는 수준 높은 급에 속한다. '보이'는 명·청나라 시대에 지역을 관장하던 행정 소재지 명인데, 이곳에 운남산 차들이 모여들었기 때문에 '보이차'라는 명칭이 생겼다고 한다. 그 당시 '마방(馬幇)'이라 불리는 상인들은 이 '보이차'를 말이나 당나귀에 싣고 가서 말과 서로 교환하였다. 이들이 다닌 길을 차마고도(茶馬古道)라고 부르는데, 중국과 티베트, 인도와 네팔을 잇는 해발고도 4,000m가 넘는 험준하고 가파른 길이지만 경치가 매우 아름다운 길로 유명하다. 이 길을 통해서 교역 나라 간의 문화 교류도 활발하게 이루어졌다고 하는데, 차마고도를 집중 취재한 다큐멘터리도 많이 나와있으니 한번 쯤 보는 것도 좋을 것 같다. 운남성에 오면, 리장 고성도 옛 건축물들로 마음을 아련하게 하지만, 차마고도라는 옛길 또한 그리 만든다. 그래서 이곳 리장 고성에 있는 고풍스러운 카페에서 편안히 앉아 '보이차'를 마셔보라고 추천한다. 저자 또한 그리했다.

중국의 조공시스템

리장은 중국 운남성 북서부에 있는 평균 해발 2400m의 고원 도시이다. 더 정확히 말하면, 리장은 운남성 산맥 남쪽 골짜기에 있고, 마을 주위는 성벽이 아닌 언덕으로 둘러싸여 있다. 고성(古城)들을 답사해보면, 대부분이 성벽으로 둘러싸여 있는 것이 일반적이지만, 리장 고성은 성벽 대신 언덕이 그 역할을 하고 있다고 보면 된다. 실제로 리장 고성에 가보면 수로가 뒤얽혀 있는 구조로 되어있어서 성벽을 쌓을 수 있는 환경도 아니라는 것을 알 수 있다. 설사 산이나 언덕 위에 성벽을 쌓는다 해도 골짜기여서 방어 효과가 적을 뿐 아니라, 오히려 성벽이 더 불리하게 작용될 수 있어서 성벽을 만들지 않았을 것이다. 그런데 성벽도 없는 이곳이 어떻게 외부 침입도 받지 않고 지금까지 잘 보존되어 왔을까. 너무나 큰 영토를 가진 중국 왕조가 이곳까지 간섭할 여력이 없어서 나시족들이 고유문화를 유지할 수 있었다는 것은 이미 언급했다. 그러나 리장이 단순히 중앙의 간섭을 받을 수 없는 중국 넓은 땅의 변방에 있어서가 아니다. 외부의 침입을 받지 않고 오히려 중앙 왕조의 보호까지 받을 수 있었던 것은 중국 왕조들의 조공시스템 때문이었다.

'리장'이라는 이곳의 지명은 명나라 때 이 땅의 영주를 '리장 선위사'에 임명하면서 유래되었다고 한다. '선위사'란 중국 변방에 있는 민족들이 하나의 통일된 국가를 만들지 않고 그 민족들의 대표자들 각각이 중국 왕조에 조공을 바치게 되면, 중국 왕조가 수여하는 관직명이다. 즉, 리장에서는 나시족의 대표가 선위사가 되어 중국 왕조에 조공을 바쳐온 것이다. 이러한 조공방식은 중국이 가졌던 특별한 시스템인데, 중국의 왕조 중 명나라 시대에 가장 강화되었다고 한다. 중국 왕조의 입장에서는 중국 그 넓은 땅의 원거리나 오지에 있는 민족들을 직접 통치하기란 현실적으로 쉽지 않았을 것이다. 그러니 직접 통치하는 대신 간접적으로 통치하는 방식을 선택했고, 그 간접통치가 바로 조공이었다. 중국 왕조 입장에서 보면, 조공시스템은 큰 장점을 가

지고 있다. 먼저 중국 왕조는 중국 주변의 작은 국가들과 군신 관계를 맺는
다. 그리고 그 땅을 직접 통제하지 않고 그 땅의 대표자들에게 선위사 등의
관직을 주거나 책봉을 내려 조공을 바치게 한다. 이렇게 하면 군신 관계를
맺은 그 민족들과 계속 교류를 할 수 있을 뿐 아니라, 조공 체제를 기반으로
하여 그 민족들을 통제할 수 있고 나아가 왕조의 위상까지 강화할 수 있었
다. 조공을 바치는 작은 국가들 입장에서도 조공시스템은 중국 왕조의 보호
를 받을 수 있는 이점을 가지게 된다. 리장의 나시족들 또한 이러한 조공시
스템이 있어서 외부의 침략을 받지 않았을 뿐 아니라, 중국 왕조로부터 깊은
간섭을 받지 않고 자신들만의 전통문화를 유지할 수 있었던 것이다.

리장 나시족들의 전통 문화 공연 모습

그렇다면 현재 세계에 K 문화를 전파하면서 문화강국이 된 한국은 중국
의 주변 국가로서 어떻게 고유의 문화를 지키고 살아남을 수 있었을까. 중
국 왕조의 시각으로 보면 조공시스템으로 주변국을 통제하는데 성공했다
고 할 수 있지만, 한국 왕조의 시각으로 보면 주변 국가들에게 조공을 바치
도록 요구하는 중국 왕조의 조공시스템을 잘 활용해왔다고 볼 수 있다. 일
반적으로 힘없는 국가들이 강대국과 군신 관계를 맺고 조공을 바치는 일이
치욕스럽고 복종적인 외교라고 생각하지만, 그렇지 않다. 국가의 생존을

위한 지혜로운 선택이 될 수 있다. 그리고 한국왕조들은 단순히 조공을 바치고 중국 왕조의 보호를 받는 것에 그치지 않았다. 중국과의 교류를 통해 무역을 하고 경제적 이익도 함께 챙겼다. 결국 넓게 보면, 중국왕조의 조공 시스템은 강대국이었던 중국과 변방의 힘없는 민족들과 서로 원원(win-win)하여 상생가능하게 했다고 볼 수 있다. 물론 역사적으로 보면 중국 왕조가 한국 왕조 내정에 깊이 간섭도 하고 군사력을 동원하여 통제하기도 했지만, 지정학적으로 중국의 변방에 있던 조선왕조는 당시 슈퍼 강국이었던 중국 왕조와의 관계를 통해 국제적인 위상을 높일 수 있었고, 중국의 문화를 수용하여 발전을 이룬 것도 부정할 수 없다. 일종의 외교정책인 조공시스템은, 역사적으로 한국이 중국과 어떻게 외교를 해왔는지를 알 수 있게 해주는데, 이 시점에서 저자는 외교가 국가의 운명을 바꿀 수 있는 매우 중요한 활동임을 새삼 강조하고 싶어졌다.

한국 외교관의 롤 모델, 서희

사전적으로 '외교'란 국익을 위해 외국과의 관계를 하는 모든 활동들을 의미한다. 어떻게 보면 말(言)로써 국가의 운명을 바꿀 수 있는 매우 중요한 활동이다. 지금은 외교관 후보자 선발시험으로 바뀌었지만, '외무고시'를 통해 외교관을 선발했을 때 마지막 외무고시에 합격한 조카는 현재 중국 베이징에서 외무관으로 외교활동을 하고 있다. 조카는 고모인 저자에게 이렇게 말했다. 한국의 외교관들은 고려 시대의 '서희'를 한국의 최고 외교관으로 평가하고 있고 모든 외교관들의 롤 모델(role model)이라고. 국립외교관 앞에는 서희 동상이 세워져 있고, 정부 청사에는 서희의 이름 딴 '서희홀'도 있다. 어떻게 서희는 한국 역사에서 '외교의 대가'로 평가받게 되었을까. 한국인이라면 역사 시간에 배웠을, 그래서 모두 알고 있는 993년 거란 측 장수인 소손녕과의 담판 외교 때문이다.

'고려사'의 기록을 바탕으로 재구성된 담판 외교는 이러했다. 거란의 소손 녕은 서희와의 협상에서 '너희는 신라 땅에서 세워진 나라인데, 우리 소유인 고구려 땅을 너희들이 차지하고 있다. 그리고 국경을 마주하고 있는 우리나라는 제쳐두고 바다 건너에 있는 송나라를 섬기고 있으니 전쟁을 하게 된 것이다. 지금이라도 우리의 땅을 돌려주고 국교를 회복한다면 너희는 무사할 것이다'라고 말한다. 서희는 이렇게 받아친다. '우리의 국호가 고려인 것을 모르냐, 우리가 고구려의 후예이기 때문이다. 지금 거란이 차지한 만주 땅 역시 우리 것이었다'라고. 그러나 이 외교담판에서 가장 빛났던 것은 서희의 역제안이다. 서희는 '우리가 송과 국교를 맺고 거란과는 교류하지 못했던 것은 여진족 때문이다. 그들이 압록강 근처를 차지하고 있어서 거란과 육로로 교통하기가 어렵다. 여진을 몰아내고 압록강 일대를 되찾으면 거란과 국교를 맺지 않겠냐'라고 하며, 두 나라의 국교를 위해 압록강 일대를 찾도록 협조해달라고 한다. 이런 기막힌 역제안으로 책임은 여진족으로 넘어갔고, 거란은 압록강과 접하고 있는 강동 6주를 고려의 땅으로 인정하면서 고려의 국가경계선은 순식간에 압록강까지 확장된다. 거란과의 성공적으로 협상으로 인해 고려는 교전을 치르지 않고 거란군을 퇴각시켰을 뿐 아니라, 고구려의 옛 땅 강동 6주라는 새로운 땅을 가질 기회까지 얻어낸 것이다.

　사실 거란은 서희의 이런 역제안을 받아들일 수밖에 없었던 상황이었다. 먼저 거란의 병사들은 기병이 주력군이었다. 몽골 평원 같은 곳에서야 잘 달리겠지만, 대부분이 산으로 이루어진 고려의 지형에서는 힘든 전투였을 것이다. 더군다나 거란의 병사들은 유목민으로서 생업을 잠시 접어두고 전쟁에 참여했던 것이라 전쟁을 빨리 끝내고 본업으로 돌아가야 했다. 그런데 고려의 군사들은 끝까지 버티고 있었다. 무엇보다 거란군 각자가 준비한 군량이 바닥나 있었고, 굶은 병사들을 통제하는 것은 매우 어려운 일이기에 거란은 서희의 제안을 받아들일 밖에 없었다. 그러나 여기서 중요한 것은 이러한 상황을 통찰력 있게 볼 수 있는 외교 능력이다. 서희는 이 능력을 가지고 있었던 것이다. 그 당시 거란은 고려와의 장기간 전쟁이 어려운 상황이었고, 송나라와 전쟁을 치루고 있던 거란 입장에서는 고려가 송나라를 지원하지 못하도록 하는 것만으로도 전쟁의 목적은 달성한 셈이 된다. 더군다나 거란은 압록강 일대에 있는 여진족에 대해서도 여간 신경이 쓰이는 것이 아니었다. 이러한 국제정세에 대해 서희는 날카로운 통찰력으로 정확하게 이해하고 있었던 것이다. 그리고 그에 따른 정확한 판단으로 서희는 외교담판에 뛰어들었고, 멋지게 성공했다. 독자들을 알고 있는지 모르겠다. 서희의 담판 외교가 있었던 이 시기에 끝까지 살아남은 국가는 고려뿐이라는 것을. 거란과 송나라는 여진족인 금나라에게 패망했고, 금나라는 몽골족인 원나라에 의해 사라졌다. 그런데 고려는 몽골이 명나라에 의해 무너질 때까지 살아남았다. 그래서 우리는 고려의 외교 전략이 주효했다고 말하는 것이다. 이 유명한 외교담판이 서희를 한국 외교관들의 롤 모델로 만들었고, 담판의 가치는 두고두고 한국역사에서 회자되고 빛나고 있는 것이다.

그런데 힘이 곧 진리인 냉정한 국제관계에서 저자가 늘 궁금했던 것은 강대국인 중국은 정말 '한국을 치지 않은 것인가, 아니면 치지 못한 것인가'였다. 지금까지 한국의 역사에서 중국과의 전쟁을 보면, 중국이 죽기 살기로 덤볐다면 한국을 무너트릴 수도 있었는데 말이다. 그런데 최근 유성운 기자가 한 신문에 기고한 내용이 눈에 띄었다. 한국학의 대가인 제임스 팔레는 이렇게 말했다고 한다. "한국 역사에서 발견되는 이상하고 특이한 사실은 중국의 각종 세력들이 충분한 여건에도 불구하고 한반도의 왕조를 무너뜨리지 않은 것"이라고. 그 대표적인 예로서 "7세기 신라와 교전을 벌인 후 한반도에서 물러난 당(唐), 940년대 북중국 일대를 통일했던 거란, 13세기 유라시아 대륙을 평정한 몽골, 17세기 대륙을 통일한 청(淸) 등을" 언급했다. 다른 역사적 사실보다 세계에서 가장 큰 영토를 정복했던 무시무시한 징기스칸의 몽골군도 한국에 쳐들어왔다는 것을 상기하니, 더욱 한국이 생존할 수 있었던 이유가 궁금해졌다. 제임스 팔레는 그 이유로 "세력 변동에 유연하게 대처하는 실용적인 외교(pragmatic diplomacy)"를 들었다. 동의한다. 지금까지 한국이 건재할 수 있었던 것은 실용적인 외교가 있었기 때문이라는 것을. 중국, 러시아, 일본 등 강대국으로 둘러싸여 있는 한반도의 지정학적 위치를 보면, 한국은 주변국들의 세력 변동에 늘 예의 주시해야 하고 그들로부터의 영향에서 벗어나기 위해 유연하게 대처해야만 했다. 지금도 달라지지 않았다. 역사는 반복된다. 고려의 서희는 송나라와 거란, 그리고 여진족과 고려를 둘러싼 그 당시 국제정세를 냉정하고 정확하게 판단했고 담판 외교를 성공시켜 고려를 살아남게 했다. 지금도 서희와 같은 외교 능력이 간절히 필요할 때다. 중국과 러시아, 그리고 일본과 미국, 거기다가 북한까지 상대해야 하는 복잡한 이런 상황에서, 날카로운 통찰력으로 국제정세를 정확히 이해하는 외교능력을 발휘하여 지금의 대한민국을 살아남게 해야 한다는 생각은 저자만 하는 것은 아닐 것이다. 어느 때 보다 외교 전략과 외교활동이 필요한 이 시기에, 군사력만큼이나 탁월한 외교 능력을 보여준 서희를 이곳에 소환한 것은 고려(Korea)의 후예인 한국인(Korean)으로서 잘한 일이라고 생각한다.

히말라야 끝자락에 서다

히말라야 끝자락에 있는 옥룡설산

솔직히 고백하자면, 저자의 기억 속에는 리장 고성보다 근처에 있는 옥룡설산 기행이 더 강렬하다. 운남성 지역을 방문하는 사람들 대부분은 리장 고성을 방문한 후, 리장에서 북쪽으로 15km 떨어져 있는 히말라야 산맥의 끝자락인 옥룡설산을 오르게 된다. 히말라야 산맥은 거대한 장벽처럼 지구 둘레의 6분의 1에 이르는 거리에 걸쳐 있다. 서쪽으로는 인도와 파키스탄의 국경지대인 카슈미르 근처에서 시작하여 동쪽으로는 중국의 운남성까지 이어진다. 동쪽 히말라야 산맥 끝, 운남성에는 용이 누워있는 모습을 한 옥룡설산이 있다. 옥룡설산은 길이 35㎞, 동서 너비 약 13㎞로, 13개 봉우리로 이루어져 있는 히말라야 산맥의 한 부분이다. 저자를 포함한 답사 일행은 해발 5,596m나 되는 옥룡설산을 향하면서, 모두 '고산병'을 염려했다. 고산병이란 높은 지대를 올라가면 신체조직 내에 저산소혈증이 발생하는 증후군을 말한다. 세계 유적지를 답사하다 보면 이렇게 높은 고산지대도 자주 가게 된다. 페루의 마추픽추보다 더 높은 고산지대에 있는 쿠스코를 답사하는 과정에서 일행들이 고산병으로 심하게 고생한 것을 보았다. 페루 남동부에 있는 쿠스코는 안데스산맥 3,399m에 있고, 마추픽추는 해발 2,437m에 있으니 쿠스코가 약 1,000m 이상 높은 셈이다. 그래서인지 마추픽추에서는 없었던 고산병이 쿠스코에서 나타난 것이다. 사실 해발 4,000m 이상에 올라가면 신체적 변화가 생기는 것은 자연스러운 일이다. 전문가들은 보통 2,400m 이상의 높은 지대에 오르면 공기 중 산소 농도가 옅어져서 호흡이 어려울 수 있다고 말한다. 그런데 중국 옥룡설산의 높이는 5,596m, 페루의 쿠스코 3,399m보다 훨씬 더 높은 지대이니 염려되는 것은 당연했다.

사람들은 고산병을 감수하며 히말라야 같은 높은 산을 왜 올라가느냐고 묻는다. 히말라야 고봉 16좌 모두 성공한 등반가 엄홍길은 이렇게 말한다. 인생의 희로애락을 히말라야에서 모두 겪었다고. 등반하면서 좌절, 사고, 희생, 죽음 같은 많은 슬픈 일도 있었지만, 자신과의 싸움을 이겨내고 목표에 도달했을 때 느끼는 행복 때문이라고. 히말라야 정도는 아니지만, 높은 고산지대에 왜 올라가느냐고 누군가 저자에게 묻는다면, 저자는 신과 함께 하는 절대적 감동의 순간을 마주하기 위해 오른다고 말하고 싶다. 대학 시절, 북한산에서 히말라야 K2 등반을 위해 암벽 훈련을 받고 있던 한 알피니스트(alpinist)에게도 같은 질문을 한 적이 있다. 왜 히말라야에 오르려고 애쓰는지. 그 알피니스트의 답은 아주 간단했다. 그저 히말라야를 오르는 것이 꿈이기 때문이라고. 그리고 히말라야에 도전해보고 싶다고 했다. 그때 이렇게 말하는 그에게서 히말라야 설산만큼이나 눈부신 아우라(aura)가, 영혼의 에너지가 발산되고 있는 것을 보았던 것 같다. 이런 젊은 날을 떠올리면 왜 가슴이 아리고 시린지 모르겠다. 그러나 당시 히말라야가 '도전'의 상징으로 뇌리에 남아있었기에, 옥룡설산에 올랐을 때 비록 산맥의 끝자락이라도 히말라야에 도전한 것 같아서 마음이 뿌듯했다.

히말라야에는 해발 8,000m가 넘는 봉우리들이 14개나 있다. 그래서 세계에서 가장 높은 지구의 지붕이라 불리고, 최고봉의 산맥으로 인간이 가장 도전하고 싶은 최상의 도전지이기도 하다. 모리서 이서먼과 스튜어드 위버가 쓴 '히말라야 도전의 역사'를 보면, 인간이 얼마나 히말라야를 오르고 싶어 하는지 알 수 있다. 이 책은 히말라야에 대한 인간의 끊임없는 도전은 인간의 심장을 꿈틀대게 만드는 가장 강렬하고 순결한 행위라고 말한다. 그러나 히말라야의 최고봉인 에베레스트(해발 8,848m)는 인간의 도전을 쉽게 받아들이지 않았다. 한 연구팀에서 발표한 '히말라야 데이터베이스'에 따르면, 1920년대 이후 에베레스트 정복을 시도해온 수 천 명의 등반가들 중 290명 이상이 히말라야에서 죽었다고 한다. 강력하게 에베레스트를 도전하고 싶은 인간, 강력하게 인간의 도전을 허락하고 싶지 않은 에베레스트, 인간과 자연의 최강 대결이 이곳 등반에서 일어나는 것이다. 이 대결에서 인간은 대부분 패배한다. 히말라야는 이렇게 말하는 듯하다. '도전하지 마라, 인간의 한계를 넘으려고 하지마라' 그러나 지금도 많은 사람들이 목숨을 걸고 에베레스트에 도전하고 있다. 인간의 삶은 도전을 통해 끊임없이 성장하고 발전해왔으니, 지구에 존재하는 한, 인간은 에베레스트를 계속해서 오를 것임이 자명하다.

다행히 고산병을 염려했던 저자 일행은 산소통 없이 옥룡설산에 올랐다. 사실, 고산증이 염려되는 사람들은 미리 약을 준비하면 아무 문제가 없다. 그리고 힘들게 등반하지 않고 쉽게 옥룡설산에 오를 수 있도록 중국 정부가 케이블카 시설을 설치해 놓았다. 어떤 중국인 가, 본 책의 만리장성 부분에서 장가계 케이블이 세계 최장이라고 하지 않았는가. 중국의 웬만한 산에는 모두 케이블카가 설치되어 있다. 어렵지 않게 옥룡설산 정상에 오르면, 고원이 펼쳐져 있고 멀리 눈이 쌓인 설산이 보인다. 저자는 설산을 향해 가는 길에서 뜻밖에 티베트풍의 사원 건물 하나를 만났다. 그런데 이 사원이 대박이었다. 뭐랄까, 그곳에 영혼의 고요함이 가득 차 있었다고나 할까, 분명 현실과 다른 세계처럼 느꼈는데, 마치 히말라야의 정령이 그곳에 있었던 것 같다. 티베트인들의 기원을 상징한다는 오색 깃발들이 바람에 나부끼며 신성한 분위기를 더욱 고조시켰다. 저자는 호기심 가득한 눈으로 그 정령과 가만히 마주했다. 그때 혹~하고 감미로운 바람 한 점이 스쳐 지나갔는데, 정령의 응답이었을까. 사원을 나와 고원 위를 걷는 내내 정령의 응답이 함께 했다. 히말라야가 주는 생생한 야생의 자유, 먼지 하나 묻지 않은 자유가 느껴졌다. 그리고 마음에는 고요함이 우물처럼 고였다. 히말라야 끝자락 대자연 앞에서 저자는 없었고 영혼 한 자락만 바람에 펄럭이고 있었다.

영혼을 담고 바람에 펄럭이는 티베트 사원의 오색 깃발들

6. 마카오 성 바울성당

◇◇◇◇◇

네가 왜 마카오에서 나와

중국 유적지 중 마지막으로 선정된 마카오의 성 바울 성당 유적지는 가장 최근인 2024년 5월에 답사 다녀온 곳이다. 마카오하면 우리는 자동적으로 카지노를 떠올린다. 그럴만하다. 마카오 경제의 99%를 카지노가 담당하고 있다. 그리고 마카오의 카지노 매출액은 세계 최고였던 미국 라스베가스를 훌쩍 뛰어넘어 전 세계에서 선두를 달리고 있다. 이렇다 보니 마카오하면 당연히 카지노를 떠올리지, 세계문화유산의 유적지를 떠올리면 그것이 오히려 이상하지 않을까. 특별히 문화유적지에 관심을 가지지 않은 한 말이다. 그런데 카지노 산업으로 유명한 마카오에는, 오래전 포르투갈이 이곳에 정착하면서 세운 건축물들이 세계문화유산으로 지정되어 있다는 것을 독자들

포르투갈 건축물이 있는 마카오 역사지구

은 알고 있었는지 궁금하다. 1557년부터 1999년까지 마카오는 포르투갈의 영토였다. 그때 포르투갈이 마카오에 세운 종교 건물들과 공공건물들이 남아 있는 마카오역사지구가 이번에 우리가 둘러볼 유적지 주인공이다.

15세기 초, 신항로 개척이 시작된다. 먼저 항해술을 익힌 포르투갈 왕국의 왕자 엔히크 (1394~1460)가 대서양에서 출발해 동아시아로 가는 항로를

발견한다. 그 이후 15세기 말 에스파냐(현 스페인)의 후원을 받은 크리스토 퍼 콜럼버스가 아메리카로 가는 항로를, 포르투갈인 바스쿠 다 가마는 아 프리카 남단을 거쳐 인도 항로를 개척하고, 16세기 초에는 역시 포르투갈 출신 항해가 페르디난드 마젤란의 세계 일주 항해가 이루어지면서 대항해 시대가 활짝 열린다. 이때 서양에서 가장 선두에 섰던 포르투갈은 동양의 마카오에 처음 발을 들여놓게 된다. 누구나 상상할 수 있듯이 원래 땅 주인 인 원주민들은 절대 쉽게 이방인들에게 길을 내주지 않는 법, 그런데 포르 투갈은 다른 항로의 개척자들에 비해 상대적으로 쉽게 마카오에 발을 디디 게 된다. 1553년 포르투갈사람들은 배에 있는 젖은 화물들을 말리겠다고 마카오에 들어온 후, 1557년 명나라 관리자들에게 뇌물을 주고 환심을 사 서 마카오 반도의 영유권을 획득한 케이스였다. 따라서 영국이 홍콩을 점 유한 것과 다르게 포르투갈은 처음부터 무력으로 마카오를 식민지로 삼은 것이 아니고, 서서히 단계를 밟아 마카오를 점령했다. 먼저 마카오의 거주 권을 획득했고, 다음 단계에서는 중국에 대한 무역권을 획득했다. 그런 후, 마카오에 도시를 건설할 수 있는 허가까지 받게 되었다. 마침내 마카오에 자신들의 도시가 만들어지자 중국 내륙 본토에 있는 다른 지방들과 본격적 으로 비즈니스를 한다. 그들의 중국 본토와의 비즈니스는 매우 성공적이었 다. 이제 그들의 본거지가 있는 마카오는 동서양을 잇는 중요한 무역기지 가 된다.

그런데 마카오에서 성공적으로 무역활동을 하고 있던 포르투갈은, 명나 라 뒤를 이은 청나라로부터도 크게 간섭을 받지 않았다는 것이다. 청나라 입장에서 보면, 서양과의 무역 교류를 하지 않을 이유가 없었고, 전쟁 중 서양으로부터 무기를 수입할 때 창구 하나 정도는 있어야 한다고 판단했을 것이다. 그러나 청나라가 아편전쟁에서 패배함으로써 홍콩의 영유권을 영 국에게 넘기는 것을 보고 포르투갈은 마카오를 식민지배할 수 있는 권한을 요구한다. 영국에 크게 패배하고 지쳐있던 청나라는 묻지도 따지지도 않고 1887년 마카오를 정식으로 포르투갈 영토로 넘긴다. 이후 마카오는 1999

년까지 중국대륙에 있는 포르투갈 식민지가 된다. 그러나 모든 나라는 흥망성쇠 한다고 했던가. 마카오 또한 흥함의 정점을 찍고 내려오면서 쇠하여갔고, 결국은 마카오 스스로가 중국으로 다시 편입되기를 원했지만, 오히려 중국은 이를 거부한다. 그러다 1997년 7월에 영국이 청나라 영토였던 홍콩을 중국(중화인민공화국)으로 반환하면서, 1999년 포르투갈도 중국과 공동선언을 체결하여 마카오를 반환했다. 이것으로 대항해시대에 시작된 마카오에서의 포르투갈 존재는 사라졌다. 왜 동양의 나라 마카오에서 서양의 나라 포르투갈이 나왔는지 이제 충분히 이해가 되었을 것으로 보인다. 마카오에 왜 포르투갈 유적지가 있는지 의아하게 생각하는 독자들이 분명 있었을 것이다.

다시 만난 마테오리치

우리가 잘 알고 있다시피 유럽의 나라들은 기독교 문화이다. 기독교 문화를 가진 포르투갈사람들은 마카오에서 안정된 기반을 구축하자, 선교 활동을 적극적으로 펼치기 시작했다. 이때 마카오에 거주하고 있던 중국인들의 상당수가 기독교 선교사들의 영향을 받아 가톨릭으로 개종했다. 마카오에 천주교 신자들이 늘어나게 되자 1576년에는 드디어 동아시아 최초로 주교가 탄생했고, 1580년에 성 바울 성당이 세워진다. 그리고 이 성당은 아시아 국가들에 파견할 선교사를 양성하는 기독교 대학의 역할을 맡았다. 이곳에서 교육받은 선교사들은 주변 아시아 국가들에 파견되어 선교 활동을 했는데, 한국에도 이곳 출신 선교사들이 들어와 한국문화에 커다란 영향을 미쳤다. 저자는 이곳 마카오 성 바울 성당 유적지에서 '한국유적지기행' 전주 정동 성당에 출연했던 동양의 최초 선교자이자 천주실의를 집필한 마테오리치를 다시 만났다. 성당 유적지 앞에 마테오리치(Matteo Ricci)의 동상이 세워져 있었는데, 그는 바로 이곳 출신이었다.

마테오리치 동상

여기서 잠깐 마테오리치에 대해 언급하고 가는 것도 좋겠다. 한국 전주 정동 성당에서도 이야기했지만, 한국의 기독교 역사는 1584년 마테오리치가 저술한 '천주실의'라는 천주교 서적이 중국에서 한국으로 들어오면서 시작되었다고 볼 수 있다. 마테오리치는 중국인들에게 기독교의 '하나님'을 소개할 때, 중국에서 믿고 있는 상제(上帝)와 기독교의 천주(天主)는 이름만 다를 뿐 같은 분이고, 하나님의 나라는 유교에서 믿고 있는 상제가 있는 나라와 같은 곳이라고 강조했다. 이렇게 말할 수 있었던 것은 마테오리치가 중국인들에게 선교 활동을 하기 전부터 유교의 옛 경전들과 중국의 왕들이 섬기고 두려워하는 상제에 대해서 오랫동안 연구했기 때문이다. 다시 말하면, 중국 유교 문화에서의 상제는 단순히 푸른 하늘에 있는 것이 아니라, 기독교에서 말하는 '하나님'의 나라에 있는 것이라고 설파했으니 유교문화에 있던 중국인들이 쉽게 기독교 신자가 될 수 있었다는 이야기다. 따라서 역사적으로 마테오리치는 한국을 포함한 동양 국가들에게 기독교를 전파하는데 가장 커다란 역할을 했고 가장 커다란 영향을 미친 사람이라고 볼 수 있다. 다른 한편으로는, 동양의 문화를 넓은 자세로 받아들이고 이해하려고 노력함으로써 동서양 문명의 높은 벽을 무너트린 최초의 세계인이라고도 할 수 있겠다.

솔직히 말하면 마카오의 역사지구에서 마테오리치를 다시 만날 것이라고 전혀 예상하지 못했다. 그저 마카오에 포르투갈 유적지가 있다고만 알고 있었다. 저자에게 우연히 홍콩을 방문할 기회가 생겼는데 이때 마카오 답사의 기회를 잡은 것이다. 들려오는 말에 의하면 한국에도 마카오로 가는 직항이 곧 생긴다고 하는데, 아무튼 지금은 마테오리치가 있는 마카오 유적지를 가려면 초거대 도시 홍콩을 거쳐야 한다. 저자의 생각으로는, 마카오 직항이 있다 하더라도, 여행 동선의 효율성을 고려하면 홍콩을 거쳐가는 것도 나쁘지 않을 것 같다. 어차피 마카오까지 갔다면, 홍콩을 보지 않고 올 수는 없지 않은가. 급작스럽게 방문하게 된 홍콩, 그러나 저자가 방문했을 때는 하필 중국의 '골든 위크'(golden week)라고 하여 연휴 기간 중이었다. 정보를 수집할 시간도 없이 번개로 이루어진 방문이었기에 수많은 인파는 기본이고, 교통, 숙소, 식사 등에 많은 어려움을 겪었다. 그러나 아시아의 최대 국제도시 홍콩에서 도시의 '극 화려함'과 '극 번화함'을 경험한 것만으로도 의미와 보람은 있었다고 자평한다. 이미 언급했듯이, 홍콩은 청나라 때 영국과의 아편전쟁에서 패배하자 1842년 불평등 조약으로 영국의 식민지가 되었다가 1997년 7월에 중국의 특별행정구로 편입된 도시이다. 뉴욕, 런던과 함께 세계 3대 금융 허브 도시로 꼽히는 홍콩은 영국의 지배하에 있었지만, 대신 일찍 세계에 개방되어 동서양이 만나는 관문으로서 중요한 역할을 해왔다. 지금도 많은 다국적 기업들의 거점 도시이고, 따라서 전 세계에서 사람들과 자본이 이곳으로 모여들고 있다. 물론 홍콩은 관광지로서도 인기 있는 곳이다. 아직도 영국식 서양문화가 사회 전반에 거쳐있고, 영어가 공용어이며 다양한 국적의 사람들과 문화가 공존하고 있는 국제도시이기 때문이다. 특히 홍콩 야경은 세계적으로 유명하다.

저자는 홍콩에서 마카오로 넘어가기 위해 세계에서 가장 긴 해상대교인 강주아오대교로 넘어가는 버스를 타기로 했다. 물론 이 대교도 중국의 최대정신이 발휘된 것이라고 생각한다. 2018년 10월 이전에는 마카오와 홍콩을 연결하는 직통 도로가 없어서 홍콩에서 마카오까지 자동차로 가면 최소 4시간이 걸렸다. 그러나 강주아오대교가 개통되면서 이제 홍콩에서 1시간 이내에 마카오에 도착할 수 있게 되었다. 이 대교는 홍콩에서 마카오 항까지 42km를 달리게 되고, 이는 한국의 인천대교(18.4km)보다도 훨씬 길고, 샌프란시스코의 금문교(2.8km)보다는 무려 20배나 더 길다고 한다. 그 큰 바다위에 끝도 없이 펼쳐진 강주아오대교를 보며 언제나 늘 그렇듯이 인간이 참 대단하다고 생각했다. 이렇게 긴 다리를 건너 드디어 도착한 마카오, 마테오리치를 만나려면 다시 시내버스를 타고 마카오 역사 유적지로 들어가야 한다. 서양국가인 포르투갈이 동양국가인 중국 마카오에 도시에 건설함으로써 동서양문화가 공존하게 되었고, 이 공존의 흔적이 가장 선명하게 남아있는 곳이 바로 마카오 역사유적지다. 마카오 시내 중심부에 모여 있는 20여개의 건축물과 몇 곳의 광장들이 역사지구로 함께 묶여서 유네스코 세계 문화유산에 등재되어 있다. 이 마카오 역사유적지에서 가장 대표적인 건물은 그 당시 마카오 동방선교의 거점이자 아시아에서 제일 큰 유럽풍 성당이었던 성 바울 성당이다. 당시 마카오는 해상 무역으로 크게 번성하고 있는 도시였고, 따라서 자본도 풍부해서 아시아에서 가장 크고 화려한 이 성당을 지을 수 있었다. 1835년 포르투갈은 이 성당을 국유화하려고 했지만, 원인모를 대형 화재가 발생하면서 목조건물이었던 성당은 건물 토대를 제외하고 모두 다 타버렸다. 지금은 성당의 정면과 일부 외벽, 그리고 몇 개의 계단과 지하실 등만 남아있어서 성당으로서 역할은 하지 못하고 성당 유적지로만 남아있다. 그런데 뜻밖에 그 성당 유적지 앞에서 천주실의를 쓴 마테오리치를 다시 만난 것이다. 한국의 전주 전동성당과 관련하여 마테오리치를 연구하고 저술했던 저자로서는 이곳에 있는 마테오리치가 여간 반가운 것이 아니었다. 진심 반가웠다.

화려한 무대의 뒷모습

성 바울 성당 유적지에 도착하면 다른 것은 다 무너지고 연극무대의 커튼 같은 성당 정면 부분만 남아 있는 것을 보고 실망할 수도 있다. 그러나 마카오 성 바울 성당 유적지는 이 정면 부분이 역사적 가치를 가지고 있다. 그리고 이 정면 부분 하나가 열일하고 있다. 성 바울 성당에 대한 모든 것은 이 정면 한 면에 담겨있으며, 정면 한 벽은 우리에게 수많은 이야기를 들려주고 있다. 그러니 그 앞에 서서 무슨 말을 하는지 귀 기울여보는 것은 어떨까. 유적지는 원래 인류 조상들이 남긴 문명의 흔적이기에 마음을 열고 귀 기울인다면 그들이 하는 이야기를 들을 수 있는 곳이다. 그런데, 이날, 저자가 답사한 이날, 중국의 '골든 위크'(golden week)였다고 했던가, 밀려오는 인파로 조용히 서서 귀를 기울일 수가 없었다. 듣기는커녕 제대로 성당정면을 보려고 가만히 서 있을 수도 없을 정도로 사람들이 스치고 지나갔다. 어쩌겠는가, 중국이고, 그것도 마카오 유적지이고, 게다가 '골든 위크'라 사람들이 쏟아져 나온 날인데. 그래도 그 먼 길을 달려와 알현했으니, 최대한 온정신을 집중해 성 바울 성당 유적지가 들려주는 이야기에 귀 기울여 보았다.

성 바울 성당 유적지 전면

　전형적인 바로크 양식을 가진 이 성당 전면 부는 5단으로 이루어져 있다. 제일 꼭대기에는 성령을 상징하는 비둘기 조각이 새겨져 있는데, 성경의 천지창조부분을 의미한다고 한다. 그 밑의 단에는 바울 성당 소속인 예수회 4대 성인들이 청동상으로 부조되어 있고, 다음 아래 단인 3층에는 성모

마리아가, 그리고 2층에는 예수의 고난들이, 마지막 제일 아래 부분인 5단에는 예수교의 상징인 크리스토그램(Christogram: 예수님의 이름을 축약한 글자들의 모임)이 새겨져 있다. 종합해보면, 성 바울 성당 5단의 전면부에 남겨진 조각들은 예수님의 탄생부터 죽음까지, 그리고 예수님의 고난과 영광이 새겨져있다고 보면 된다. 이 5단의 조각들을 담고 성당 정면만 둥그러니 남아 있어 어찌 보면 마치 연극무대의 커튼처럼 보일수도 있다. 더군다나 성당 정면의 입구로 들어가면 성당 뒤에는 아무 것도 남아있는 것이 없어서 더더욱 그런 생각이 들 수 있다. 특히 앞면이 화려한 부조로 되어 있다고, 뒷면에도 무엇이 있을 것이라는 기대는 하지 않는 것이 좋다. 뒷면은 철골 구조물이 지지하고 있는 폐허가 된 건축물 그 자체이니. 그래서 앞면과 뒷면이 반전이 있는 곳이다.

성 바울 성당 유적의 뒷모습이 보인다

그런데 이 유적지에서 앞은 화려한데 뒤에는 아무것도 없는 양면을 가진 연극무대를 떠올린 것은 우연일까. 이런 말을 하기에 조금 민망하지만, 대학시절 저자는 연극동아리에서 연극무대에 잠깐 올라본 경험이 있다. 울분인지 울음인지 정확히 모르겠지만, 그 비슷한 물질들이 가슴에 가득 차 있어서 어떻게 해서라도 그것들을 쏟아내야 살 것 같던 시절이었다. 그랬다. 1980년대 초반 시절은, 날마다 서울역과 종로, 광화문 거리는 한국 정부의 잘못을 바로 잡겠다고 데모하는 학생들로 가득 차 있었고, 누군가는 끌려가 뭇매를 맞아 병신이 되었다하고, 공공장소에서는 '민주주의는 피를 먹고 자란다'라는 글귀를 쉽게 볼 수 있을 때였다. 그런데 저자는 그런 사회적 정치적 이슈들에 관심을 쏟을 만큼의 여유가 없었다. 하루하루를 잘 버티어내야 하는, 조금만 옆으로 눈길을 주거나 허투루 시간을 보내면 안간 힘으로 달리고 있던 길에서 튕겨져 나가버리는 상황이었다. 부정하고 의롭지 못한 일에 항거하지도 못하고 혼자 살아보겠다고 외면했다기보다는, 학생운동을 하는 그들과는 확실히 다른 사회 계급에 있었다고, 그래서 가장 소극적이고 비열한 방법인 침묵을 택했다고 말하면 저자의 마음이 조금 편해질 것은 같다. 아니 애초부터 거룩하고 숭고한 정의감 같은 것은 아예 있지도 않았다고 솔직히 고백하는 것이 더 편할 수 있겠다.

그런데 연극을 하면 특이한 경험을 하게 된다. 무대 앞에서 자신이 아닌 맡은 배역에 혼신을 다한 후 연극이 끝나고 커튼이 내려오면, 자신이 섰던 자리가 무대 뒤가 되는데, 급작스럽게 자신으로 돌아오면서 감당할 수 없는 공허함이 밀려온다. 돌아온 곳이 너무나 텅 빈 공(空)이어서 감당이 되지 않는 것이다. 아마 연극배우들은 무대에 설 때마다 이런 경험을 하지 않을까 싶다. 그래서일까, 연극이 끝나면 무대 뒤에서 찔끔 눈물 흘리던 친구도, 꺼이꺼이 울던 친구도 보았던 것 같다. 무대 뒤에서 인간의 야생감정을 고스란히 느낄 수 있게 해주는 연극은 그래서 매력 있다. 그리고 배우로서 다른 사람으로 있다가 본연의 자신으로 돌아오는 경계를 명확히 해주는 것은 연극 무대의 커튼이다. 그런데, 이 연극무대가 마치 우리의 삶과 닮아있지 않은가. 화려한 무대 앞에서 역할을 맡아 열심히 살았는데, 무대의 뒤는 아무것도 남아있지 않은 빈 공간인 우리네 삶 말이다. 그래서 우리 삶은 어쩌면 앞에 보이는 부분이 진짜가 아니라, 보이지 않는 뒷모습이 진짜가 아닐까 라는 생각을 하게 된다. 연극무대의 커튼처럼 서있는 성 바울 성당 정면 건축물에 대한 사유를 너무 멀리까지 확장시킨 것이 아닌지 모르겠다.

그러나 이 성당 정면을 다시 올려다보니, 예수님의 말씀 중에 가장 감동스러운 말, '수고하고 무거운 짐을 진 자들아, 다 내게로 오라 내가 너희를 쉬게 하리라' 하면서 두 팔을 벌려 우리네 삶을 안아주고 있는 듯 했다. 그래서 그 성당 정문을 들어서면 천국이 나올 것 같고, 그리고 편히 쉴 것 같았다. 주어진 한세상 살아가면서 우리는 얼마나 무거운 짐을 지고 가는가. 최선을 다해 생의 무게를 살았으니, 생의 무대 커튼이 내려지면 보상이 기다리고 있을 거라는 희망을 가지는 것이 이상한 일인가. 연극무대 앞에서 사느라 무거운 짐 들고 수고했으니, 이제 무대 뒤는 평화와 안식, 그리고 행복만 있는 천국이 있어야한다. 그래야 정당하다. 이제 천국이 있을 것 같은 성당 정문으로 들어가기 위해 서둘러 계단을 올라 그 곳을 향해 발걸음을 옮겨보았다. 그리고 무대커튼을 지나 무대 뒤쪽으로 들어왔다. 무대의 뒤는 텅 비어 있었다. 그런데 정말 짐을 다 벗어던진 사람처럼 가벼웠고 안락했고 행복했다. 화려한 무대의 커튼 뒤는 결코 허무하지도 외롭지도 않았다. 물론 성당 정문 벽의 뒷모습도 폐허로 보이지 않았다. 마음의 천국에 온 것일까. 성당 정문을 들어서면 천국이 나올 것 같고, 편히 쉴 것 같다고 미리 생각했기 때문일까. 천국을 장소적 개념으로만 생각할 필요는 없다. 우리는 마음 상태에 따라서 천국과 지옥이 만들어 진다는 것을 알고 있다. 생각한데로 나타날 수 있다는 것이다. 지금 생각하니, 저자는 정면 연극무대 뒤에 천국이 있을 것이라고 스스로에게 최면을 걸었던 것 같기도 하다.

캄보디아

1. 씨엠립 앙코르와트

2. 씨엠립 바이욘

1. 씨엠립 앙코르와트

◇◇◇◇◇◇

회색 도시에 찬란하고도 찬란한

'캄보디아'하면 저자에게는 앙코르와트보다 먼저 떠오른 것이 '킬링필드'라는 영화였다. 영화를 너무나 좋아했던 10대의 나이에 그 영화를 보았을 때, 끝까지 보지 못하고 중간에 영화관을 나와 버린 기억이 있다. 공포 영화를 싫어하기도 하지만, 그 영화는 공포를 넘어서 경악이었고, 눈으로 차마 볼 수 없는 장면들이었다. 인간이 어디까지 악해질 수 있는 것일까, 인간이 한 행동이 맞기는 한 것인가, 어린 10대 소녀는 영화관을 나와 혼자 따져 묻고 또 묻고 하면서 한동안 충격에서 벗어날 수 없었다. 캄보디아 역사에서 '킬링필드(Killing Fields)'란 1975년에서 1979년 사이 캄푸치아의 준군사 조직인 크메르루주 정당의 폴 포트가 정치적 이념을 내세워 지식인, 유학생, 기업가들, 소위 '유식한 자들'을 무자비하게 학살한 후, 그 시체들을 한꺼번에 묻은 집단매장지를 말한다. 그 당시 캄보디아 인구 600만 중 1/3이 학살되었다는 통계가 있다. 이런 '킬링필드'는 캄보디아 여러 곳에서 발견되면서 이 통계는 조금씩 바뀌고 있다. 2018년 저자가 씨엠립 답사를 갔을 때, 캄보디아 국민들은 이 초유의 대 비극을 잊지 않으려는 듯 여전히 킬링필드와 관련된 유적 및 유물들을 관리하고 있었다. 그 당시 학살당한 피해자들의 유골들을 그대로 모아 쌓아 놓은 위령 사리탑과 학살 상황을 그대로 재현해 놓은 박물관을 통해 캄보디아를 방문하는 사람들에게 학살의 공포를 생생하게 전해주고 있었는데, 그래서일까, 도시 전체가 우울한 회색빛으로 물들여져 있는 듯 했다.

이 불행의 역사는 아직 끝난 것 같지 않다. 그 당시 학살에 동원된 청소년들이 지금 초로의 나이가 되어 자신들이 학살한 '트라우마(trauma: 외상 후 스트레스장애)'로 밤에 도시를 돌아다닌다고 한다. 따라서 이곳의 투어가이드들은 관광객들에게 되도록 밤에는 밖으로 나가지 못하게 한다. 순수하고 맑은 나이의 청소년들이 잔인한 학살에 가담했으니, 그들의 삶이 어떠했을지 불 보듯 뻔하다. 이들의 삶을 이렇게 망가트려가며 학살을 자행한자들의 검은 웃음은 아직도 도시에 남아, 현재를 살아가고 있는 이들에게 불행의 그늘을 드리우고 있는 것이다. 이미 캄보디아는 킬링필드 같은 내전을 겪으며 나라의 모든 인프라는 거의 파괴되었고, 동남아에서 라오스, 동티모르, 미얀마와 함께 최빈국으로 꼽히는 나라가 되었다. 특히 캄보디아의 북동부 지역은 동남아시아 전체에서도 가장 낙후된 지역 중 하나로 꼽힌다. 캄보디아를 직접 방문해 보면, 왜 최빈국인지 일부러 알아볼 필요가 없다. 관광지마다 '원 달러!'하고 외치며 바나나를 들고 관광객들에게 몰려드는 어린아이들이 말해주고 있으니 말이다. 한국 전쟁 후 파괴된 도시에서 미군들에게 '원 달러!' 또는 '기브 미 초코렛!'이라고 외치며 달려들었던 그 상황과 매우 흡사한 광경이 아닐까 싶다. 캄보디아의 경제 상황은 한국의 1950년대-1970년대 초에 머물고 있다고 보면 된다. 수도인 프놈펜을 제외하면, 국민소득이 600달러(한국 35,000달러)를 조금 넘고, 시골 마을들은 전기나 수도, 식수 등 생활에 필요한 기초적인 시설들마저 매우 열악한 상태로 있는 나라가 캄보디아다.

이처럼 비극적 역사로 회색빛을 띄고 있는 도시, 아직도 세계에서 빈민 도시로 분류되고 있는 씨엠립에 찬란하고도 찬란한 앙코르 유적지가 있다. 바로 세계 최대의 종교 건축물이자, 세계 7대 불가사의 중 하나로 꼽히는 '앙코르와트'다. 앙코르(Angkor)는 크메르어로 '왕조'이고 '와트(Wat)'는 사원을 뜻하기 때문에 앙코르 와트는 왕조의 사원이란 뜻이 된다. 앙코르와트는 12세기 초 인도차이나 반도의 대부분을 지배했던 크메르 왕국의 황제 수리야바르만 2세가 세운 사원으로서 26만 명이 35년간에 걸쳐 세워진 것으로 전해진다. 천상 세계를 지상에 표현한 것이라고 하는데, 그 거대한 규모와 섬세한 구조를 보면, 정말 천상세계에서나 볼 수 있을 법한 건축물이라고 해도 과하지 않다. 길이 5km가 넘는 깊은 해자와 3.6km 길이의 외벽으로 둘러싸여 있고, 동서 1.5km, 남북 1.3km의 직사각형 건축물에는 돌이 보여줄 수 있는 지상 최고의 예술 작품들이 있다. 앙코르와트는 크메르 제국의 수준 높은 예술적 건축술을 잘 보여주고 있는데다, 앙코르 유적 중에서 보존이 가장 잘 되어있어서 동남아시아에서 뿐 아니라 세계에서도 중요한 고고학적 가치를 인정받고 있다. 누구라도 앙코르와트에 가면 앙코르와트에 진심이 될 것이라고 생각한다.

저자가 씨엠립 공항에 도착했을 때, 공항의 작은 규모도 그렇고, 공항에는 작은 비행기들만 보여서 씨엠립 도시가 제대로 개발 되지 않아서인가 싶었다. 최근에 안 사실이지만, 공항 여객 이용이 증가하면 세계문화유산인 앙코르와트가 파손될 것을 우려하여 유네스코와 캄보디아가 비행기 크기를 제한했던 것이다. 캄보디아 국기에 나와 있을 만큼 캄보디아의 상징이기도 한 앙코르와트를 보호하기 위해 노력하고 있다는 것은 매우 좋은 일이다. 그만큼 캄보디아에게 앙코르 유적지는 국가적으로 역사적으로 경제적으로 매우 중요한 가치를 가진 곳이다. 지금은 앙코르 유적지를 보기 위해 세계에서 몰려드는 관광객들을 효율적으로 유치할 수 있는 신공항, 씨엠립 앙코르 국제공항이 개항되었다. 신공항이 생기면서 기존의 씨엠립 국제공항은 운영을 종료했다고 한다. 이제 더욱 더 앙코르와트 방문객수는 늘어날 것이고, 캄보디아 당국도 앙코르와트에 대한 관리에 보다 더 신경 쓸 것으로 보인다.

캄보디아의 상징, 앙코르와트가 있는 캄보디아 국기

지상에 천상세계가

앙코르와트는 사실 아직 밝혀지지 않은 것이 너무 많다. 그러나 지금 우리가 받아들이고 있는 앙코르와트의 정체는, 힌두교 사원이자 불교사원이다. 처음에 힌두교의 3대 신 (브라만, 비슈뉴, 시바) 중에서 비슈누 신에게 바쳐진 사원이었지만, 17세기 불교가 국교가 되면서 자야 바르만 7세가 불교 사원으로 바꾸었다고 한다. 또한 앙코르와트에서 와트(Wat)란 태국어로 사원이란 뜻이기에, 앙코르와트는 1431년 이곳을 점령한 시암(태국)의 승려들과 관계있다는 설도 있다. 다른 것은 몰라도 앙코르와트는 처음에 힌두교 사원으로 세워진 것은 분명해 보인다. 이 사원은 일반 사원과 다르게 정문이 서쪽을 향하고 있기 때문이다. 힌두교에서는 해가 지는 서쪽에 사후 세계가 있다고 믿는다. 그래서 앙코르 와트는 죽음 후의 세계를 위하여 지어진 사원이 아닌가라고 추정하기도 한다. 죽음 후의 세계는 지상이 아닌 천상의 세계다. 그렇다면 앙코르와트는 천상의 세계로 지은 것이 된다.

저 멀리 천상의 세계인 앙코르와트가 보인다

앙코르와트의 정문이 서쪽에 있다는 이유 때문에, 고고학자들은 수리야 바르만 2세가 앙코르 와트를 건설할 때, 처음부터 자신의 장례용 사원으로 지은 것이 아닐까라는 의문을 가지고 있다. 그리고 그 근거로 회랑에 새겨져 있는 부조들이 시계 방향과 반대로 새겨져 있는 것을 제시한다. 즉, 힌두교에서 치루는 장례식 의식들이 역순으로, 즉 시계방향 반대로 부조되어 있기 때문에 앙코르와트는 사후세계와 분명 관계가 있다고 보는 것이고, 따라서 이곳은 수리야 바르만 2세의 납골당일 것이라고 추측하는 것이다. 그런데다 중앙 탑 속에서 항아리가 발견되었는데, 이것은 유해를 담은 장례용 항아리일 가능성이 높다. 물론 앙코르와트의 정문이 서쪽에 있는 이유에 대해 다른 의견도 있다. 힌두교의 수호신인 비슈누가 본래부터 서쪽을 상징하는 신이기 때문에, 정문이 서쪽에 있는 것이고, 따라서 앙코르와트는 비슈누에게 바치는 신전이지 납골당이 아니라는 것이다. 앙코르와트가 힌두교 비슈누 사원인지, 아니면 왕의 장례용 사원인지 정확한 기록이 남겨져 있지 않아서, 대부분의 유적지가 그러하듯, 많은 추정은 가능하지만, 확실한 것을 밝히는 것은 매우 어렵다. 사실은 앙코르와트의 건축 시기나 건축 목적 등을 알 수 있는 유물이 단 하나도 발견되지 않아서 앙코르와트의 원래의 이름도 알 수 없다고 한다.

앙코르와트의 정문을 들어가기 전 해자 쪽에서 앙코르와트를 바라보면, 전체가 하나의 산처럼 보인다. 산봉우리 같이 생긴 4개의 탑이 더 크고 높은 중앙 산봉우리 탑을 중심으로 에워싸고 올라와 있다. 멀리서 보면, 이 탑들은 석재임에도 불구하고 마치 목재인 듯, 나무를 깎아 세워 놓은 것 같다. 모든 구성물들은 동-서를 잇는 축을 기본으로 해서 세워져 있고, 전체를 둘러싸고 있는 외벽은 십자 회랑으로 구성되어 있다. 앙코르와트가 빛나는 것은 이 모든 구성물들이 하나의 산처럼 서로 어울리도록 조화롭게 지어졌다는데 있다. 그래서 건축학자들은 앙코르와트를 완벽한 균형을 이루고 있는 통합적인 건축물이라고 평가한다. 앙코르와트의 모든 탑들 또한 모두 그냥 세워진 것이 아니다. 계절별로 태양이 뜨는 위치에 맞추어 설계된 것이라고 하는데, 특히 중앙 탑의 경우, 춘분 때 태양이 떠오르는 위치와 같은 라인에 있도록 만든 것이다. 이 모든 탑들은 회랑으로 연결 되어 있으며, 탑 양쪽에 있는 문들은 코끼리가 지나가도 될 정도로 넓다고 하여 '코끼리 문'이라고 부른다. 이 회랑들을 걸으며 기둥들 사이에 있는 천장을 한번 올려다보는 것이 좋겠다. 아름답게 장식된 연꽃들이 보는 이들의 심장과 발길을 멈추게 할 것이다. 동서회랑 기둥에는 아직 크메르 문자도 남아 있는데, 놀랍게도 색채가 생생하다.

아직 색이 남아 있는 연꽃 장식과 기둥

여기다가 더 놀라운 것은 여백이 거의 없이 벽면에 조각되어 있는 부조 벽화들이다. 벽면에 조각된 부조 벽화들 중에서도 가장 선명하게 저자의 뇌리에 각인된 것은 이곳이 천상의 세계라고 알려주며 춤추고 있는 압사라 다. 앙코르와트에는 1,500여개의 압사라가 있다고 한다. 압사라(Apsara)는 힌두교에서 말하는 천상의 무희이자 여신들이다. 이 압사라의 춤추는 모습은 앙코르와트를 대표하는 부조의 주요양식인데, 섬세한 손동작과 화려한 의상들은 세계무형문화유산으로 지정될 정도로 뛰어난 예술성을 보이고 있다. 앙코르와트에 있는 수많은 천상의 무희들을 볼 때, 순간적으로 자신이 천상에 있는 것이라고 착각할 수도 있다. '압사라'가 있는 천상은 죽음 후에 있는 사후세계가 아니던가. 압사라를 보며 자신이 지상에 있는 것인지, 천상에 있는 것인지 어리둥절해졌다면, 그 순간만큼은 앙코르와트에 완전 몰입되어 있는 것이다. 그리고 최소한 한 순간이라도 천상을 경험한 것이다. 그래서 앙코르와트는 지상에 있는 천상의 세계가 맞다.

압사라 부조들

앙코르와트를 걸어 나오면서 문득 앙코르 와트를 건설한 그 수많은 사람들은 어디로 갔을까 생각해 보았다. 특히 압사라를 부조했던 그들은 어떤 마음으로 이 천상세계를 지은 것인지 궁금했다. 그들이 땀 흘려 혼신을 다해 노동력을 제공한 것은 사후에 자신이 갈 수 있는 천상세계를 짓는다고 믿었기 때문이 아닐까. 큰 돌을 이동하고 들어 올리면서도, 자신의 사후 영혼이 머무를 곳이니 어쩌면 힘들다는 생각보다 기쁜 마음으로 일했는지도 모르겠다. 천상에서 만날 무희들을 부조할 때는 그녀들을 만날 생각에 설레기도 했을 것이다. 그런데 그들은 사후에 정말 천상의 세계에 있는 이 무희들을 만났을까. 혹시 자신들이 만든 앙코르와트의 압사라가 있는 이곳이 천상임을 사후에 깨달은 것은 아닐까. 어쩌면 앙코르와트를 짓기 위해 돌을 쌓아올리고 압사라를 부조하던 그 시간에 이미 천상에 있었던 것일 수도 있겠다. 앙코르와트를 나오며 조용히 소망했다. 이 천상세계를 건설한 사람들이 사후에 꼭 압사라를 만났기를, 그래서 그곳에서 그녀들과 춤추고 있기를. 앙코르와트에서 요정처럼 춤추고 있는 아름답고, 젊고, 우아한 압사라를 보아서 그런지, 사후세계가 그리 어둡고 슬픈 곳이 아닌 것 같아서 너무 다행이었다.

유령도시에서 세계 최고의 유적지로

그런데, 지상 최고의 이 거대한 예술작품이 500년이 넘도록 밀림에 묻혀 있었다는 사실을 독자들은 알고 있었는지 모르겠다. 모 방송사의 프로그램 명처럼, 세상에 어떻게 이런 일이! 라는 말이 절로 나온다. 전설로만 내려오고 세계 역사에서 영원히 보지 못할 뻔 했던 앙코르와트는 앙리무오라는 프랑스 생물학자에 의해 세상에 알려졌다는 것을 지금 이곳에서 밝힌다. 그리고 앙코르와트의 발견과 관련하여 내려오는 이야기도 밝힌다. 1860년 앙리무오가 이곳 앙코르와트를 발견하기 오래전부터 이 지역 정글 숲속에 관해 캄보디아 원주민들 사이에서 내려오던 전설이 있었다. 전설의 내용은 꽤 흥미로웠다. 이 정글 숲에는 유령도시가 있고, 누구라도 그 정글속의 유령도시를 발견하게 되면 죽게 된다는 것이다. 또한 그 유령 도시는 수 백 년 전에 머리가 일곱 개 달린 뱀을 신으로 모시는 부족들이 세운 도시인데, 누군가 반란을 일으켜 약 100만 명이 넘는 사람들이 몰살된 후 영혼만 남은 도시라고 전해졌다. 이 유령 도시를 발견한 사람들이 병에 걸려 사망했다는 말도 있지만, 실제로 유령도시를 보아서 그리된 것인지, 그리고 정말 100만 명이 넘는 사람들이 몰살되었는지 검증할 방법은 없다. 그러나 저자는 이 전설을 들었을 때, 어쩔 수 없이 킬링필드를 떠올렸다. 왜 캄보디아에는 이렇게 많은 사람들이 몰살되는 역사가 재현되는 것일까. 인간의 몰살은 쉽게 일어날 수 있다는 인식을 선대로부터 물려받은 것은 아닐까라는 생각마저 들었다. 내려오는 전설이 사람들의 인식에 각인되어, 현실에서도 일어날 수 있다는 인식으로 재생산되어 그리된 것은 설마 아닐 것이다. 그럴 것이다.

 어쨌든 이러한 유령도시의 전설은 앙리무오가 캄보디아의 숲들을 탐험하는데 걸림돌이 된다. 원주민들은 전설 때문에 앙리무오를 그 유령도시로 들어가지 못하도록 했지만, 앙리무오는 그냥 내려오는 괴담으로만 생각했고, 탐험을 멈추지 않았다. 그 결과, 드디어 전설 속 유령도시를 발견한다. 앙리무오는 이 엄청난 돌들로 이루어진 도시를 처음 본 순간, 너무 놀랍고 충격적이고 감동적이어서 손으로 입을 틀어막았다고 한다. 그야말로 입.틀.막.이었던 것이다. 그리고 '입틀막'하던 그 순간 앙리무오는 그 거대 건축물이 전설로만 내려오던 앙코르와트라고 직감했다고 한다. 왜냐면 그는 이미 앙코르와트에 대한 기록을 보았기 때문이다. 1280년 중국 원나라는 캄보디아 땅에 있던 크메르 제국을 침략한 후, 사신을 보내서 그 땅을 자세히 조사하게 하였다. 이때 원나라 사신은 크메르 제국을 탐험하면서 앙코르와트를 보게 되었고, 이에 대해 상세하게 정보들을 기록하게 되는데, 이것이 '진랍풍토기'(眞臘風土記)란 책이다. 그리고 이 책은 프랑스어로 번역되어 앙리무어가 읽게 된 것이다. 늘 강조하는 이야기이지만, 기록이 인류발전에 얼마나 큰 역할을 하는지 새삼 느껴지는 대목이다.

 앙코르와트를 발견한 앙리무어 또한 프랑스로 돌아간 후 책으로 기록한다. 직접 본 이 거대 건축물에 대해 그는 이렇게 기록한다. 앙코르와트는 솔로몬 왕의 성전과 비교해도 뒤지지 않고, 고대 그리스인이나 로마인이 세운 것보다 더 장엄하다고. 이렇게 앙리무어의 책을 통해 서구 세계에 앙코르 와트의 존재가 알려지지만, 서양의 유럽인들이 이 앙코르와트에 대한 기록을 믿었을까. 그때나 지금이나 동양인들에 대해 왜곡된 인식을 가지고 있는 서양인들이라면, 캄보디아가 앙코르와트 같은 거대 건축물을 세웠다고 믿지 않았을 것이다. 그 당시 유럽인들의 시각으로 그려진 세계지도를 보면, 유럽이 중심에 그려져 있고, 동양 나라들은 그 주변에 있는 것을 알수 있다. 유럽인들 스스로가 세상의 중심에 서있다고 믿었던 것이다. 그런 유럽인들이 동양 크메르인들의 문화 수준을 높게 볼 턱이 없고 오히려 이 위대한 건축물은 그리스이나 로마시대 문명에 의하여 세워진 것이라고 멋대로 추정했을 가능성이 높다. 그런데다 앙리무오는 프랑스로 돌아온 지 1년도 안되어 말라리아로 사망했으니, 이제 서양에서 앙코르와트에 대해 말해줄 사람도 없어진 것이다. 그러나 다행히 앙리무오가 쓴 책을 읽은 '루이 들라포르트라'가 책에 있는 내용이 사실일수 있다는 생각으로 캄보디아로 간다. 그리고 마침내 이 탐험가에 의해 유령도시는 500여 년 만에 세상에 알려지게 된다. 그가 발견한 수백 개의 탑과 거대한 사원이 있는 유령도시, 그곳이 바로 크메르 제국의 수도인 앙코르에 있던 앙코르 와트이다.

이 이야기는 모 방송국의 대표적인 장수프로그램인 '신비한 TV 서프라이즈'에서도 방영되었다. 이 프로그램에서 캄보디아 유령 도시에 대한 진실이 공개되면서, 12세기에 작은 아시아에서 어떻게 이런 건축물이 만들어졌는지에 대한 궁금증과 관심을 더욱 증폭시켰다. 유령도시였던 앙코르와트는 결국 프랑스 정부에 의해 복원되기 시작한다. 1885년, 프랑스 고고학자들은 캄보디아에 있었던 크메르 제국의 연대기를 완성했고, 앙코르 문명의 역사를 일정 수준까지 복원해내는 데에 성공했다. 특히 1931년 프랑스 파리에서 앙코르 와트의 모형이 전시되면서, 앙코르와트는 유럽인들은 물론 전 세계의 주목을 받기 시작했다. 1953년 캄보디아는 프랑스로부터 독립했고, 그 이후부터 현재까지 세계 최고의 유적지인 앙코르 와트를 캄보디아가 잘 관리하고 있다. 아직도 이 위대하고 찬란한 앙코르와트가 캄보디아에 있다는 것을 의아하게 생각하는 사람들이 있을 수 있겠다. 유럽인들이 처음에 믿지 못했던 것처럼. 그것은 빈민 국이나 약소국에 대한 잘못된 선입견 때문이다. 어느 나라나, 어느 민족이나, 어느 누구에게나 강성하고 화려하고 빛나는, 그러나 오래 머물지 못했던 화양연화 시절은 있는 법이다.

불가사의하고 미스터리하고

　이렇게 앙코르와트는 세상 밖으로 나왔고, 세계 최고의 유적지가 되었다. 한국인들은 인천공항에서 7시간 40분 동안 비행기에 몸을 실으면 이 건축물을 만날 수 있다. 그런데 이곳을 방문하게 되면 이 거대한 건축물이 12세기에 그것도 작은 아시아지역에서 어떻게 가능했는지 다음과 같은 의문들이 생길 수 있다. 먼저, 미스터리 1, 거대한 앙코르와트 건축물에 사용된 크고 많은 돌은 어디에서 온 것인지 궁금할 것이다. 앙코르와트에는 돌로 만든 7톤짜리 기둥 1,800개와 돌로 만든 방이 260여 개에 달하는데, 돌이 많아도 너~무 많기 때문이다. 앙코르와트에는 약 천만 개의 돌이 사용되었다고 하는데, 주변은 돌이 없는 밀림과 평지여서 그 엄청난 돌을 가져올 만한 곳이 없기에 미스터리한 것이다. 미스터리 2, 이렇게 거대한 건축물을 세우려면 많은 인구가 있었음을 의미한다. 그런데 찬란하고도 찬란한 앙코르 문화를 만들고 거대한 건축물을 세운 그 많던 크메르인들은 모두 어디로 간 것일까. 앙코르와트 인구는 약 100만 명이었던 것으로 추정하고 있다. 유령도시에 100만 명 넘는 사람들이 몰살되었다는 전설에 나오는 수치와 일치한다. 그런데 앙코르와트의 규모만 보았을 때, 100만 명을 수용하기는 어려워 보인다. 앙코르와트만이 아닌 근처의 인구까지 포함한 것이라면 말이 된다. 어쨌든 100만 명이나 되는 인구가 아무런 흔적도 없이 사라지고 그리 큰 도시가 왜 정글 속에 파묻힌 것인지 미스터리하다. 마지막 미스터리 3, 앙코르와트 건축기술이다. 앙코르와트에 사용된 돌들 중에서 무게가 약 1.5톤에 달하는 것도 있다고 하는데, 당시 그들은 어떤 기술로 돌들을 옮기고 건축기술은 어떻게 습득했냐는 것이다. 앙코르와트는 어떠한 접착제 없이 돌에 홈을 파서 돌끼리 서로 끼우는 방식과 아치형으로 돌과 돌이 서로 의지하도록 돌을 결합하는 방식으로 지어졌다고 한다. 놀랍지 않은가. 그뿐만이 아니다. 지붕 또한 돌에 홈을 파서 물이 바깥으로 빠지도록 만들었고, 무엇보다 5.5km 길이에 달하는 외벽이 정확하게 돌끼리 맞아 떨어지게 했다. 천년 가까운 시간이 지났어도 아직 건재하고 있는 앙코르와트에 사용된 완벽한 건축기법은 감탄을 금할 길이 없다.

그런데 최근 이와 같은 불가사의하고 미스터리한 것들을 풀어줄 중요한 단서들이 발견되었다. 호주의 고고학자 대미언 에번스 박사팀이 앙코르로부터 29km 떨어진 산 속에서 중세도시를 발견한 것이다. 연구팀은 이 중세도시를 크메르 왕국의 최초 수도인 '마헨드라 파르바타'라고 추정했는데, 그 이유는 자야바르만 2세가 수도를 산악지대에 건설했다는 기록이 있기 때문이다. 땅 밑에 있던 중세도시를 발견할 수 있었던 것은 최첨단 '라이다'(Lidar: 빛 레이저를 이용하여 거리를 측정하고 물체를 인식하는 기술) 탐사기법 덕분이었다. 연구팀은 이 기술을 사용해 1,901km2나 되는 면적을 조사했다. 그 결과, 그 중세도시에는 12세기에 전성기를 이루면서 대규모 인구집단이 살았고, 나아가 도시와 사원을 연결하는 운하와 수로가 존재했다는 증거를 결국 찾아내고야 말았다. 그리고 약 50개의 채석장 흔적도 발견되었다. 이러한 연구결과를 바탕으로, 연구팀들은 앙코르와트에 있는 돌들은 운하를 따라 배를 타고 이동한 것이고, 따라서 앙코르와트를 단 기간 내에 건축할 수 있었다고 판단했다. 따라서 미스터리 1, 건축물의 큰 돌을 어떻게 운반했는지에 대한 의문이 과학적으로 입증이 된 셈이다.

그렇다면 두 번째 미스터리인 사라진 사람들은 어떻게 된 것일까. 이 미스터리와 관련하여 다양한 가설들이 나왔다. 첫 번째는 크메르 왕국과 국경을 접하고 있는 태국 샴족과의 전쟁에서 멸망했다는 설이다. 두 번째, 종교 등의 이유로 내전이 발생해 싸우다가 모두 죽었다는 설이다. 그러나 최근에 발표된 세 번째 설이 가장 신빙성이 있어 보인다. 도시에 모여서 살던 그 많은 사람들이 갑자기 사라진 것은 '기후' 때문이라는 설이다. 고고학자들은 14세기 말쯤 이곳에 큰 홍수가 있었을 것이라고 추정하고, 당시 존재했었던 수로, 해자, 저수지 등의 관개 시스템을 도시 모델에 적용하여 홍수가 나면 어떤 결과가 나오는지 실험해보았다. 그 결과, 홍수가 났을 때 도시의 관개 시스템이 급격히 붕괴한다는 사실을 확인했고, 연달아 홍수가 발생한다면, 농작물을 키울 수 없는 환경이 된다는 것을 알아냈다. 이 결과가 신빙성을 가진다면, 홍수 때문에 도시에서 생존할 수 없는 환경에 직면하자 앙코르와트 주민들은 모두 이곳을 떠난 것이 된다. 더군다나 앙코르와트는 물 위에 세워졌으니 홍수에 취약했다는 것이 설득력이 있어 보인다.

피터프랭크가 쓴 책, '기후변화세계사'도 앙코르의 많은 사람들이 사라진 이유가 이러한 관개 시스템 붕괴 때문이었다는 것을 지지하고 있다. 이 책에 의하면, 앙코르와트는 9~10세기에 교역으로 번성하게 되는데, 인도와 중국을 연결하는 길목에 위치하고 있는 이점 때문이었다. 그리고 이곳 크메르에 인구가 몰리면서, 거대 도시 앙코르가 세워지고, 따라서 사람들을 먹여 살릴 농경지를 운영하려면 수자원 관리도 필요해진다. 오늘날 현대사회도 마찬가지지만, 인구가 집중되는 도시의 수자원 관리는 매우 중요하다. 도시 앙코르에 인구가 늘어나고 수로에 쓰레기가 쌓이면서 수로가 자주 막히게 되는데, 이 막힌 수로를 뚫는데 막대한 인력과 비용이 들었다고 한다. 수자원을 잘 관리한다면야 아무 문제가 없겠지만, 잘못 관리하면 가뭄이나 홍수 같은 기후 재앙이 오면 큰 문제가 생길 수 있다. 크메르의 권력자들은 앙코르 건설에 모든 국가예산을 쏟아 부었지만, 수자원 관리 부담이 늘어나자 수자원 관리를 소홀히 했고, 결국 앙코르의 수리시설도 황폐화되었다는 것이 피터프랭크의 주장이다. 즉, 수자원 관리의 소홀로 관개 시스템이 붕괴되면서 이곳에 살던 크메르인들은 이 도시를 떠날 수밖에 없었고, 결국 크메르는 몰락의 길로 접어들었다고 보는 것이다. 물론 이 또한 가설일 뿐, 이에 대한 뚜렷한 문헌이 없어 앙코르와트 주변의 수많은 인구가 왜 사라졌는지는 아직도 의견이 분분하다.

농경지에 필요한 물이 앙코르와트 해자에 이렇게 있었는데,
관개시스템이 붕괴되어 크메르인들이 이곳을 떠난 것으로 추정하고 있다.

　마지막으로 건축기술은 어떻게 된 것일까. 그 시대에 수십만 톤의 돌을 옮길 수 있는 기술과 대운하 시스템, 그리고 정교한 조각양식들은 어디에서 전수받은 것일까. 그러나 현대의 건축 전문가들도 놀라고 있는 앙코르와트의 건축기술에 대한 미스터리는 아직 풀리지 않고 있다. 더군다나 앙코르와트는 약 37년 만에 완성된 것이라고 하는데, 현대 기술로도 이 정도 규모의 건축물을 그런 단기간 내에 완성하기 쉽지 않다고 한다. 그러니 당시에 어떤 기술로 어떻게 그것이 가능했는지 모두가 궁금해 할 수밖에 없다. 현재 캄보디아가 국가차원의 복원정비 사업을 계속 진행하고 있으니, 머지않아 앙코르와트의 불가사의하고 미스터리함 속에 숨겨진 비밀을 찾아낼 수 있을 것이라고 저자는 믿고 있다. 인간의 기술이 얼마나 대단한지 우리는 잘 알고 있지 않은가. 현대사회에서 혁신적인 발전을 하고 있는 인공지능(AI)기술도 기존의 데이터를 분석하여 앙코르와트의 궁금한 진실을 밝혀내는데 큰 기여를 할 것이다. 다만 유적지 복원 정비 사업은 많은 지원이 필요하다. 최근 한국도 앙코르와트 보존복원사업을 지원할 수 있는 문화재 분야 협력에 관한 양해각서를 체결했다고 하니, 반가운 소식이다. 이렇게 세계의 주목을 받고 있는 앙코르와트, 영원히 불가사의하고 미스터리한 채로 있다 해도 전혀 나쁠 것은 없다. 그대로 그 자체로 이미 충분한 아니 과분한 인류의 문명이 아닌가.

앙코르(Encore)! 앙코르(Angkor)의 화양연화

한국에서 2000년에 개봉된, 왕가위가 감독을 맡고 양조위와 장만옥이 출연한 중국영화 '화양연화'가 있다. '화양연화'란 꽃이 가장 찬란하게 빛나는 때란 뜻으로 인생에서 가장 아름답고 빛나는 시간을 말한다. 이 영화의 마지막에 남자 주인공이 앙코르와트 사원 기둥 구멍에 조용히 비밀을 말하고 흙으로 묻어버리는 장면이 나온다. 아무에게도 털어놓지 못한 비밀을 앙코르와트 사원의 구멍에 그렇게 봉인함으로써 남자 주인공은 그 비밀을 끝까지 지킬 것이라는 것을 암시해준다. 이 영화의 플롯(plot)은 두 남녀의 불륜이 스토리를 구성하고 있다. 그러나 영화는 두 남녀의 사랑 감정과 도덕적 갈등, 심지어 이들 관계에 대한 타인의 시선까지도 직접적으로 보여주지 않는다. 대신 영화는 아름다운 영상을 통해 모든 것을 간접적으로 보여준다. 그래서 이 영화는 고급스럽고 품위 있으며 우아하고 멋지다.

이 영화의 남자 주인공은 영화 속 다른 사람과의 대화에서 이렇게 말한다. "옛날에는 뭔가 감추고 싶은 비밀이 있으면 어떻게 했는지 알아요? 산에 가서 나무에 난 구멍 속에 비밀을 속삭이고 진흙으로 봉했어요. 비밀은 영원히 묻어두는 거죠" 그리고 그는 두 사람의 완성되지 못한 사랑을 앙코르와트 기둥 구멍에 비밀을 말하고 봉인한다. 이렇게 영원히 비밀로 봉인할 수밖에 없도록, 사회적 도덕적 인식이 내내 두 사람의 감정을 어찌하지 못하게 막고 있다는 것을 영화는 잔잔하게 보여준다. 그리고 영화는 그들이 가졌던 사랑이란 감정이 가슴에 우물처럼 고였던 그 순간들을 화양연화라고 말해준다. 화양연화, 꽃이 가장 찬란하게 피어나던 그 시절은 지나갔지만, 그 시절을 비밀로 봉해버림으로써 남자주인공은 '영원히' 화양연화를 기억하려고 한다. 그리고 영화는 이렇게 말한다. "과거를 볼 수 있지만, 희미하게만" 보이는 그 시절은 다시 돌아갈 수도 없고, 그 찬란했던 순간들이 "아무 일도 일어나지 않은 것처럼" 희미하게 기억으로만 남아있다고.

남자 주인공이 앙코르와트 기둥 구멍에 비밀을 말하고 있는 영화 마지막 장면

모든 사람들에게는 화양연화가 있다. 그런데 아름답게 빛나는 순간은 머물지 않는다는 것이다. 머물지 않고 지나가 버리기 때문에 화양연화라고 말하는 것인지도 모른다. 그러나 우리의 삶이 어차피 대가를 치러야 한다면, 그 대가를 치르고 얻어낼 수 있는 가장 극대화된 이익은 화양연화를 가지는 순간들이 아닐까. 비록 머물지 않고 지나간다지만, 화양연화는 인간의 존재를 가장 아름답고 찬란하도록 무제한 허락하는 순간이니 말이다. 각자 개인의 판단이겠지만, 인간으로서 이 삶에서 최고의 순간인 화양연화는 누군가를 진심으로 사랑했을 때가 아닌 가 싶다. 돈과 명예, 또는 권력 등을 가졌던 시간을 우리는 화양연화라고 말하지 않는다. 사랑은 인간관계에서 경험할 수 있는 가장 행복하고 오묘한 감정으로, 인간만이 가질 수 있는 신이 준 선물이라고 생각한다. 다른 사람을 아끼고 위하며 따뜻한 인정을 베푸는 일, 아니 그 이상으로 사랑은 많은 의미를 담고 있다. 그 숭고

한 감정이 함께 했던 순간이야말로 인생에서 가장 찬란한 순간이 아닐까. 지난날들을 돌아보았을 때, 가슴 뛰는 순간이 있었다면, 그 순간에 진정성과 행복감과 오묘한 감정이 있었다면, 그 때가 각자의 화양연화일 것이다. 초로(初老)가 된 저자의 경우, 지난날을 돌아보았을 때 가장 후회스러운 일이 바로 제대로 열심히 사랑하지 못한 일이다. 왜 좀 더 많은 관심을 가지고 좀 더 따뜻한 애정으로, 좀 더 뜨거운 심장으로 사랑하지 못했을까, 늘 회한이 가득 차 있다. 허긴 생각해보니 다른 사람 누군가는 고사하고 자신도 사랑하지 않았으니 더 이상 말해 무엇 하리오. 지금부터라도 가까이에 있는 가족과 주변의 고마운 사람들을 온 정신과 온 마음으로 사랑해보려고 한다. 너무 늦었는지 모르지만, 그렇지 않으면, 지금의 이 후회는 죽을 때까지 지속될 것 같다. 그 누군가를 사랑하지 못한 일이 가장 후회스럽다는 황지우 시인, 그의 '뼈아픈 후회'라는 시 구절 하나하나가 저자에게 뼈아프게 와 닿는다.

슬프다
내가 사랑했던 자리마다
모두 폐허다
나에게 왔던 사람들,
어딘가 몇 군데는 부서진 채
모두 떠났다
(중략)

아무도 사랑해본 적이 없다는 거
언제 다시 올지 모를 이 세상을 지나가면서
내 뼈아픈 후회는 바로 그거다
그 누구를 위해 그 누구를 사랑하지 않았다는 거
(중략)

...나는 아무도 사랑하지 않았다

그 누구도 걸어 들어온 적 없는 나의 폐허

다만 죽은 짐승 귀에 모래알을 넣어주는 바람뿐

(황지우, '뼈아픈 후회'의 일부)

　그래서 저자는 사랑을 하려고 하는 청춘들에게 말해주고 싶다. 누군가를 사랑하는 순간이 온다면, 망설이지 말고 주저하지 말고 무조건 사랑하라고. 그리고 '사랑 한다'고 꼭 말하라고. 그런 사랑의 감정은 잘살아냈다는 보상으로 주어지는 소중하고 귀한 선물 같은 것이다. 어쩌면 그런 감정이 평생 오지 않을 수도 있는데, 사랑할 수 있을 때 사랑하지 못한다면 그건 바보거나 멍청이다. 지금 가슴을 떨리게 하는 사랑하는 사람이 있는데, 망설이고 있다면 지금 무조건 달려가라. 그 사랑에게로. 설사 사랑의 대상이 자신의 마음을 거절한다 해도 두려워하거나 실망할 필요는 없다. 사랑하는 마음을 만들어 준 그 대상은 존재만으로도 이미 충분한 선물이 된 것이다. '사랑'은 인간의 육체와 정신을 가장 숭고하고 가장 품격 있게 정화시키는, 인간이 가질 수 있는 최고의 가치임을 저자의 나이가 되면 그냥 저절로 알게 된다. 그래서 사랑하는 순간이 인간의 삶에서 화양연화라고 말하는 것이다. 지금 누군가를 사랑하고 있다면, 지금이 화양연화이다. 그리고 인생에서 가장 아름다운 순간이 지금이라고 생각한다면, 지금 그대는 분명 누군가를 사랑하고 있는 것이다.

　앙코르와트의 가장 찬란했던 화양연화 시절을 상상하면서 걸어 나올 때, 대지와 밀림사이로 하루를 마감하는 해가 마지막을 불태우고 있었다. 저리 아름답고 서러운 일몰이라니. 유난히 붉었던 그 노을은 딱 그만큼의 황혼에 서 있는 저자의 가슴을 아리게 했다. 그때 어디선가 뜨거운 바람이 훅하고 귀에 스쳤다. 바람의 훅하는 소리는, 자신의 화양연화시절은 밀림 깊숙이 묻어서 영원히 봉인하고 싶었는데, 어떻게 찾아내가지고 이 초라하고 늙어가는 모습을 보이게 하느냐는 앙코르와트의 책망인 듯 했다. 앙코르와트에게는 봉인되어 있었던 날들이 좋았을까. 아니면, 밀림의 봉인에서 풀려나 인간에게 찬란한 화양연화의 시절이 있었음을 보여주고 있는 지금이 좋을까. 유적지를 답사할 때마다, 저자는 느낀다. 모든 유적지는 인간처럼 화양연화의 시절이 있었다는 것을. 그리고 운명적으로 화양연화의 순간은 유적으로 남겨진다는 것을. 그래서 저자는 유적지를 방문할 때마다 그 유적지의 화양연화시절을 머릿속에서 늘 상상해본다. 짧은 화양연화 시절을 보내고 긴 시간동안 자연이 빚어낸 아름다운 색과 빛을 담고 우리에게 와 있는 유적지들이 늘 고맙고 짠했다. 영화가 말하듯이 찬란한 그 시절로 다시 돌아갈 수 없고, 희미하게 기억으로만 남아있는 '화양연화', 앙코르와트 또한 자신의 화양연화 시절을 희미하게 기억하며 쓸쓸하게 미소 짓고 있었다. 그래서 저자는 애써 일부러 크게 외쳤다. 화양연화 시절의 앙코르(Angkor), 다시 앙코르(encore)! 앙코르(encore)! 하며 위로의 갈채를 보냈다.

2. 씨엠립 바이욘

◇◇◇◇◇

불교, 크메르의 호국신앙이 되다

저자가 캄보디아를 방문한 것은 분명 앙코르와트를 답사하기 위한 목적이었지만, 캄보디아 씨엠립에서 뜻밖에 깊은 감동을 준 유적지가 있었으니, 그것은 바로 '바이욘' 이었다. 캄보디아를 방문한 이 시기는 유적지에 미쳐서 저자의 유적지 답사 활동이 정점에 달해 있을 때였다. 저자의 유적지 답사는 세계에서 불가사의로 꼽히는 유적지들이 항상 우선순위였다. 그리고 앙코르와트는 이 순위에서 늘 상위권에 있었기 때문에 캄보디아를 반드시 가려고 했던 것이다. 결국 실행된 세계 불가사의인 앙코르 와트의 답사는 넘치도록 만족스러웠고 감동적이었다. 그런데 캄보디아 씨엠립에는 반드시 답사 가야할 또 다른 유적지가 있음을 이곳에서 말해주고 싶다. 앙코르와트 방문이 목적이었다면, 그래서 캄보디아 씨엠립에 오게 되었다면, 같은 지역에 있는 바이욘 사원을 꼭 가보는 것이 좋겠다. 단일 사원으로만 비교했을 때 규모는 앙코르와트보다 훨씬 작지만, 앙코르와트에서 받은 감동만큼 또 다른 감동을 이곳에서 받을 수 있을 것이다. 분명 그럴 것이다.

바이욘 사원은 크메르 제국의 앙코르 유적지 중 하나로, 동서 230m, 남북 150m로 되어 있는 직사각형 불교사원이다. 12세기 후반에서 13세기 초반 자야 바르만 7세는 앙코르 와트 북쪽에 새로운 수도인 앙코르 톰을 최대 공공사업으로 건설하면서 앙코르 톰의 중앙 한가운데에 국가 최고 사원인 바이욘을 세웠다. 앙코르와트를 포함해서 씨엠립을 중심으로 번성했

던 크메르 왕국의 모든 앙코르 유적지들은 1992년 캄보디아에서는 처음으로 세계 문화유산이 되었다. 자야 바르만 7세는 앙코르 톰을 수도로 건설하면서 바이욘 사원을 건립한데는 깊은 뜻이 있었다. 그 당시 이웃나라인 참파(베트남 중부의 왕국)에게 빼앗겼던 앙코르 지역을 되찾고 당당하게 왕위에 오른 자야바르만 7세는 피폐해진 앙코르 톰을 재건하여 크메르 왕조를 지켜내겠다는 의지를 보여주어야 했다. 12세기 아시아 세계사를 보면, 대부분의 국가들은 국경과 인접해 있는 국가들과의 치열한 전쟁이 끊이질 않았다. 크메르 제국도 마찬가지였다. 인접 국가들과의 전쟁으로 늘 위험에 있었고, 큰 피해를 입어왔다. 나라를 수호하고 왕을 중심으로 백성들의 단합이 필요했던 크메르제국의 자야 바르만 7세는 불심으로 나라를 지키기로 결심했다. 그리고 이 호국정신으로 바이욘 불교사원을 짓게 되고 따라서 바이욘은 앙코르에서 유일한 국가사찰이 되었다.

바이욘 사원을 유심히 관찰해보면, 한국에서 흔히 볼 수 있는 불교사원의 건축물이나 탑과는 그 양식이 너무 다르다는 것을 알 수 있다. 즉, 불교사원이 아닌 힌두사원이라고 느껴질 수 있다. 어느 건축물이나 기존에 있는 건축양식을 벤치마킹하는 것은 자연스러운 일이니, 바이욘 불교사원도 처음에 건설할 때, 그 당시 토착 문화로 자리 잡고 있던 힌두교 사원들의 건축양식을 반영한 것으로 보인다. 그럼에도 불구하고, 한국에는 워낙 불교사원이 많기 때문인지 그리 낯설게만 느껴지지 않는다. 특히 부처님은 우리가 너무나 많이 보아왔던 분 아닌가. 바이욘 사원하면 탑 형태로 사면에 있는 부처님의 큰 얼굴이 상징이다. 큰 바위의 부처님의 얼굴은 크기에서 압도적인데, 이런 특이한 형상과 양식은 다른 불교 유적지에서 본 적이 없다. 그러나 얼굴은 아니어도 부처님모습이 네 면에 있는 사방불 형태는 한국에도 많이 있다. 한국의 대표적 사방불로는 경주 남산에 있는 칠불암 불상 군을 내세울 수 있겠다. 물론 바이욘에 큰 부처 얼굴 사면상과 크기로는 큰 차이가 나지만, 사방에 부처님의 상을 부조했다는 것이 닮은 점이다. 그리고 이 칠불암 사방불이 만들어진 목적은 바이욘 사원의 사방불이 만들어진 목적과도 같다. 한국 삼국시대의 신라가 불교를 받아들여 호국신앙으로 나라를 수호했듯이, 크메르왕조 또한 불교를 호국신앙으로 받아들여 나라를 지키고 국민들을 단결시키기 위해 만들어졌다. 또 다른 유사점은 제작과정에서 기존 문화를 반영했다는 것이다. 바이욘이 힌두문화를 반영했듯이, 신라의 칠불암은 불교가 들어오기 전에 있었던 기존의 문화인 민간신앙을 반영했다. 마지막으로 두 사방불의 공통점은, 모두 국가가 정책적으로 시행한 국가차원의 프로젝트로 제작되었다는 것이다. 사실 거대한 공공물들은 민간인이 손댈 수 있는 것이 아니다. 특히 국가 수호라는 거대한 대의를 가지고 국가 정책으로 진행되는 국가 프로젝트의 건축물은 더욱이 그렇다. 이렇게 신라와 크메르에 있는 사방불의 공통점을 알고 나니, 바이욘이 더욱 더 친근하게 느껴질 것이다. 아니라면, 한국이든 캄보디아든 사방을 지켜보고 있는 부처님은 같은 분인 것은 분명하지 않은가.

한국 경주 남산 사방불 vs 캄보디아 씨엠릿 바이욘 사방불

　　바이욘에는 사면 상 탑 외에도 각 층 회랑에는 부조들이 조각되어 있다. 크메르군이 행진하는 모습, 주변 국가들과의 전투하는 모습들도 있지만, 시장풍경이라든가, 빵 굽는 모습과 대장간, 생선가게, 불 피우는 장면 등 일상 생활상의 부조들은 재미있어서 웃음을 자아낼 정도다. 삶의 현장에서 느낄 수 있는 따뜻함이 부조에 아직 남아있는 듯 했다. 이 도시에 백만 명이 넘는 인구가 있었다고 했는데, 도시 생활상이 담긴 바이욘의 부조들을 보면 이 도시에 많은 사람들이 있었었던 것은 분명해 보인다. 이런 바이욘의 부조들은 캄보디아인에게는 참으로 가치 있고 의미 있는 기록들이겠구나 싶었다.

크메르인들의 일상생활 부조

그리고 바이욘 사원 안에는 현재 복원 되지 못한 돌들이 엄청나게 많이 쌓여있다. 그 돌은 6만 여개라고 한다. 바이욘 사원에 사용한 석재가 약 42만개 정도였으니, 최소한 1/7이 무너져 내린 셈이다. 앙코르와트와 바이욘, 두 곳의 답사를 마친 저자는 앙코르 와트 보다 80년 후에 지어졌다는 바이욘이 더 폐허로 느껴졌다. 왜일까. 자료를 찾아본 결과, 앙코르와트보다 더 훼손된 이유는 바로 석재의 질 때문이었다. 처음 바이욘을 세울 때는 질 좋은 회색 사암을 사용하였지만, 나중에는 질이 떨어지는 황갈색 사암을 사용했다고 한다. 돌을 가져온 채석장도 초기와 후기가 달랐다고 하는데, 각 채석장에서 가져온 돌들의 강도에 차이가 있었던 것 같다. 당연한 이야기지만, 유적지의 건축물에 어떤 돌이 사용되었느냐에 따라 그 유적지의 수명이 결정된다. 바이욘에 쌓여있는 돌들을 바라보며, 새삼스럽게 돌의 질에 따른 유적지 운명을 상기해 보았다. 우리가 유적지 답사를 할 수 있는 것은 그 당시 유적지 건축물에 쓰인 문명의 돌이 흔적으로 남아 있기 때문이다. 1만 년 전 인류는 농경생활을 시작하면서 돌을 다루는 기술을 가지게 되는데, 돌을 쪼개고 다듬고 쌓고 깔고 붙이고 하면서 무기나 생활도구에는 물론이고 적용할 수 있는 곳에는 모두 돌을 활용해 왔다. 그러나 건축물에 돌을 사용하면서 인류문명은 더욱 빛나기 시작했다. 본 책에 있는 대부분의 유적지들은 역사적으로 돌이 함께한 문명이다. 지금도 주변에서 흔히 볼 수 있는 돌, 그 돌이 문명에 이렇게 커다란 역할을 했다는 것, 저자는 잊고 있었던 것이 아니었다. 유적지에 갈 때마다 위대한 문명의 주춧돌이 된 돌을 자랑스러워하며 만져보는 습관이 저자에게 있는 것을 보면.

'바이욘'이라는 이름에 대해서도 꽤 흥미로운 이야기가 있다. '바이욘'이란 이름은 부처가 깨달음을 얻은 보리수나무를 의미하는 'Banyan Tree (반얀 트리)'에서 왔다고 한다. 그래서 처음에 이 사원을 '반얀 사원'이라고 불렀는데, 프랑스의 식민통치에서 벗어나 독립하게 된 캄보디아가 이 '반얀', 'Banyan'을 발음하지 못하여 '바이욘'이라고 불렀고, 지금까지 이 이름이 내려오게 되었다고 들었다. 허긴 이름이 처음과 조금 달라진 것이 무슨 대수인가. '뭣이 중헌디?' 이 위대한 유적지가 잘 복원되고 보존 되는 것이 중요한 것이겠지. 그런데 바이욘과 관련된 자료를 통해, 사원의 이름을 지은 프랑스가 이 유적지를 복원하고 보존하는 것에 협력하기로 결정했고, 실제로 복구 작업도 프랑스에 의해 진행되었다는 사실을 알게 되었다. 그리고 1995년 이후부터는 일본정부의 지원을 받은 발굴 조사팀이 바이욘의 복원 작업을 진행하고 있다는 것도 알았다. 이런 사실을 알게 되니 유적지 발굴과 복원 작업은 국가의 경제력과 깊은 연관이 있는 것 같다. 한 국가의 역사와 유적을 지키는데 외부의 힘을 빌려야 한다는 슬픈 현실은 여전히 존재하고 있다. 한국도 소중한 문화유산을 보호하고 지키려면 경제력을 많이 키워야겠다는 생각을 했다.

큰 바위 얼굴의 정체

바이욘 사원에는 탑 4면을 돌아가며 부처님 얼굴 형상을 하고 있는 탑이 36개가 남아 있다. 처음에 조각된 탑은 모두 54개였다고 한다. 바이욘 건축물 3층으로 올라가면 중앙을 중심으로 해서 동서남북에 있는 부처님 상을 모두 볼 수 있다. 원나라 사신이 쓴 '진랍풍토기'에는 중앙에 금탑 1개와 그 주위에 석탑 20개, 그리고 석실 100여 칸이 있다고 적혀 있다. 이러한 기록을 보아, 지금은 탑들이 세월에 무너져 내리고 변색이 되었지만, 처음 지어졌을 때는 황금색이었을 가능성이 높다. 황금빛으로 빛나던 시절이든 지금 퇴색하고 있는 시절이든 아무 상관없다는 듯 바이욘의 탑 4면에서 고요하게 웃고 있는 큰 얼굴들, 이 얼굴들의 미소를 세계인들은 '앙코르의 미소'라고 부른다. 큰 바위 거대한 사면 상 앞에 서면, 순간 일반 인간들이 있는 세계가 아닌 거인들이 사는 나라에 있다는 착각이 들 수도 있다. '큰 바위 얼굴'이 모여 있는 세계라고 해야 할까. 그런데 입체적으로 조각되어 있는 그 큰 얼굴에서 느껴지는 정적인 아름다움은 표현하기 쉽지 않다. 큰 바위 얼굴의 미소에는 웃는 듯, 슬픈 듯, 꿈을 꾸듯, 체념한 듯, 해탈한 듯, 형용하기 어려운 오묘함이 담겨져 있다.

그런데 이 사면상들 사이로 걸어보면 알겠지만, 큰 바위 얼굴들의 이미지는 모두 비슷하고 서로 너무 많이 닮아 있다. 그래서 이 얼굴들의 상은 한 사람을 모델로 해서 만들어졌다는 주장이 설득력 있게 와 닿는다. 그 큰 바위얼굴들의 모델은 자야 바르만 7세이다. 이집트의 거대 석상들이 람세스 2세의 얼굴이라고 주장하는 것과 같은 맥락이다. 만약 자야 바르만 7세의 얼굴이 모델이라면, 자신과 신을 동일시하고 싶었던 왕들의 전형적인 의도에서 나온 것으로 볼 수 있다. 외부의 침략을 막고 사람들을 단합하여 어려움을 헤쳐 나가려면 신의 힘이 필요했고, 신을 형상화 할 수 있는 것은 왕이라고 생각한 것이다. 역사적으로 보면, 신의 형상화는 일반 백성들에게 필요한 부분이기도 했다. 아무 형체가 없는 신에게 숭배하는 의식을 가지기 어렵기 때문이다. 때문에 대부분 고대 왕들은 자신의 권력이 신으로부터 주어진 것이고 따라서 왕이 곧 신이라고 주장하며, 백성들의 절대적인 복종을 요구하는 정치를 해왔다. 정치에 신을 빌려오는 것만큼 다른 강력한 정치적 무기가 있을까 싶다. 따라서 바이욘의 큰 바위얼굴은 외부 세력의 침략이 끊이지 않았던 상황에서 신의 힘을 빌려 백성들을 통제하려했던 자야 바르만 7세의 정치적 의도가 반영된 것이라 볼 수 있다.

바이욘의 큰 바위 얼굴은 누구를 모델로 한 것일까

그러나 이 사면의 큰 얼굴들은 불교에서 말하는 관세음보살상(중생의 온갖 고통을 천개의 눈과 천 개의 손으로 구원해 주는 보살 이름)이라는 설도 있고, 유적 발굴초기에는 이 얼굴들이 힌두 신화에서 창조의 신인 브라만이 4개의 얼굴로 표현된 것이라고 주장하는 설도 있었다. 지금은 사면상의 큰 얼굴이 자야바르만 7세라는 것에 무게가 실리고 있다. 자야 바르만 7세는 독실한 불교 신자였다고 한다. 그래서 스스로 관세음보살이 되어 자신을 살아있는 부처로 추앙하게 하여 나라를 지키고, 백성들의 소원을 들어주고자 했다고 보는 것이다. 실제로도 병원, 상인들을 위한 시설, 도로, 관개 수로 확충 등 크메르왕국에서 백성들을 위해 가장 일을 많이 한 왕이기도 하다. 그래서 어쩌면 백성들은 큰 바위얼굴이 누구인지 그 정체를 몰라도, 자신들을 지켜주는 왕을 존경하는 마음에서 그냥 자야 바르만이라고 추앙했을 것 같다. 설사 자야 바르만이 아니더라도, 크메르의 호국신앙이 만든 바이욘은 그 존재 자체만으로도 백성들은 보호 받고 있다는 든든한 맘이 들지 않았을까.

무상무념의 행복

그 누구를 모델로 했든지 간에 큰 얼굴의 오묘한 미소는 깊은 사유의 여정을 떠나게 한다. 모든 인간은 시간과 환경과 자신의 상황에 따라 바라보는 시각이 달라진다. 저자가 캄보디아를 방문한 시기는 10월 늦가을, 혼자 답사를 왔고, 그 당시 불안장애로 인한 불면증 치료를 받고 있었다. 그런 저자에게 큰 바위 얼굴의 미소는 모든 속박에서 벗어난 절대적 자유를 의미하는 '해탈'로 보였다. 불교에서는 번뇌의 굴레에서 완전히 벗어나는 것을 '해탈'이라고 하던가. 그랬다. 그때 그 순간에 바라본 큰 바위얼굴은 그래보였다. 그리고 그때 짧은 순간이지만 저자도 그런 경지에 가까이 있었던 것 같다. 뇌에 걸리는 것이 아무것도 없어서 정신은 너무 맑았고 어디에도 오염되지 않은 무공해상태에 있었다. 그리고 마음은 절대적으로 평화로웠고 자유로웠다. 평범한 인간에게는 그런 것이 해탈이 아니겠는가.

그런데 지금도 바이욘을 떠올리면 그 당시 무상(無想)과 잡상(雜想)의 경계가 언제였는지 또렷이 기억난다. 이미 말했듯이 그 당시 저자는 불면증 치료를 받고 있었다. 아마 과다한 업무로 신경을 많이 쓰다 보니 스트레스로 인한 강박관념과 불안이 불면증의 원인이 된 것 같다. 그런데, 그런데, 아이러니하게 이 치료를 받고 있던 그 기간 동안이 무상무념(無想無念)으로 모든 생각을 떠나 가장 마음이 가벼웠다는 것이다. 특히 바이욘에 올라 땀을 닦으며 편안한 마음으로 큰 바위얼굴을 바라보았을 때, 그 이전에 남아 있던 잡상(雜想)들은 한 순간에 사라져버린 것을 느낄 수 있었다. 좀 이상한 일이긴 했다. 그런데 구지 분석해보면 그 이유는 알 수 있다. 평소 불면증에 시달려 왔던 저자는 그 당시 수면제를 먹고 푹 잠들 수 있었다. 보통 사람들은 잠들기 전에 번뇌 그래프가 최고조를 이룬다고 한다. 그런데 정수 면제로 바로 잠에 빠져들었으니 기억이나 연상, 잡념 같은 것이 뇌에 머무를 시간이 없었던 것이다. 잠을 푹 자고나니 자연적으로 몸의 컨디션은 최상이었을 것이다. 또한 일에서 벗어나 있어서 해야 할 일도 없었고, 따라서 결정할 일도 없었으니 그저 멍 때리고 평소에 하고 싶었던 유적지 답사만 하면 되는 것이었다. 그때 바이욘의 큰 바위 얼굴을 보았으니, 모든 번뇌에서 벗어난 완전 '해탈'의 미소를 보았다고 할 만 하지 않은가. 짧은 순간이나마 바이욘에서 느낀 절대적인 자유와 평화의 순간을 절대 잊지 못할 것 같다.

그러나 저자는 다시 평범한 중생답게 번뇌의 강에서 허우적대며 살아가고 있다. 근심에 속지 말라고 누군가에게 충고도 들었던 것 같은데, 우둔하게도 불안의 속박에서 벗어나지 못하고 대상을 바꾸어가며 근심과 걱정을 머리에 꽉 채우고 있다. 가끔씩 불면증 치료약을 먹었던 그 100일의 시간이 그리울 때도 있다. 그런데 최근에 저자는 아주 가까운 곳에서 해탈의 경지에 있는 듯 보이는 큰 바위얼굴을 다시 본 것 같다. 바로 같은 동네에 사는 경증 장애인 아들을 둔 어머니의 얼굴에서다. 집 근처 공원이나 가게, 또는 엘리베이터 안에서 가끔 마주칠 때 마다 그 어머니는 바이욘에서 보았던 해탈의 미소를 짓고 있었다. 경증이지만 그래도 장애아들을 가진 부모가 어찌 마음이 편하겠냐고 반박하겠지만, 그렇지 않다. 그 분은 분명 평화롭고 온화한 얼굴에 해탈의 미소가 가득했다. 거짓말 같지만 저자의 나이쯤 되면 얼굴표정만 보아도 어떤 생각을 하고 어떤 마음을 가지고 있는지 완전하게는 아니지만 부분적으로 알 수 있다. 얼굴은 마음과 영혼을 볼 수 있는 유리창이라고 말하는데, 특히 인생의 경험과 연륜이 있는 사람일수록 상대방의 얼굴 유리창으로 희미하게나마 상대의 내면을 본다. 그리고 너무 평범한 이야기이지만, 모든 인간에게는 장애가 있다. 저자만 해도 불안 장애를 가지고 있지 않은가. 그 어머니의 아들 또한 심한 장애는 아니지만 장애를 가지고 있다. 문제는 우리가 가진 장애를 어떻게 받아 들이냐에 있다. 그 장애를 받아들이고 극복하고 승화하여 마음의 자유와 평화를 가질 것인가, 아니면 장애를 부정하고 근심 걱정하며 시간을 갉아먹고 살 것인가, 판단은 순전히 각자의 몫이다.

지금도 동네에서 가끔씩 만나는 온화한 미소의 어머니, 만날 때 마다 그 어머니는 근심 걱정 속에서 허우적거리고 있던 '불안장애자'인 저자에게 얼굴의 미소로 말해준다. 자신의 장애를 인정하고 받아들이라고, 인간들의 삶의 방식이 반드시 모두 같아야 할 필요는 없다고, 장애와 함께 하는 것 또한 삶의 한 방식이라고. 그리고 마침내 저자는 장애를 받아들이고 장애와 함께 아름답고 평화로운 시간을 보내려고 의지적으로 노력하고 있다. 번뇌에서 완전히 벗어나기는 어려워도 마음은 많이 가벼워지고 있음을 스스로 느끼고 있다. 그럼에도 불구하고 인간인 이상, 머리에서 끊임없이 일고 있는 번뇌를 완전히 끊어내는 것은 불가능하다. 과학적으로도 뇌는 번뇌를 다 끊어낼 수 없는 구조를 가지고 있다고 한다. 즉, 뇌는 단 일초도 생각하지 않는 순간이 없으며, 심지어 멍 때리고 있는 순간도 뇌는 움직이고 생각한다는 것이다.

결국 인간은 평생을 번뇌에서 벗어나지 못하고 죽음이라는 긴 잠을 자는 순간에야 번뇌에서 해방된다고 봐야 할 것 같다. 그렇다면 번뇌에서 벗어나려고 발버둥 칠 필요는 없어 보인다. 그렇다고 해도 '번뇌'에 매몰되지 않고, '해탈'로 가려는 노력은 필요하다. 큰 바위얼굴에서 해탈의 경지 비슷한 것을 느껴본 저자는, 해탈로 가려는 노력만으로도 의외로 마음의 공간이 열리고 그곳에 평화가 오면서 정신적 해방을 가질 수 있었다. 노력만으로도 무상무념의 행복을 느낀 것이다. 사실 행복과 불행에 실체가 있는 것이 아니니 이렇게 정신적 해방으로 행복하게 느끼면 되는 것이다. 지금 한번 시도해보는 것도 좋겠다. 해탈로 가려는 노력, 잠시라도 번뇌를 끊어보려는 노력, 알고 보면 어렵지 않다. 번뇌에 매몰되어 있다고 느낄 때는 가까이에 있는 자연으로 일단 나가보는 것이다. 집 앞 산이든, 집 뒤쪽 숲이든, 가까운 바다이든 어디라도 상관없다. 그리고 자연에 집중해보는 것이다. 햇살 한줌, 바람 한 자락, 흙 길 하나, 그 어떤 자연이라도 우리에게 가르침을 주지 않는 자연은 없다. 깨달음을 주지 않는 자연은 없다. 그래서 자연은 인간에게 위대한 스승이 된다. 이제 자연 속에서 몸과 마음이 고요의 차원에 있는 것을 느끼는가. 무상무념의 행복 말이다. 그렇다고 말해 주었으면 좋겠다.

인도네시아

1. 족자카르타 보로부두르

2. 족자카르타 프람바난

3. 발리 문화경관

1. 족자카르타 보로부두르

◇◇◇◇◇

비행공포증, 모든 것에는 대가가 있다

저자의 주변에 인도네시아 전문가가 있어서 오래전부터 족자카르타의 보로부두르에 대해 많이 들어왔다. 세계 최대 불교 유적지로 독특한 건축양식을 가지고 있다고 하는 이곳을 언젠가는 꼭 가리라고 다짐했는데, 2024년 1월에 이르러서야 드디어 이곳을 답사하게 되었다. 늘 그렇듯이, 답사할 유적지가 결정되고 나면, 그 다음부터 비행기 타는 것에 대한 근심이 시작된다. 저자에게는 비행기 타는 것을 두려워하는 '비행공포증'이 있기 때문이다. 젊었을 때는 시간적 경제적 여유가 없어서 해외여행을 자주 갈 기회가 없었지만, 인생의 중간지점을 지나 업무나 비즈니스를 위해 또는 사적인 이유로 해외에 나가야만 할 일이 많았음에도 불구하고, '비행공포증' 때문에 되도록 해외로 나가는 것을 자제했다. 아마 '비행공포증'만 없었다면, 훨씬 더 많은 나라의 땅을 더 자주 밟았을 것이다. 새처럼 날개도 없는 인간이 하늘 길을 마음대로 다닐 수 있다는 것이 너무 신기해서 날아가는 비행기를 볼 때마다 감탄사를 질러대면서, 막상 비행기 타는 날이 정해지면 그날부터 잠을 설치고 강렬한 두려움과 불안을 경험한다.

비행기는 다른 교통수단보다도 훨씬 안전하다는 것은 알고 있다. 자동차 사고가 5,000분의 1이면, 비행기 사고는 30,000,000분의 1(0.00001%)이라고 한다. 뿐만 아니라, 비행기가 비행할 때는 중력, 저항력, 양력, 추진력, 이렇게 4가지 힘이 평형을 이루며 가기 때문에 절대 중간에 떨어질 수 없고, 비행기의 목적이 하늘을 날기 위한 것이니, 비행기는 하늘에 있을 때 가장 안전한 상태라는 것도 익히 들어 알고 있다. 그럼에도 불구하고, 공항에 도착해서 비행기에 오르면 가슴이 두근거리고 이륙할 때는 그 공포감이 최고조를 이룬다. 그리고 비행 중 난기류로 인해 조금이라도 흔들리기라도 하면, 몸은 바로 경직된다. 연구결과에 의하면, '비행공포증'의 불안을 유발하는 가장 큰 요인은 비행에서 이륙과 착륙, 그리고 난기류라고 한다. 그리고 비행공포증을 겪는 사람의 약 60%는 다른 불안장애가 있다고 한다. 맞는 것 같다. 저자 또한 실제 불안장애가 있는 사람이다. 지금은 그 공포감이 조금 약해지긴 했지만, 여전히 해외 유적지 답사는 비행기 타는 일이 가장 큰 일이다. 그래도 아직 비행기 안에서 기절하거나 쓰러진 경험은 없으니 그나마 다행이다.

그런데 저자는 비행기와 관련해 더 중요한 사실을 알고 있다. 그 힘든 공포의 시간을 견뎌낼 수만 있다면, 도착지에서의 문명 탐험이 주는 환희와 희열과 벅참과 감동은 그 공포의 시간을 몇 배로 보상해 준다는 것을. 세상에 공짜는 없으니 보고 싶은 유적지를 알현하려면 비행공포증 정도의 대가는 치러야 한다는 것을. 인생에서 대가를 치르지 않고 소중한 것을 얻을 수 있는 방법은 없다. 어떠한 형태로든 대가를 치러야만 한다면, 비행공포증을 완전히 없앨 수는 없겠지만, 조금이라도 줄일 수 있는 저자만의 방법을 고안해냈다. 답사하기 위해 해외로 나가야 할 때, 주술을 스스로에게 거는 것이다. 비행의 목적지에는 저자가 그토록 보고 싶었던 유적지가 기다리고 있다고. 그리고 비행 때문에 생기는 공포는 기분을 좋게 하지는 않지만, 위험한 것은 아니라고. 비행기는 하늘을 날고 있을 때 가장 안전하고 어떤 교통수단보다 가장 편리하게 원하는 곳에 데려다준다고. 그런데 세월이 갈수록 비행시간이 길수록 주술의 강도는 점점 세지고 있다. 가끔은 비행공포증과 싸우며 무엇 때문에 그렇게 문명 탐험의 길을 나서는지, 가지 않으면 그만일 것을 왜 포기하지 않는지 스스로에게 물어보기도 한다. 그럼에도 불구하고 여전히 저자는 할 수만 있다면, 문명 탐험의 길을 나선다. DNA에 역마살이 있어서 여기저기 돌아다니게 되는 운명을 타고난 것인지, 아니면 유적지에 꽂혀 유적지가 하는 말을 안 들으면 몸에 가시가 돋는 것인지 모르겠지만, 남은 평생도 유적지를 다닐 생각을 하고 있으니 비행기공포증에서 벗어나지는 못할 것 같다. 아니 어쩌면 비행공포증 정도의 대가는 유적지에서 가지는 사유의 즐거움으로 상쇄하면 아무것도 아니라는 것을 알아버렸기 때문은 아닐까. 지금 이렇게 세계유적지를 집필하고 있는 저자 자신을 보면, 비행공포증과 싸우더라도 문명 탐험의 길을 나선 것은 너무 잘한 일 같다.

그런데 비행 노선과 관련해 최근에 기쁜 소식도 들려온다. 부산에서 거주하고 있는 저자는 세계 유적지를 정하고 비행기 예약을 하다 보면, 부산 김해공항에 직항노선이 없어서 인천공항까지 가는 경우가 대부분이다. 그런데 부산 김해공항에서 인도네시아 자카르타와 발리로 가는 직항노선이 생긴다고 한다. 이럴 줄 알았으면 비행공포증을 조금이라도 줄일 수 있는 직항노선이 나올 때까지 인도네시아 유적지 답사를 보류해야 했었나 싶다. 그러나 저자가 부산에서 인도네시아로 가는 직항노선이 생긴다는 것에 기뻐했던 것은, 저자의 비행공포증을 줄일 수 있기 때문만은 아니다. 앞으로 부산에 거주하는 사람들이 인도네시아 대표 유적지들을 쉽고 편하게 방문할 수 있을 것 같아서다. 저자의 답사기를 읽어본다면, 인도네시아에 있는 유적지들이 얼마나 가치 있고 빛나는 인류의 유산인지를 알게 될 것이다. 따라서 새로 생기는 부산-인도네시아 직항노선이 많은 부산 시민들을 이들 유적지로 데려다줄 것이라는 생각을 하면 마음이 부풀어 오른다. 인류가 남긴 위대한 유적지를 볼 때마다 다른 사람들도 꼭 볼 수 있기를 바라는 마음이 저자에게만 생기는 것은 아닐 것이다. 그러나 저자는 그런 마음이 강하다. 귀한 것을 무조건 보여주고 싶고, 보러오는 사람이 없는 유적지를 보면 왠지 아깝고 마음이 짠안해진다. 아무튼 이력이 날 만큼 비행기를 탄 것도 같은데, 아직도 이렇게 비행공포증을 언급하는 것을 보니 불안장애는 쉽게 치유되는 것이 아닌가 보다.

압도적이고, 독보적이고, 예술적인

보로부두르(Borobudur)는 인도네시아 자바 섬의 중심, '족자카르타'에서 42km 떨어져 위치한 불교 사원이다. '족자카르타'는 한국인들에게는 익숙하지 않은 도시지만, 인도네시아의 수도인 자카르타와 발리 중간 위치에 있는, 천년의 문명이 살아있는 역사 도시라고 생각하면 된다. 우리나라에 비유하자면, 자카르타가 서울, 족자카르타는 경주 정도 된다. 보로부드르가 있는 족자카르타는 비교적 소도시이기 때문에 한국에서 직항은 없고, 인도네시아 수도인 자카르타, 또는 세계휴양지로 잘 알려진 발리를 거쳐야 한다. 다행히, 발리는 아주 독특한 힌두문화가 있는 곳이고, 그 힌두문화가 잘 녹아있는 문화경관이 세계문화유산으로 지정되어 있어서, 발리를 경유하게 되면 발리 유적지도 함께 답사할 수 있어서 좋다. 저자의 일행은 부산에서 출발해 베트남 호치민에서 하룻밤을 보내고 발리로 들어가 세계문화유산인 문화경관을 답사한 후, 족자카르타로 넘어가서 보로부두르를 알현했다.

'보로부두르'라는 이름은 산스크리트어로 '승방'(승려들이 참선하는 곳)을 뜻하는 '보로'와 '높게 쌓아 올린 곳' 또는 '언덕'을 뜻하는 '부두르'라는 단어의 합성어로 '언덕 위에 세워진 승방', 즉, 언덕 위에 있는 불교 사원이라는 뜻이다. 면적 12,000 제곱미터에 동서남북 변이 140m인 정사각형 건축물로 보이는 보로부두르는 사실 1층부터 7층까지만 정사각형으로 피라미드형 기단으로 이루어져 있고, 8층부터 10층까지는 원형 모양인 이중 구조를 하고 있다. 일반적으로 보로부두르를 사원이라고 생각하기 쉬운데, 전체적으로 보면 높이 40m의 10층 불탑이라고도 보아도 무방하다. 즉, 보로부두르는 탑이면서 그곳에서 의식행위가 이루어지는 사원이기도 한 것이다. 이 책에 나오는 많은 불교 유적지를 보면 알 수 있듯이 일반적으로 불교 사원은 단일 건축물 하나로 구성되지 않는다. 캄보디아의 앙코르와트와 바이욘의 경우도 둘러싸인 외벽 안에 탑이나 사원 같은 여러 구조물들이 함께 구성되어 있는데, 보로부두르는 오직 하나의 건축물로 모든 승부를 걸고 있다. 그래서 세계 여러 불교 사원 중에서 압권이다. 그래서 그 존재감은 독보적이고 더욱 빛나 보인다.

언덕위에 세워진 불교 사원 보로부두르 정면

보로부두르의 정확한 건립 시기는 알 수 없지만, 750년~842년 사이에 살리엔드라(Saliendra) 왕조에 의해 세워진 것으로 추정하고 있다. 만약 이 때 세워진 것이라고 가정한다면, 이 사원은 천 년을 훌쩍 넘긴 건축물이 된다. 이는 캄보디아의 앙코르 와트(Angkor Wat)보다 300년 앞선 것이고, 유럽의 대성당들이 세워진 시기보다 400년이나 앞선 것이다. 이런 시기에 이곳 족자카르타에는 이미 누구도 따라올 수 없는 뛰어난 건축가들이 있었고, 건축 기술 또한 서양보다 훨씬 앞서가고 있었다는 뜻이 된다. 실제로 보로부두르 사원은 현재 세계에서 가장 크고 완전한 불교 유적지로 인정받고 있다. 이러한 사실만 알아도, 보로부두르가 얼마나 위대한 건축물인지, 얼마나 훌륭한 기술이 이 사원에 담겨 있는지 직접 보지 않아도 충분히 짐작할 수 있을 것이다.

　그러나 보로부두르 또한 앙코르 와트처럼 처음부터 불교 사원으로 지어진 것은 아니다. 전해지는 말에 의하면, 힌두교의 시바 신을 모시기 위한 사원으로 처음 짓기 시작했지만, 기단 부분만 만들고 중단되었던 것을 불교를 신봉하던 살리엔드라 왕조가 그 위에 불교 사원으로 짓게 된 것이라고 한다. 캄보디아 바이욘 불교사원을 건설한 자야 바르만 7세처럼, 그 당시 왕도 자신을 덕이 있는 이상적인 군주라는 것을 보여주기 위해 부처의 깨달음을 상징하는 이 사원을 건설한 것으로 보인다. 그러나 모든 나라에 흥망성쇠(興亡盛衰)가 있듯, 융성했던 살리엔드라 왕조는 세력이 약해지자, 왕조가 다른 곳으로 옮겨가면서, 이 사원은 방치된다. 설상가상으로 근처에 있던 므라피(merapi) 화산이 분출되어 보로부두르는 천 년 동안이나 화산재에 묻혀 있는 신세가 되었다. 그러다 1814년, 당시 자바를 점령한 네덜란드인들이 이곳을 발견하여 복원공사가 시작되었고, 1973년에서 1982년까지는 유네스코 지원으로 복원되어 현재의 모습을 하고 있다. 화산재에서 이곳이 발견되지 않았다면, 압도적이고 독보적이고 예술적인 보로부두르를 영원히 볼 수 없었을 것이다. 휴~ 다행이다. 유난히 찬란한 이 유적지를 볼 수 있어서. 다른 나라의 지배가 이렇게 쓸모 있는 일을 했다니, 어느 입장에서 어떻게 말을 해야 할지 모르겠다.

네 가지 놀라움

　보로부두르는 보고 싶다고 개인이 마음대로 들어갈 수 없는 곳이다. 그룹별 가이드가 배정되면 정해진 시간에 맞추어 가이드와 함께 들어가야 한다. 세계문화유산답게 사원 주변은 깔끔하게 정리되어 있다. 보로부두르가 있는 언덕 위로 걸어가면, 멀리서 거대한 탑인 듯 사원인 듯 커다란 건축물에서 웅장한 아우라(aura)가 뿜어져 나오는 것을 느낄 수 있다. 사실 인도네시아 답사를 하게 될 때 가장 힘든 부분은 날씨다. 저자가 가르치고 있는 인도네시아 학생들은 늘 이렇게 말한다. 인도네시아 기후는 hot-hotter-hottest 라고. 덥고, 더 덥고, 가장 더운 날씨뿐이라는 그 말을 기억하며 그늘이 없는 보로부두르 답사는 쉽지 않을 것이라는 각오를 하고 숙소에서 출발했다. 그런데, 그런데, 너무 감사하게도 보로부두르에 도착했을 때 적당하게 가랑비가 내리고 있었다. 비속에 서 있는 보로부두르는 그야말로 장관이었다. 주변의 녹음들과 어우러져 신비롭고 경이롭고 너무 아름다워서 눈을 질끔 한번 감았다가 다시 동공을 크게 하고 더 유심히 더 천천히, 보로부두르를 보았다. 대부분 사람들은 좋은 것을 보면 다른 사람에게 알려주려는 귀한 마음을 가지고 있다. 이미 말했듯이, 저자도 그러하다. 유적지 현장에서 가지는 감동과 눈으로 직접 보는 경관들을 최대한 잘 기록하고 싶은 마음이 있기에 조급한 마음을 내려놓고, 심호흡을 한번 한 후 유적지의 이야기에 귀를 기울여 본다. 혹시 급한 마음에 놓쳐버리는 내용이 있을 수도 있으니.

이제 보로부두르를 보고 저자가 놀랐던 네 가지를 말해보려고 한다. 무엇에 놀랐을까. 첫째는 사각형과 원형을 결합한 독특한 구조에, 그리고 둘째는 벽면에 새겨진 너무 예술적인 부조에, 셋째는 창의적인 디자인 스투파(stupa, 부처님이 안에 들어있는 종)에, 마지막 넷째는 믿을 수 없는 건축 기술에 놀랐다. 이미 언급했듯이 일반 불교 사원은 단일 건축물로 구성되지 않는데, 보로부두르는 거대한 하나의 건축물로서 다른 불교 유적지들과의 차별성을 보이는 것도 독특한데, 더 독특한 것은 사각형과 원형을 결합한 이 건축물의 구조이다. 보로부두르의 구조 양식은 불교가 창시된 인도에서도 찾아보기 힘든 독특한 디자인이라고 한다. 마치 현대의 창의적인 건축가가 만든 작품 같기도 하다. 정사각형으로 피라미드식의 기단을 쌓고, 이 기단 위에 3단의 원형 받침돌을 올린 후, 맨 꼭대기에 있는 중앙 탑으로 가는 계단이 만들어져 있다. 참으로 특이한 구조가 아닌가. 처음 힌두교 사원으로 지으면서 기단 부분만 만들고 공사가 중단되었던 것에 불교사원으로 다시 쌓아 올린 것이라고 하니, 혹시 기존의 정사각형 기단에 원형 구조물을 올리는 이런 기발한 아이디어가 가능하지 않았을까도 생각했다. 그러나 이러한 독특한 구조는 만다라의 세계를 표현하기 위해 특별히 고안된 구조라는 것을 우리는 아래에서 곧 알게 될 것이다.

보로부두르에서 숨을 멈추게 하는 가장 큰 놀라움은 사원을 둘러싸며 조각되어 있는 회랑의 부조들이다. 보로부두르가 세계에서 유명해진 것은 바로 세계 최대의 부조가 이곳에 있기 때문이다. 기단을 둘러싼 난간에 시계 방향으로 새겨져 있는 부조들은 부처님의 전생부터 시작해, 부처님의 탄생, 부처님의 수양 과정과 가르침 등 불교 관련 형상들이다. 모두 돋음 새김(평면의 돌을 깎거나 파서 높낮이를 만들어 표현하는 조각 기법)으로 되어 있다. 이 부조에 있는 인물들을 일렬로 세우면 4.4km이고 1만 명이 넘는다고 한다. 접착제 없이 동일하게 겹치는 것 없이, 부조의 조각 패널은 2,672개, 부처님 상은 504개, 세월의 흔적을 보여주는 부조도 있지만, 지금 바로 튀어나와 연꽃으로 툭툭 치며 세상 너무 무겁게 살지 말라고, 다 버리면 가벼워진다고 말할 것 같은 생생한 부조들도 많다. 조각품으로서 미적 아름다움이나 그 예술성은 굳이 언급하지 않겠다. 이미 세계가 인정했으니.

보로부두르의 부조들

이렇게 기단 난간에 조각된 부조를 감상하면서 계단을 올라가면 이제 그 어디에서도 볼 수 없었던 스투파, 종 모양의 탑이 나타난다. 세 번째 놀라움이다. 유적지의 작품들을 보고 압도적으로 매료되어 옴짝 달싹 못하는 경우가 가끔 있는데, 이 스투파 종탑이 그렇게 만들었다. 종탑의 문양과 디자인이 너무 독특한데, 너무 예술적이기까지 하다. 스투파 종탑은 3단으로 되어 있다. 각 스투파 안에는 불상이 안치되어 있는데, 지금은 30% 이상이 두상이 없는 불상이라고 한다. 이렇게 불상이 있는 스투파는 가장 아래 단에 32개, 2단에 24개, 그리고 3단에 16개가 있어 총 72기가 있다. 그리고 중앙에 가장 큰 스투파가 하나 서 있다. 종탑은 두 개의 마름모꼴 문양을 붙여 놓아 그 사이로 공간 안을 볼 수 있도록 해 놓았다. 부처를 탑 안에 놓고 창을 낸 후, 신비로운 부처의 세계를 볼 수 있도록 해 놓은 것이다. 스투파 안의 공간을 속세가 아닌 부처의 세계로 만들다니, 기발한 아이디어 아닌가. 이러한 디자인은 또 어떻게 고안해 낸 것일까. 너무 창의적이다. 부처가 있는 세계를 이렇게 아름다운 문양을 통해 보게 하다니, 이 디자인을 고안한 사람이 누군지 진심으로 보고 싶었다.

이제 마지막으로 보로부두르에서 저자가 놀란 것은 이 건축물 곳곳에서 보여주고 있는 돌 다루는 기술이다. 예를 들어, 기단 난간을 이루고 있는 부조들의 돌을 한번 자세히 보자. 각각의 돌에 부조를 조각한 후, 한 면에 부조한 돌을 서로 맞물려 놓은 것을 알 수 있는데, 각각의 돌에 새긴 부조임에도 불구하고, 조각의 이어짐이 일의 오차도 없이 완전히 서로 맞물려 있다. 마치 헝겊 조각을 서로 붙여 놓은 것처럼 말이다. 자연에서 나오는 돌의 모양은 여러 가지로 다양할 수밖에 없는데, 깎고 연마해서 서로 완전 물림이 되도록 하다니, 더군다나 접착제 하나 없이 모두 끼운 것이라 하니 어찌 놀라지 않을 수 있을까. 이런 기술이 이 시대에 가능했다는 것이 신기할 뿐이다. 여러 가지 질문도 생긴다. 이런 기술은 이전 시대에서 전수받은 기술일까, 아니면 건축가들이 신 내림을 받은 것일까, 그러다 갑자기 페루 답사에서 보았던 쿠스코 잉카문명의 건축물이 떠올랐다. 현대의 기구로도 들어올리기 힘든 크기의 돌을 접착제 하나 없이, 일도의 각도 틀리지 않게, 틈새 하나 허락하지 않고 완벽하게 돌을 끼어서 세운 건축물들이 잉카문명에 있었다. 잉카인들의 돌 다루는 기술은 세계인에게 놀라움을 주고 있는데 현재도 벽을 쌓아 올린 그 기술은 불가사의다. 잉카문명이 1438년부터 스페인에게 정복당하기 전인 1533년까지 꽃피었다 하는데 기록이 없어 정확히 알 수 없지만, 보로부두르가 750년~842년 사이에 살리엔드라(Saliendra) 왕조 때 세워졌다면, 이 사원의 건축가들이 잉카문명으로 이주해 간 것은 아닐까 라는 엉뚱한 상상을 해보았다. 잉카문명이 있는 페루와 이곳 족자카르타는 거리상으로 너무 멀어서 연관성을 가지기는 힘들 수도 있지만, 돌 다루는 기술만을 본다면, 이곳에서 사용된 건축기술이 그곳으로 이전되었을 가능성이 전혀 없는 것은 아니다. 이제 어떤가. 보로부두르는 정말 놀라운 곳이 아닌가. 아직도 놀라지 않고 있는 독자들이 있다면, 저자의 설명이 부족한 탓이다.

잉카제국에서 세운 것으로 추정하고 있는 페루 삭사이와만과 마추픽추의 돌 벽

만다라의 세계를 만나다

비가 내려서일까. 보로부두르 종탑들의 벽돌색이 무척이나 고풍스러웠다. 종탑 지붕이 없어져 밖으로 노출된 가부좌 자세의 부처님도 조용히 비를 맞고 있었다. 그 부처님이 바라보는 곳을 따라 눈길을 돌려보니, 짙은

녹음 위로 엷은 안개가 피어오르면서 몽환적인 광경이 펼쳐져 있었다. 그모든 것이 만다라의 세계라고 생각했다. 산스크리트어 '만다라'는 본질을 뜻하는 만달(Maṇḍal)과 소유를 뜻하는 라(la)가 합해진 말로 '본질을 담고 있는 것', 또는 '본질을 소유하는 것'으로 풀이된다. 이것은 곧 마음의 본질, '깨달음'을 의미한다. 불교에서 만다라의 구조는 정사각형 위에 원형이 올린 형태로 표현한다고 한다. 원과 사각형을 기본으로 하여 부처의 깨달음을 상징화한 이런 만다라 구조는, 그림으로 많이 그려져 있다. 그림에서 만다라는 보통 여러 부처와 보살을 주위에 배치하여 평면적으로 표현되는데, 보로부두르는 만다라를 입체적 형태로 표현한 것이라 볼 수 있다.

　이렇게 만다라를 입체화한 보로부두르에는 전체적으로 불교의 세계관인 삼(3)계, 즉 욕계. 색계. 무색계가 표현되어 있다. 1단계인 욕계는 중생들이 욕심을 가지고 살아가는 곳이고, 2단계 색계는 욕심은 어느 정도 극복했으나 물질에 대한 집착이 있는 곳이다. 마지막 3단계인 무색계는 욕망과 물질에서 벗어난 정신의 세계가 있는 곳이다. 보로부두르 건축물은 욕계를 지나 색계로, 다음에는 무색계의 단계로 가는 길을 만들어 놓았다. 그리고 마침내 그 길 끝에 있는 무색계 단계에서 만다라의 세계를 만나는 것이다. 비에 젖은 채 고요하게 앉아 있는 부처님은 미소로 이렇게 말씀하셨다. 지금 고요와 평화를 느낀다면, 무색계로 온 것이라고. 만다라에 온 것이라고. 그런데 보로부두르에서 만다라 세계를 만난 사람들은 그곳에서 욕망과 물질에서 벗어난 정신세계를 경험했을까. 만다라의 세계에서 마음은 어디에 있는 것일까. 아예 마음이라는 것이 없는 것은 아닐까. 불교에서는 마음의 본질은 공(空)이라고 말하는데, 아무것도 없는 우리의 마음에 욕심과 욕망과 번뇌를 얹어가며 살아가니 힘든 것이다. 보로부두르가 만다라의 세계라서 그랬는지는 확신할 수 없지만, 유난히 그곳에서 마음을 비우지 못하고 쩔쩔매고 있는 자신이 보였다. 누구에게 속아서 마음에 냄새나는 수많은 것을 채어 넣었는지 창피하기도 했다. 그리고 끝내 그것들을 버리지 못할 것이라고 낙담하니 무색계와 어울리지 않는 사람은 빨리 욕계로 내려가야 한다고 생각했다.

보로부두르에서 만난 만다라 세계

보로부두르의 무색계를 뒤로 하고 다시 욕계로 걸어 내려온다. 불완전하고 완벽하지 않은 중생들이 욕심을 가지고 살아가는 저 아래 세상, 저자에게 익숙한 곳이다. 그래도 만다라 세계를 보고 왔으니, 최소한 당분간은 욕심을 내려놓고 마음을 비울 수 있다고 생각하면서, 완전 욕심의 세계인 욕계로 조금이라도 늦추어 들어가기 위해 보로부두르를 아주 천천히 걸어 내려왔다. 그리고 그때 현세의 고통과 분노에서 마음의 평화를 유지하기 어렵겠지만 마음을 비우려고 노력해야겠다는 결심도 했던 것 같다. 그러나 그런 결심도 아주 잠깐뿐이었다. 보로부두르에서 나가는 출구를 찾지 못해 한참을 헤매면서, 일부러 길을 미로처럼 만들어 길에 있는 상점들을 모두 거쳐서 가도록 만든 보로부두르 관광지 상업 상술에 거칠게 불만을 퍼붓고 있는 자신을 발견한다. 욕계에 내려온 것이 맞았다. 만다라의 세계, 무색계는 저자에게 감히 언감생심(焉敢生心)이었다. 이렇게 조그만 불편에도 분노를 일으키는 어쩔 수 없는 욕계의 중생이라는 것을 인정해야만 했다.

그렇다 해도, 조그만 일에도 마음이 요동치는 욕계에서의 인간 한계를 벗어나지 못한다 해도, 만다라의 세계에 들어가 보았다는 것은 저자에게 매우 의미 있는 일이었다. 보로부두르 자체가 만다라이며, 깨달음의 세계이고, 우주의 세계라고 감탄하며 잠시나마 무색계 속에 있었던 경험은 욕계의 세상을 살아나가는데 정신의 환기구가 될 수 있었다. 물론 살아가면서 무색계로 가려고 지나치게 노력할 필요는 없다. 그것도 욕계에서 가지는 욕심으로 마음의 본질인 공에 걸림돌이 될 수 있으니 말이다. 그러나 무색계의 경험은 천천히 하나씩 욕계에서 색계로, 색계에서 무색계로 가는 과정에 발을 들여놓게 하는 것은 맞다. 그런 과정이 삶의 평화와 행복을 보증한다고 확신할 수는 없지만, 최소한 사는 동안 마음에 불행의 감정을 줄이고 평온한 감정을 가지게 한다. 이제 만다라의 세계를 보고 싶다면, 보로부두르에 가라고 말해도 될 것 같다. 목적과 이유가 생겼으니. 그래도 만다라의 세계를 경험한 사람답게, 출구를 찾지 못해 화났던 감정을 바로 버리고, 열심히 장사하고 계시던 상점의 모든 분들에게 조용히 파이팅을 외치며 보로부두르 출구를 찾아 빠져나왔다.

2. 족자카르타 프람바난

◇◇◇◇◇

힌두 신들이 모여 사는 곳

인도네시아 족자카르타를 방문하는 사람들은 대부분 불교사원인 보로부두르와 힌두교 사원인 프람바난을 함께 보게 된다. 인도네시아의 대표적인 세계문화유산인 이 두 사원 모두 족자카르타에 있기 때문이다. 프람바난은 보로부두르에서 54km 정도의 거리에 있으니 이 두 사원을 하루에 방문하는 것은 크게 어려운 일이 아니다. 저자 또한 오전에 보로부두르를 답사하고, 오후에 프람바난을 방문했다. 프람바난은 인도네시아에 있는 힌두 사원 중 규모가 가장 큰 것으로 알려져 있다. 이 사원은 보로부두르 사원보다 50년 후인 9세기경에 지어진 것으로 추정하고 있는데, 살리엔드라(Saliendra)왕조 후에 들어선 힌두교를 믿는 미타람 왕조가 세운 것으로 추정하고 있다. 이곳은 단독 사원인 보로부두르와 달리 여러 사원이 모여 있는 일종의 복합 단지의 사원으로 보면 될 것 같다. 현재 제대로 복구된 형태로 18개의 사원이 있지만, 원래는 크고 작은 사원이 240개 있었다고 한다. 이곳에 있는 사원들은 인도네시아의 천 년 전 문화와 종교, 역사는 물론 시바 예술을 가장 잘 보여주고 있는 대표적인 힌두 종교건축물로 손꼽힌다. 프람바난은 유적지로 남아있는 건축물이기도 하지만, 아직도 이곳에서 다양한 힌두교 의식과 새해 행사가 이루어지고 있으니, 현재도 활동이 이루어지고 있는 살아있는 종교적 장소라고 볼 수 있다. 물론 이곳에서 이루어지는 힌두교 의식은 관광 사업을 촉진하기 위한 목적을 가지고 있다. 그렇다고 해도 말이다. 그리고 프람바난을 처음 보는 순간 누구나 이렇게 느낄 것이다. 나, 힌두 사원이요~ 라고 확실하게 말해주고 있다는 것을. 그렇다. 멀리서 보이는 하늘을 향해 치솟은 화려하고 예술적으로 뾰족뾰족하게 올라온 첨탑들이 전형적인 힌두교 사원을 나타내는 상징물이다. 프람바난은 둥글둥글한 이미지의 불교사원인 보로부두르 건축물과는 매우 대조적인데, 족자카르타에서 이 두 사원의 건축물을 방문하고 서로 비교해 보는 것 또한 퍽 즐거운 일이 될 것이다.

인도네시아의 대표적인 힌두 종교건축물인 프람바난

프람바난 사원으로 들어가면 거대한 석탑들과 신전들을 가까이에서 볼 수 있다. 모든 석탑들과 신전들은 힌두 세계를 상징적으로 표현하고 있는 것인데, 각 탑과 신전에 조각된 정교한 조각들은 신전의 미학적 아름다움을 더하고 있다. 그러나 힌두교에 대해서 모른다면, 탑과 신전의 조각들은 그저 돌을 깎아 만들어낸 형상들에 불과하다. 우리는 이왕 프람바난 힌두 사원에 왔으니, 최소한 힌두에서 말하는 '트리무르티'(Trimurti)의 개념 정도는 알고 있는 것이 이 유적지에 대한 예의라고 생각한다. '트리무르티'는 브라마(Brahma), 비슈누(Vishnu), 시바(Shiva)의 신성한 삼위일체를 말한다. 여기서 브라마는 창조를, 비슈누는 보존 유지를, 시바는 파괴 소멸을 담당하는 신이다. 대부분의 힌두 사원들은 '트리무르티' 3대 신 중 하나, 또는 3대 신 모두에게 헌정된 것이고, 따라서 힌두 사원 건축물은 창조되고 유지되다가 소멸되는 순환적 상징성을 가진다. 그리고 이 순환성에서의 핵심은 이 세 가지가 서로 조화롭게 유지되는 영적 평온이다. 즉, 세상의 모든 것은 상호 연결되어 있기에 서로 조화를 이루어야 이 영적 평온이 유지된다고 믿는 것이 힌두 철학인데, 대부분의 힌두 사원은 이러한 철학을 바탕으로 건축물을 만든다고 보면 된다.

프람바난 또한 이러한 철학을 바탕으로 해서 힌두교 3대 신에게 봉헌된 사원이다. 즉, 힌두의 3대 신, 브라마와 비슈누, 그리고 시바를 모신 신전이다. 이 중에서도 가장 높은 신전은 중앙에 있는 높이 47m의 시바신전이고, 이 시바신전을 중심으로 양옆에 있는 사원이 23m 높이의 브라마와 비슈누 신전이다. 처음에는 240여 개의 작은 신전들이 주요한 세 개의 신전을 둘러싸고 있는 형태였다고 한다. 그러나 이미 말했듯이 현재는 주요한 이 세 개의 신전과 주변의 작은 신전들을 포함해서 18개의 신전들이 복원되어 있다. 이 중에는 이 세 힌두 신들이 타고 다니는 자가용격인 동물들의 사원들도 있다. 시바 신이 타고 다니던 소, 이름은 난디(Nandi)라고 부르며, 브라마 신의 동물은 독수리로 가루다(Garuda)로, 비슈누 신의 동물은 백조인데 앙사(Angsa)로 부른다. 지금은 동물 사원들에 시바신의 소, 난디만 남아 있지만, 이 동물들은 신들을 모셨기 때문에 모두 신성한 존재로 받들어지고 있다고 한다. 인도네시아의 가장 큰 항공사의 이름이 가루다항공인데, 이 항공사 이름은 브라마의 자가용 독수리에서 따온 것이겠다.

동물사원에 있는 시바신의 소, 난디 석상

    그리고 이 프람바난 힌두 사원 전체에 부조가 조각되어 있는 것을 볼 수 있는데, 모두 힌두교의 신화를 담고 있다. 조각된 부조들은 라마야나 (Ramayana, 고대 인도의 산스크리트로 된 대서사시)에 나오는 이야기들이다. 힌두 사원을 이해하려면 라마야나 신화에 대해서도 알아두는 것이 좋겠다. 힌두교 신 라마(ram)의 일생을 그린 라마야나의 주된 스토리는 이렇다. 고대 인도의 코살라왕국에 '라마' 왕자가 있었는데, 라마의 아내인 시타(sita)가 스리랑카 왕 라바나(ravana)라는 포악한 악마에게 납치되자 라마는 아내 시타를 구하기 위해 동생(laxman)과 함께 스리랑카로 가면서 시련과 전투를 겪으며 고군분투한다. 이 여정에서 동물 하누만(원숭이)의 도움을 받고, 결국 악당, 라바나에게서 아내 시타를 구해온다는 이야기다. 전체적으로 보면, 왕자 라마의 무용담과 아내 시타의 정절, 그리고 원숭이인 하누만의 충성과 라바나의 악행을 서술한 문학작품이라고 볼 수 있다. 그러나 이 문학작품은 시간의 흐름에 따라 조금씩 추가되고 보충되면서 후대의 문학, 종교 및 사상에 커다란 영향을 미치게 된다. 특히 부자 및 형제관계, 부부관계, 동물에 관한 가치관을 힌두 교리에 심어 힌두교 신앙인이 본받고 깨닫고 따라야할 최고의 교과서가 되었다. 힌두교 신앙인들은 라마야나를 읽는 것만으로도 죄를 씻는다고 생각한다. 그리고 라마는 악을 응징하고 선을 회복하여 세상을 유지하게 하는 힌두교의 3대 신중 하나인 비슈누로 숭배하고 있다. 나아가 이 이야기에 나오는 원숭이 하누만 때문에 지금도 힌두 신자들은 원숭이에게 고마워하고 있으며, 이 하누만이 중국 문학 '서유기'에 나오는 손오공의 모티브가 되었다는 이야기도 있다. 이 라마야나와 관련된 테마가 바로 프람바난에 섬세하게 조각되어 있는 것이다.

프람바난 사원을 방문해보면, 복원되지 못한 신전들이 프람바난 사원 주위에 돌무더기들로 쌓여있는 것을 볼 수 있다. 모두 복원해야 하는 신전들이지만, 인도네시아의 재정 문제로 인하여 복원작업은 70년이 넘도록 더디게 진행되고 있다. 직접 보면 알 수 있듯이, 프람바난의 부조는 세밀하고 복잡하고 정교하다. 이러한 것을 퍼즐 맞추듯 하나하나 맞추어 원래대로 복원하는 것은 쉽지 않은 일이다. 그러나 세계문화유산으로 지정될 만큼 힌두교 예술의 정점을 보여주고 있는 프람바난 사원은 인도네시아 대표적인 유적지로서 인도네시아 국가를 위해서도 복원되어야 한다고 생각한다. 대부분의 유적지가 그러하듯, 프람바난도 오랜 시간과 기후 환경을 견뎌내면서 여기까지 온 것이다. 특히 프람바난 근처에는 활화산인 므라피(Merapi)가 있어서 화산폭발과 지진들로 너무 좋지 않은 환경에 놓여 있다. 그러고 보니 보로부두르도 그렇고 프람바난도 근처에 있는 므라피 산 때문에 많이 힘든 것 같다. 므라피 산은 인도네시아에서 가장 활동이 왕성한 활화산으로 산 옆구리에 분화구가 있어서 분출영역이 큰 것으로 유명하다. 2010년에도 강력한 분출로 화산 주변에 있는 마을 전체가 화산재에 묻히고 많은 사람들이 목숨을 잃었다. 화산재가 518km 떨어진 자카르타의 하늘을 가릴 정도의 위력을 가진 대폭발이었다고 하니, 므라피 화산은 프람바난이 복원되어도 지켜주지 못할 수 있다는 걱정도 된다. 복원이라는 창조 후에 기다리는 것은 유지 보존, 그러나 결국 파괴라는 순환의 과정에서 므라피 산은 파괴를 담당하고 있는 시바 신의 정령인지도 모르겠다. 그렇다면 프람바난은 복원하는 창조의 시간에 있는 것일까, 아니면 화산폭발로 소멸의 시간에 있는 것일까, 궁금해졌다. 그 어느 시간에 있든 이 우주의 순환과정에서 조화롭게 움직이고 있을 것은 분명할 것이니, 프람바난에서 므라피 산을 향해 그래도 한번 물어보았다. 므라피는 아무 대답도 없이 못 들은 척 조용히 먼 하늘만 바라보고 있었다.

허물어져 있는 신전 너머 보이는 므라피 산

다신교적 일신교

사실 힌두교는 한국인이 많이 낯설게 느껴질 수 있는 종교다. 힌두 문화를 접해보지 못했기 때문이다. 한국인들의 종교 분포(무교 56%, 기독교 27%, 불교 16%, 기타종교 1%)를 봐도 쉽게 알 수 있듯이, 한국에 힌두교 신자는 거의 없거나, 있어도 소수가 있다고 생각해도 무방할 듯하다. 따라서 인도네시아의 대표적인 유적지, 프람바난을 통해 이 기회에 힌두교에 관심을 가져보는 것도 좋겠다. 어차피 종교는 인류 집단이 만들어낸 문명이 아닌가.

각자의 문화 환경에서 가지게 된 종교에 대한 신념 때문에 낯선 종교를 쉽게 받아들이기는 어렵겠지만, 최소한 다른 문명을 이해하는 영역을 확장하는 계기는 될 수 있을 것이다. 힌두교는 기독교와 이슬람교 다음으로 세계에서 3번째로 신도 수가 많은 종교다. 2023년 종교 통계에 따르면, 세계 인구 약 80억 중에, 기독교인 약 26억, 무슬림 약 20억, 힌두교인 11억, 불교인 약 5억, 중국 전통 신앙인 4억, 부족 신앙인 3억, 기타 종교인 1억, 무종교 인구 10억으로 나타났다. 종교인 중에 힌두교 신도가 이렇게 많다는 것은 이 지구에 힌두 문명이 생각보다 널리 퍼져있다는 것을 의미한다. 특히 인도 부근의 나라들, 네팔, 인도네시아, 티벳, 태국, 파키스탄 등에 많이 전파되어 있으며, 근대에 이르러서는 인도인들이 이주하는 나라들에 전파되고 있다.

우리가 알고 있듯이 힌두교의 시초는 고대 인도이다. '힌두(Hindū)'라는 이름은 '거대한 물'을 가리키는 단어인 산스크리트어 '신두(Sindhu)'에서 유래했다고 한다. 여기서 '신두'는 4대 문명의 발상지 중 하나인 인더스강을 의미한다. 일반적으로 힌두교라고 하면, 가장 넓은 의미로는 종교를 포함한 인도 전통문화와 풍습, 그리고 사회적 규범까지 총칭한 표현이고, 가장 좁은 의미로는 베다 힌두교 전통을 말한다. 베다 힌두교란 8세기경에 종교적 형태를 띠게 된 인도의 원시종교이자 다신교인 브라만교를 말하는데, 브라만교 힌두교 사상은 현존하는 문학 문헌 중 가장 오래된 '베다'와 인도 신화를 바탕으로 하고 있다. 기원전 1500년경에 산스크리트어로 되어있는 힌두교 경전인 베다에는 세상의 삼라만상 온갖 사물과 현상은 여러 신에 의해 이루어진다는 고대인들의 자연 신적인 종교관이 기록되어있다. 그런데 여기서 중요한 것은, 힌두교 신앙이 믿고 있는 여러 신들이 결국 모두 같은 신이라는 것이다. 즉, 다신교적 일신교라는 개념이다. 그래서 현재도 힌두교 신자를 보면, 자신들의 가문이나 개인적인 신념과 연계된 신을 섬기지만, 본인이 섬기는 신외에도 다른 여러 신이 있다는 것을 부정하지 않고, 나아가 모든 개별적 신은 상위 단위인 하나의 신으로 집결된다고 믿는다.

　이점이 저자에게 와 닿았다. 여러 신이 있다는 것을 인정하지만, 결국 그러한 여러 신은 커다란 하나의 신안에 포함된다는 것이 아닌가. 그래서 이렇게 생각해 보았다. 그들이 믿는 각자의 신은, 오직 하나의 신만이 있다고 믿는 일신교의 하위 단위인 택일신교가 아닌가 하고 말이다. 즉, 여러 신중에서 하나를 섬기면서도, 그 신이 유일하다고 보지 않는 선택적 일신교다. 다신교적 일신교. 유일신을 섬기는 종교인들에게는 받아들이기 어려울 수도 있겠다. 그러나 인간은 문화에 따라 만들어진 신화와 경전을 바탕으로 신관이나 종교관이 만들어진다. 그리고 인간은 그 문화에서 생성된 신을 따라가지만, 각 문화에서 생성된 여러 개의 신들은 범 우주론적으로 볼 때 하나의 신안에 포함된다고 저자는 생각한다. 저자가 저술한 '한국유적지기행'의 종묘유적지 부분에서 밝혔듯이, 신에게로 가는 길이 모두 다를지라도, 즉 각자의 문화에서 생성된 신을 따라가더라도, 결국 하나의 종점에서 모두는 하나의 신을 만나게 된다는 것이다. 이렇게 되면, 힌두교의 다신교적 일신교는 세상의 모든 삼라만상은 하나의 신안에 있다는 믿는 일신교와 크게 다르지 않을 수도 있다. 신을 우주이든, 자연이든, 진리이든 그 무엇으로 칭하든 이 세상은 하나의 힘, 하나의 신으로 움직인다는 저자의 믿음과 일치하기에 힌두교의 다신교적 일신교가 와 닿았던 것 같다. 다시 정리해보면, 모든 것을 아우르는 '범'(梵)의 뜻을 가진 힌두교의 '브라만' 사상은, 결국 모든 것은 우주 안에서 하나라는 '범 우주적' 근본적 원리를 강조하는 종교관이다. 따라서 힌두교는 너무나 다양한 신들이 있지만, 결국 '범'적으로 모든 것을 아우르는 하나의 신으로 연합된 종교사상이라고 볼 수 있다. 그래서 힌두교에는 교주(敎主), 즉 특정한 종교적 창시자(리더)가 없는 것이다.

다양한 신들이 함께 모여 있는 프람바난

다시 태어나다니요

우리는 흔히 누군가가 매우 행복한 삶을 영위하거나, 살면서 좋은 일이 많이 생길 때 전생에 나라를 구한 것이라고 말한다. 전생에 좋은 업을 쌓았기에 현세에 평온한 삶을 누린다는 뜻이다. 물론 전생은 생이 반복되는 윤회가 있다는 가정 하에서 할 수 있는 말이다. 이제 우리는 힌두교의 철학중 하나인 윤회에 대해서 사유해보려고 한다. 사실, 윤회는 불교의 교리와유사하다. 힌두교 교리를 이루는 기본 개념들은 대부분 그 이후에 불교, 자이나교, 시크교 등 인도에서 발원한 다른 종교로 전파되었기 때문이다. 산스크리트어로 'Samsama', 즉 '윤회'는 돌아간다는 뜻인데, 흔히 수레바퀴로도 상징되기도 한다. 수레바퀴가 한 바퀴 돌아서 다시 제자리로 돌아가듯이 인간도 한 생이 끝나면 다음 생으로 돌아간다는, 그래서 죽음이란 끝난 것이 아니고 다른 세상으로 간다고 믿는 것이다. 힌두교 가르침에 의하면 인간은 우주 안에서 끊임없이 낳고 죽기를 반복하며 윤회하고, 수없이많은 윤회의 과정에서 인간은 한 인생을 살면서 쌓은 업(Karma)에 의해 다음 생애가 결정된다고 한다. 살아가면서 하는 모든 행위가 업(業)이고, 현세의 행복한 삶을 산다면 전생의 업에 대한 보상이다. 그래서 우리는 누군가에게 좋은 일이 생기면, 그것은 전생의 업 때문이라고 생각하는 것이다. 일반적으로 우리가 좋은 일에 '전생에 나라를 구했다'라고 하는 걸 보면, 나라를 구하는 과정에서 어떤 일이 있었는지는 모르지만, 나라를 구한 일은 좋은 업이 분명한 것 같다.

그런데 이 힌두교 철학을 조금 꼬아서 보면, 반박할 부분이 꽤 있다. 인간의 모든 행위는 당연히 환경과 상황에 지배를 받는다. 그런데 생의 모든 행위인 업이 다음 생의 질을 좌우하다니 조금 불공평하다. 각자 나름대로 고군분투하며 현세에서 열심히 살았는데, 어떤 것이 선한 업인지 악한 업인지 객관적으로 평가할 수 있는 근거가 어디 있는지, 있기는 있는지, 가능은 한 건지 궁금하다. 더 의문스러운 것은, 현재 인간이 전생의 업으로 살고 있다면 그 업의 결과를 단지 보이는 물질적인 안위나 권력, 뭐 이런 것으로 판단하여 전생의 업을 보상받는 것이라고 말할 수 있을까. 인간의 행복이 반드시 물질적인 것에만 국한되지 않고, 정신적인 부분이 더 중요할 수도 있는데 말이다. 예를 들어, 미국의 모든 경제 혜택을 받고 사는 사람들보다 경제 혜택을 받지 못하고 사는 네팔의 사람들의 행복지수가 더 높다면, 어떻게 설명할 것인가. 행복은 객관적인 것으로 판단하기 어려울 뿐 아니라, 현생의 행복지수는 극히 주관적이다. 우주의 중심인 본인이 어떻게 느끼느냐에 따라 달라지지 않는가.

반박하고 싶은 또 하나는, 인간이 지은 죄는 그 죄가 완전히 사라질 때까지 윤회의 고리에서 벗어나지 못한다는 교리다. 죄를 짓지 않고 인간은 이 세상을 살아갈 수는 있는 것일까. 더군다나 그 '죄'라는 것의 정의도 불분명하고, '죄'라고 평가하는 기준이 각자 다를 수 있으니, 죄 또한 주관적일 수 있다. 객관적으로 죄의 질과 양을 표준화시킨 것은 인간이 만들어 낸 법률 같은 제도 정도이다. 그렇다고 인간이 만든 법과 제도는 완벽한가? 인간 사회가 만들어 놓은 제도에 부합하면 되고, 그 제도에 부합하지 않으면 죄가 되는, 인간을 통제하고 사회의 편의를 위하여 만들어 놓은 제도를 기준으로, 이 우주에서 윤회하는 어마 무시한 기준에 적용하다니, 공평하지도 객관적이지도 않다. 그래도 힌두교의 윤회 철학은, 한 번의 생에서 지은 죄를 기준으로 천국 아니면 지옥으로 간다는 다른 종교 교리에 비해 다소 완화적이기는 하다. 사후세계에 갔더니 아직 죄가 완전히 사라지지 않아 다시 윤회해야 한다면, 어쨌든 기회가 한 번 더 주어진 셈이다. 이생에서 지은 죄를 심판하여 당장 천국이나 지옥으로 분리해 던지는 기독교보다는 그래도 힌두교는 인간에게 희망의 끈을 남겨놓은 것이라고 말할 수 있다. 물론 모든 종교가 기본적으로 깔고 있는 것이 인간의 죄이고, 이 세상에서 죄짓지 말고 선하게 살라는 메시지를 전하고 있다는 것쯤은 알고 있다. 그런데 왜 종교는 늘 죄를 다루는 것인지는 모르겠다. 이 세상에 태어났다는 이유만으로 인간들은 많은 대가를 치루며 살아가고 있는데, 인간의 죄를 볼모삼아 이 우주에서 다시 윤회를 반복하게 하는 것, 저자는 받아들이고 싶지 않다. 로버트 프로스트의 '질문'이란 시, 바로 저자가 하고 싶은 말이다.

진심으로 말해보라
모든 영혼과 육체의 상처들은
태어난 대가로는
너무 비싸지 않은가.

힌두교 우주론과 빅뱅 이론

저자는 유적지를 탐험하며, 많은 것을 발견하고 또 놀라운 것들을 체험한다. 힌두교에 대한 지식이라고는 일도 없던 저자가, 힌두교를 공부하면서 화들짝 정신을 깬 것은 힌두교 철학에서 말하는 우주론 때문이었다. 이미 밝혔듯이, 저자가 살아가면서 가장 궁금했던 것이 우주와 인간의 관계였기에 평생을 우주에 대한 호기심을 가득 담고 살았다. 그래서인지 힌두에서 말하는 우주론에 자연스럽게 마음이 끌렸다. 우리는 이미 힌두교의 브라마 신이 삼라만상을 품고 있는 우주를 생성하고 비슈누 신이 우주를 유지, 발전시키며 시바 신이 우주를 소멸시킨다는 것을 알고 있다. 이것은 우주는 탄생하고 유지되다가 결국에는 낡아서 소멸된 후 다시 새로운 우주가 생성된다고 믿는 사상이다. 저자는 이렇게 우주가 생성과 소멸로 반복된다는 힌두교의 우주론과 현대 우주과학 이론에서 주류가 되어 가고 있는 빅뱅 이론과 맞닿아 있다고 생각한다. 그리고 이러한 우주의 움직임을 고대시대에 구체적인 사상으로 만들었다는 것이 놀랍기만 하다.

천문학에 조금이라도 관심 있다면, 아니 과학 관련 이슈를 가끔씩이라도 접하고 있다면, 빅뱅(Big Bang)이론을 알고 있을 것이다. 현대과학자들은 각고의 노력으로, 약 137억 9,900만 년(±210만 년)전 우주의 시작으로 거슬러 올라가면, 한 점으로 모여 있던 모든 에너지가 대폭발을 일으켜 우주가 형성되었다는 가설을 만들어냈다. 이 가설이 우주가 어떻게 생성되었는지 말해주는 우주 기원이론, 즉 빅뱅 이론이다. 인류의 지속적인 우주탐사와 정밀한 관측으로 나온 연구 결과들이 지금 이 이론을 뒷받침해줌으로써 빅뱅 이론은 무게가 실리고 있다. 과학자들이 말하는 물리적 우주는 모든 공간과 시간, 그리고 다양한 형태들의 에너지로 구성되는데, 이들의 계산에 따르면 이 우주의 전체 에너지 밀도의 약 70%는 알 수 없는 암흑에너지(dark energy)로 이루어져 있다고 한다. 과학자들은 이 암흑에너지가 정확히 무엇인지 알 수 없지만, 우주에 가장 영향을 미치고 있는 에너지 형태라고 판단하고 있다. 그런데 그들이 더 중요하게 판단하고 있는 것은 이 에너지 형태가 가속 팽창한다는 것이다. 그리고 암흑에너지는 중력과 반대로 움직이면서 (무엇인지 모르지만) 어떤 힘(척력)에 의해 서로를 밀어내면서 꾸준히 팽창하다가, 결국 대폭발로 이어질 것이라는 가설도 나와 있다.

그렇다면 우주 기원에서 그 '시작', 즉 빅뱅 이전에는 무엇이 있었을까. 힌두 철학이 가지고 있는 종교적 우주론에 대비하자면, 우주는 생성과 소멸을 반복하는 것이고, 현재의 우주가 소멸하고 난 후에야 우주는 다시 생성되는 것이니, 따라서 우주의 생성 전에는 소멸된 우주가 있어야 한다. 그러나 과학적 빅뱅 이론은 빅뱅이 있었던 이전을 설명하지 못한다. '마지막 3분'을 저술한 폴 데이비스는, 빅뱅은 모든 것의 시작점이 아니라, 이유는 알 수 없지만, 이전의 우주는 수축되어 있었고, 수축되어 있던 '우주가 '다시 팽창한 사건에 불과'하다고 주장했다. 천문학자 칼 세이건도 그의 책 '코스모스'에서 우주 팽창과 대폭발 이론이 맞다 한다면, 대폭발의 순간에는 어떤 물질이 있었는지 묻고 있다. 물질이라고는 아무것도 없는 상태에서 갑자기 대폭발할 수 없다는 것이다. 그러니 대폭발 전 우주에 이미 어떤 물질이 있어야만 한다면, 그것은 바로 힌두교의 우주론에서 말하는 소멸된 우주가 있지 않았을까 라는 생각을 해보았다. 빅뱅 이전에 소멸된 우주가 있었다, 정말 하나의 멋진 가설에 불과한 것일까.

물론 우리는 빅뱅 이전에 무엇이 있었는지, 빅뱅으로 만들어진 우리 우주 외에 다른 우주는 없는지, 아.무.도. 모른다. 그래서 우주의 존재를 종교적 철학적으로 접근할 수밖에 없는 것이다. 그리고 우리는 인간이 설명하지 못하는 우주는 신의 영역이라고 말한다. 지금 인공위성을 우주에 쏘아 올리고, 신의 영역이었던 우주에서 지구를 내려다보며 지구를 관리하는 시대로 현대과학은 눈부시게 발전했지만, 이 우주에서 밝혀진 것은 눈에 보이는 물질이 5%라는 것인데, 이것도 확실하다고 볼 수 없다. 95%가 베일에 싸여 있는 우주, 그것이 무엇인지 몰라 설명조차 할 수 없으니 우리는 여전히 모르는 것이다. 그러나 중요한 것은 그 우주에 우리가 포함되어 있다는 것이다. 그래서 인간은 우주 어디에도 있는 신과 함께 할 수밖에 없고, 결국 우리는 신의 한 부분이라고 생각한다. 그리고 그 절대적이라는 시공과 상대적이라는 시공에 동시에 있으니, 우리는 이 우주에서 인간이자 신으로 동시에 존재하고 있는 것이다. 저자는 정말 겁도 없이 그렇게 확신하고 있다. 그런데 글을 쓰다 보면, 종종 저자가 꼭 쓰고 싶었던 이야기를 이미 누군가가 써놓은 경우를 발견한다. 힌두교의 우주론 경우가 그러하고, 빅뱅이 있다면 그 이전에는 무엇이 있었는지에 대한 질문도 그러하다.

우주론의 경우, 이미, 그것도 고대부터 생각해온 이론이라니, 인간이 이 지구에 존재하는 한, 우주에 대한 관심은 당연하고 우주에 대한 경외심과 의문도 어쩔 수 없이 생긴다는 것, 어쩌면 놀라거나 특이한 일이 아닐 수도 있겠다. 저자 혼자 괜히 호들갑을 떨었나보다. 설마 프람바난 사원에서 힌두교의 우주론과 빅뱅 이론을 사유한 내용은 없겠지 하면서, 본 내용 또한 이미 누군가 써 놓은 글이 아니기를 바랄 뿐이다.

3. 발리 문화경관

◇◇◇◇◇

언제 어디서나 신과 함께

'발리'는 한국인에게 매우 친숙한 장소이다. 특히 한국인들에게 발리는 옛날부터 신혼여행지로도 유명하다. 저자의 경우는 2004년 방송된 '발리에서 생긴 일' 드라마로 아름다운 섬이라는 인식이 각인되어 있었다. 당대 스타들이 이 드라마에 출연해 꽤 히트했던 것으로 기억한다. 이렇게 드라마 제목으로도 한국인에게 잘 알려진 발리, 워낙 잘 알려진 곳이라 처음 방문임에도 불구하고 발리는 그리 낯선 곳이라고 느껴지지 않았다. 발리의 덴파사르 국제공항에 곧 도착한다는 기내 안내방송을 들으면서 창밖으로 바라본 발리는 상상했던 대로 벽돌색 지붕 마을들이 퍽 낭만적인 색감을 내면서 이국적이고 아름다웠다. 그리고 비행기가 발리에 착륙하는 순간, 아름다운 노래가 기내에 퍼졌다. 분명 처음 듣는 노래임에도 불구하고, 몇 구절 가사가 저자를 울컥하게 만들었다. "One day, I'll finally know your soul, one day, I will come to you..." '언젠가 당신의 영혼을 알게 될 것이고, 언젠가 너에게로 갈 것'이라는 이 가사들이다. 마치 먼 곳 발리에 대한 그리움으로 가득 차 있었던 저자가 드디어 발리에 오게 된 'One day'가 바로 그 날인 것처럼 느껴진 것이다. 그리고 누군지는 알 수 없지만, 'One day' '언젠가' 올 저자를 발리에서 오래전부터 애타게 기다리고 있었고, 그 누군가를 드디어 만나러 가는 것 같았다. 가슴이 뛰고 설레었다. 공항을 나가면, 그 누군가 뛰어와서 저자를 꼭 안아주며 눈물을 흘릴 것 같은 착각마저 들었다. 그런데 착각이 아니었다. 입국 수속을 마치고 공항으로 나가보니, 발리는 예쁜 꽃 장식을 하고 오랫동안 기다리고 있었노라고 저자를 두 팔 벌려 격하게 환영해 주었다. 그 누군가는 발리 자체였던 것이다. 그런 곳이다. 발리는. 꽃까지 준비해서 누군가의 영혼을 알고 누군가를 안아줄 준비가 되어 있는 곳이다. 'The last paradise in the world', 지상의 마지막 낙원이라고 말하며 곳곳에 꽃들이 넘쳐났다. 아마 힌두 신에게 바치는 꽃이리라. 지상의 마지막 낙원에서 꽃과 함께 한다니, 어떤가, 상상만 해도 너무 멋지지 않은가.

발리 공항에서 넘치는 꽃과 함께 곳곳에 배치해 놓은 힌두교 관련 디자인과 사물들을 보았다면 바로 알 수 있을 것이다. 발리는 신과 함께 하는 곳이라는 것을. 공항뿐 아니다. 발리는 어디를 가든, 신을 모시는 신전이 있다. 신전이 크고 작고는 경제적 사정에 따라 달라진다. 돈이 많으면 크고 화려하게, 돈이 없으면 없는 대로 소박하고 작게. 그래서 각 집 안에 있는 신전을 보면 그 집의 경제력을 알 수 있다. 나아가 발리 어디든 걷게 되면 거리에 음식을 내놓은 것을 볼 수 있다. 신에게 바치는 음식이다. 그래서 발리인은 일상을 신과 함께 하고 있다고 보면 된다. 발리는 인구 약 310만 명이 있는 한국 제주도의 약 3배 정도 큰 섬이다. 그런데, 발리 섬 인구의 약 92%가 힌두교 신자이다. 현재 인도네시아의 종교를 보면, 87%가 이슬람교, 10% 기독교, 힌두교 1.7%, 불교 0.7%로, 이 나라의 대부분이 무슬림임을 알 수 있다. 그런데 유일하게 발리는 힌두교가 주류를 이루고 있는 곳이다. 이슬람교가 전파되면서, 인도네시아의 대부분 지역은 이슬람화 되었지만, 발리인들 만이 전통 시대의 힌두교 신앙을 이어 오고 있다. 그래서 발리는 인도네시아에서 가장 짙은 힌두문화가 있는 곳이고 힌두교 유적과 작품들이 가장 많은 곳이라고 보면 된다. 아직도 전통적 힌두교 문화를 가지고 있는 발리 사람들은 자신들은 인도네시아 사람이 아니고 발리 사람으로 생각하는 경향이 있다. 이제 one day, I'll come to you, 언젠가 갈 것이라고 했고, 이렇게 발리에 왔으니 발리의 유적을 통해 I'll finally know your soul, 끝내는 발리의 영혼도 알게 될 것이라고 생각한다.

발리 공항 내 신전

햇살과 진심을 담은 논, 자티루위

    일상을 신과 함께 하는 아름다운 마지막 낙원인 섬, 발리에는 독특하게 힌두 철학이 반영된 수박체계의 문화경관이 세계문화유산으로 되어있다. '수박(subak)'란 수로와 둑의 관개 시설 협동조합 체계를 말한다. 처음 이 문화경관을 알았을 때, 한국에서도 볼 수 있는 계단식 논의 경관이 어떻게 세계문화유산이 될 수 있는지 의아해했던 것이 사실이다. 그런데 단순히 계단식 논의 경관 때문이 아니고, 이 논에 힌두교 철학을 묻어놓았기 때문이라는 것을 곧 알게 되었다. 수박 체계에는 영혼세계(신이 있는 사원)와 인간세계(발리 주민들) 그리고 자연(물과 경작지)을 하나로 결합하는 '트리 히타 카라나'의 철학적 개념이 반영되어 있다는 것이 이 문화유산의 핵심 포인트다. '트리 히타 카라나, Tri Hita Karana'에서 'Tri'는 3가지라는 의미이고, 'Hita'는 행복을 나타내며, 'Kanara'는 원인(cause)이라는 뜻이다. 즉, 행복의 근거는 세 가지, 신·인간·자연이 조화로운 관계에 있어야 한다는 힌두교 철학이다. 이 철학이 수로와 둑의 관개 시설 협동조합 체계에 깊은 영향을 주고 있다.

발리에는 약 1,200개 물 공동 관리 조직이 있다. 그렇다면 수박체계라고 불리는 관개시설 협동조합에서 물 공동 관리를 어떻게 하는 걸까. 먼저 산자락에 있는 호수에서 물을 끌어온다. 그리고 계단식으로 이루어진 논들에 물을 공평하고 민주적으로 배분하는 것이다. 아직도 발리는 천년의 역사를 가진 엄청난 규모(19,500ha)의 계단식 논에 비료나 농약 없이 전통방식으로 삼모작의 벼농사를 짓고 있다. 이렇게 오랫동안 지탱해올 수 있었던 이유는 조화로운 관계를 지향하는 힌두교 철학을 바탕으로 한 이 수박체계가 있기 때문이다. 이 수박체계 덕분에, 자원이 한정된 열악한 환경의 섬에서, 거기다가 인구밀도도 높아 벼농사의 규모가 커야 하는 곳에서, 발리 사람들은 큰 다툼 없이 안정된 삶을 보장받을 수 있었고 모두 공정히 살 수 있었다. 이번 유적지의 주인공인 발리 문화경관은 그래서 천년이상을 이어온 자연과 철학을 결합된 유적지이자, 지금도 생명에 필요한 양식을 수확하게 해주는 진정 고마운 유산이다.

신·인간·자연의 조화로운 관계, '트리 히타 카라나' 철학이 담긴 자티루위

저자는 세계문화유산으로 지정된 계단식 논 중에서 자티루위(Jatiluwih) 계단식 논을 걸어보았다. '자티루위'는 발리 말로 아름다운 트랙이란 뜻이다. 이 그림같이 예쁜 계단식 논길을 미국의 전 대통령 버락 오바마도 걸었다는 기사를 보았다. 대통령직에서 물러나면서 그의 가족들과 이곳으로 여행을 왔다는데, 버락 오바마가 이곳을 방문했다는 것만으로도 이 세계문화유산이 조금 더 유명해지지 않았을까 싶다. 발리는 휴양지로 알려진 곳이라 계단식 논을 보려고 일부러 이곳을 방문하는 사람들은 드물 것이다. 그래서 이렇게 사람들이 잘 모르는 곳에는 셀럽(celeb) 유명인들이 많이 방문해 주면 좋겠다고 생각했다. 한국도 아닌 다른 나라의 유적지에 대해서 이런 생각을 하는 것이 이상하게 들릴지 모르지만, 세계문화유산은 한 국가의 소유가 아닌 전 인류의 것이니 세계의 모든 유적지에 대해 특별한 경계나 차별이나 구분을 지을 필요는 없다. 오랫동안 세계 유적지를 답사하다 보면 인류문명의 소중함을 깨닫게 되고 사랑하는 마음도 저절로 생긴다.

누구나 알고 있듯이, 논농사는 물의 공급이 필수적이다. 아무리 발리에 150개가 넘는 강과 하천이 있다 하더라도, 관개용 논은 사람의 손길이 필요하다. 그런데 이러한 발리의 복잡한 관개 시설이 누구의 명령이나 법체계가 아닌 마을 협동조합을 통해 마을 사람들 스스로가 관리하고 있다는 것이 참으로 인간적으로 보였다. 쌀농사가 쉽지 않은 발리의 화산지질 토양에서 이렇게 수리체계를 효율적으로 관리할 수 있게 된 것이 어찌 보면 발리 사람들에게는 신이 주신 축복이다. 생존과 연결된 논에 물을 잘 대기 위해서 다른 사람과 협력을 하고 유대를 형성하면서 서로 인간적인 관계를 맺는 자체도 얼마나 따뜻한 일인가. 트리 히타 카라나(Tri Hita Karana) 철학이 말해주듯이, 신에게 감사하면서, 또 같은 주민들 간의 조화로운 관계를 가지는 이러한 전통적인 가치들이 '자티루위'에서 눈부시게 반짝거리고 있었다.

우리에게도 쌀이 생존 가능성을 말해주고 부와 가난의 잣대가 된 시대가 있었다. 쌀 항아리에 쌀이 가득 쌓여 있으면, 일단 그 집은 부자였다. 그리고 쌀만 보아도 안심이 되던 때였다. 저자의 나이라면, 한국 전쟁의 상흔을 딛고, 한국이 얼마나 눈부시게 발전했는지, 그 발전하는 과정을 목격했을 것이다. 그런 과정에서 많은 한국인들이 가난을 겪었다는 것도 알고 있을 것이다. 물질의 부족함을 의미하는 '가난'이란 단어가, 쌀이 없어서 밥을 먹지 못하는 것을 의미하던 때였다. 지금은 비만을 초래하는 탄수화물이라고 하여 쌀을 하대하는 시대가 되었지만, 쌀이 귀했던 시절에는 십시일반(十匙一飯, '열 숟가락이 한 그릇이 되다'라는 뜻)으로, 쌀을 조금씩 모아 굶고 있는 가난한 사람들을 돕기도 했다. '쌀'이 많고 적음이 빈부를 대변해주었던 그 시절을 떠올리니, 인간의 고귀한 양식인 쌀을 만들어 주는 자티루위 계단식 논의 경관이 달리 보였다. '가난'이란 이곳에 없으며, 굶어 죽지 않게 밥으로 생명을 보장해준다는 점에서 경관으로서가 아니라, 인간을 보호해주는 든든한 보호자처럼 느껴졌다. 이때, 끝이 보이지 않는, 광대하게 펼쳐진 녹색 계단식 논들의 절경 사이로 감미로운 바람이 불어왔다. 그 자연 바람에는 익숙한 내음과 익숙한 밀도, 익숙한 강도가 있었다. 농사를 짓는 고향에서 해후했던 바람이었을까. 인간의 생존을 위한 농사에 꼭 필요한 바람이다. 그리고 그 바람은 논 위에 앉아서 졸고 있는 햇살을 깨웠다. 참으로 아름답고 편안하고 고마운 풍경이다. 최소한 굶어죽는 사람은 없겠구나 생각하며, 바람과 햇살, 그리고 인간의 진심을 담은 논 자티루위를 걸어 나왔다.

영혼의 세계, 타만 아윤 사원

위에서 이미 언급했듯이, 수박(Subak)'은 발리의 계단식 논을 유지하는 전통적 제도이고, 동시에 신, 인간, 자연이 조화로운 관계가 유지되어야 한다는 힌두 철학을 반영하고 있다. 이 조화로운 관계에서 영적인 조화 부분을 담당하고 있는 곳이 타만 아윤 사원이다. 따라서 세계문화유산으로 지정된 발리의 문화경관에는 영혼세계를 담당하는 사원 타만 아윤 사원(Pura

Taman Ayun)이 포함되어 있다. 타만 아윤 사원은 발리에서 가장 큰 수상 사원이고, 가장 오래된 왕실 사원이다. 이곳은 1634년 발리의 명위 왕국이 있던 곳으로, 호국사원으로 지어진 힌두교 사원이며, 전쟁과 지진으로 방치되어 있다가, 1937년에 복원되었다. 타만 아윤 사원은 수박체계에서 종교와 관련된 의식과 물 관리를 담당하고 있으며, 정신적 중심이 되는 신을 모시는 역할을 한다. 특히 타만 아윤 사원을 둘러싸고 있는 해자의 물은 수박체계에서 매우 중요한 상징성을 가지고 있다. 이곳의 물은 북쪽 화산지대에서 시작해서 산간지역의 논을 거쳐 이곳에 머물다가 다시 남쪽의 지대로 흘러가는 수로의 역할을 하고 있기 때문이다. 발리의 주민들은 흘러가는 물이 머무는 저수지가 있는 곳에, 모두가 모일 수 있는 경건한 사원을 지었다. 쌀이 주식인 발리에서 물에 대한 분쟁을 없애기 위해 관리를 하기 위한 사원이다. 따라서 이곳 타만 아윤 사원의 존재감은 클 수밖에 없다.

타만 아윤 사원 정문

저자가 타만 아윤 사원에 도착했을 때는 너무 뜨거운 태양 때문에 걷기조차 쉽지 않았다. 그런데, 잠시 후 그 태양 빛은 큰 아우라가 되어 사원 위에서 너무나 곱고 맑게 빛나는 것이 아닌가. 처음 이곳을 찾은 저자에게 타만 아윤 사원이 얼마나 성스럽고 신비한지 보여주려는 것 같았다. 감사합니다~라는 말이 저절로 나왔다. 사원을 방문하려면 예의를 갖추어 옷을 입어야 한다고 해서, 저자는 최대한 경건한 분위기에 맞추려고 흰색 옷을 입었다. 그런데 저자의 흰색 옷은 햇빛을 반사 시켜 아우라가 된 태양 빛과 절묘한 조화를 이루면서 성스러운 빛이 발산되는 것 같은 착시현상이 일어났다. 신을 모시는 사원이 분명한가 보다. 길이는 100m, 너비는 250m로 전체가 사각형 형태인 이 사원을 전부 둘러보는 데는 많은 시간을 요구하지 않는다. 사면이 물로 둘러싸여 있기도 하고 나무들이 잘 정돈되어 있어서 정원 사원이라고 해도 무방할 것 같다. 아마 멀리서 보면 물에 둥실 떠 있는 건축물로 보일 수 있다. 정문 양쪽에 조금 험하게 보일 수도 있는, 한국의 광화문 앞 해치 상 같은 수호신 상들이 이 사원을 지키고 있었다. 불교에서는 사천왕 같은 형상이다. 힌두교와 불교는 인도에서 창시되었고, 힌두교가 불교로 전해졌으니, 수호하는 사천왕의 형상과 이 발리 힌두교 사원의 수호신 상이 닮았다고 해서 이상할 것은 없다.

사원 내부는 전체가 낮은 담장으로 둘러싸여 있어서 편안하게 밖에서도 바라볼 수 있다. 사원 안에는 키가 다른 여러 탑들이 있는데, 한곳에 모여 일렬로 서있는 것이, 조금 독특하고 신비롭게 보였다. 한국에서 보아온 불교 탑과는 너무나도 다른 형태의 색다른 힌두 탑들이다. 그리고 프람바난에서 본 힌두 불탑과도 그 재질과 형태가 완전 달랐다. 얼핏 보면, 탑들은 거대한 검은 버섯의 형태인 것 같기도 하고, 검은 우산을 위로 쌓아 놓은 것 같기도 한데, 무엇보다 탑의 지붕이 검은색 짚으로 만들어져 있다는 것이 특이했다. 지금까지 그 어디에서도 볼 수 없었던 디자인이다. 타만 아윤의 탑들은 한국 불교사찰에 있는 탑처럼 지붕과 탑신이 있고 층이 올라갈수록 탑의 면적이 좁아진다. 그것은 한국의 탑들과 같은 형태다. 그러나 한국의 탑들은 목재이든 석재이든 하나의 재질로 탑 전체를 쌓는데, 이곳의 탑들은 돌과 나무를 함께 사용했다. 즉, 탑의 기단부와 1층은 석재로, 그 위의 탑신과 지붕은 목재로 만들어졌다. 이곳에 있는 탑들의 높이도 다양한데 주로 홀수 층으로 이루어져 있다. 층수에 따라 신의 등급이 다르다고 한다. 높이가 낮은 탑은 신중에서 등급이 낮은 신을 모시는 것이고, 높이가 높을수록 더 중요한 신을 모신다고 보면 된다. 이렇게 각기 다른 신들을 모시고 있어서, 탑이라기보다는 사당으로 보는 것이 맞지 않을까 싶기도 하다. 이곳에서 가장 높은 11층의 사당은 힌두교의 3대 신인 브라마와 비슈누, 시바를 모신 곳이라고 한다. 우리가 이미 알고 있는 신들이다.

타만 아윤 사원 내에 있는 탑들

이렇게 깔끔하게 정돈된 정원풍경의 아만 타윤 사원은 놀랍게도 관광객이 거의 없었다. 어느 유적지를 가든 인파에 시달렸던 저자로서는 덕분에 시끄러움과 어지러움이 없이 차분하고 조용히 답사할 수 있었지만, 지금까지 답사한 유적지들과는 사뭇 다른 풍경이어서 조금 의아하긴 했다. 전 세계인들에게 널리 알려져 있는 유적지들은 대부분 세계문화유산으로 인기 있는 관광지이고, 저자는 세계문화유산을 기준으로 답사하다 보니, 인파는 피할 수 없었다. 늘 유적지가 들려주는 이야기를 듣기 어려웠고, 동화되기도 쉽지 않았을 뿐 아니라, 사유할 시간도 부족했다. 그런데 이곳 타만 아윤 사원에서는 성스럽게 빛나는 태양 아래서 힌두 유적지가 들려주는 이야기에 귀 기울이고 사유하면서 한참을 머물 수 있었다. 이곳은 관광지가 아닌 순수 유적지라고 말하는 것이 맞겠다. '발리'하면, 보통 해변 가 휴양지를 가기 위해 오는 경우가 많아서, 이렇게 성스럽고 운치 있으며 신비하기까지 한 이 사원을 모를 수 있다. 그러나 독자가 이 책을 읽은 후 발리에 간다면, 이 힌두교 사원을 반드시 방문할 것이라고 믿는다. 발리 문화경관에서 영혼세계를 담당하고 있는 타만 아윤 사원에서 감동스러운 얼굴로 원 없이 사색을 즐기고 있을 독자가 이미 눈앞에서 선하다.

태국

1. 아유타야 왓 마하탓

2. 아유타야 왓 프라시산펫

1. 아유타야 왓 마하탓

<><><><><>

영광과 몰락의 도시

 1956년에 20세기 폭스에서 배급한 'The King and I'(왕과 나)라는 영화가 있다. 제작연도가 저자가 태어나기 전이라 솔직히 이 영화를 보았는지, 보지 않았는지 잘 모르겠다. 그러나 왕의 역할을 맡은 배우 율 브리너의 부리부리한 눈빛과 아름다운 궁전이 어렴풋이 떠오른 것을 보니 아마도 제작후 한참 지나서 TV 같은 다른 영상 매체를 통해서 이 영화를 보지 않았나 싶다. 이 영화는 1936년 국호를 타이왕국으로 바꾸기 전인 시암국의 아유타야 왕을 배경으로 하고 있다. 1860년대 초 국왕 라마 4세와 왕자들의 영어 가정교사인 영국 미망인 애나와의 로맨스를 다루고 있는 이 영화, 사실 태국사람들은 엄청나게 싫어했다고 한다. 한국 사람들이 제일 존경하는 세종대왕만큼, 태국사람들이 좋아하고 존경하는 태국 왕, 라마 4세가 영국 여자와 한가롭게 연애하는 내용의 영화를 좋아할 리 없다. 더군다나 실제로 그런 일이 있었는지 확인도 안 된 내용이 영화로 만들어졌으니 태국인들이 이 영화에 불쾌감을 표현하는 것은 당연할 수 있다. 그래서 이 영화가 아유타야를 배경으로 했지만, 실제로 태국에서는 상영 금지된 작품 중 하나였다고 한다. 그러나 이 영화는 세계적으로 흥행에는 꽤 성공한 것 같다. 이 영화에서 라마 4세를 맡은 율 브리너가 아카데미 남우주연상을 받았고, 애나 역을 맡은 데보라카는 아카데미 여우주연상 후보에 올랐다. 그리고 이 영화는 전 세계는 물론 한국에서도 절찬 상영되면서 유명해졌다. 아유타야 답사에 이 영화를 언급하는 것도 이 영화의 유명세와 무관하지 않을 것이다.

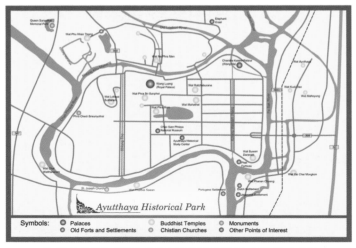

아유타야 유적지 안내판, 강으로 에워싸인 섬이라는 것을 알 수 있다

아유타야 왕조가 있었던 이 도시의 인구는 1700년 무렵에 약 100만 명
에 달했을 것으로 추정하고 있다. 앙코르와트와 함께 당시 세계에서 가장
큰 도시의 하나였던 셈이다. 이번 유적지의 주인공인 왓 마하탓이 있는 아
유타야는 현재의 태국 중부를 중심으로 1351년부터 1767년까지 약 400
년간 존재했던 아유타야 왕조의 수도였다. 현재 아유타야 왕조가 있었던
도시 전체가 유네스코 문화유산으로 지정되어 있다. '아유타야'라는 말은
1350년 시암 왕국의 첫 왕이 '라마야나'(고대 인도의 힌두교 서사시, 인도네시아
프람바난에 설명되어 있음)에 나오는 코살라 왕국의 수도인 '아요디아'라는 이
름에서 따온 것이다. 아유타야 왕조는 이 도시를 건설하고 찬란한 문화의
꽃을 피우고 최고의 번영을 누렸다고 한다. 이런 번영을 누릴 수 있었던 것
은 동남아시아 및 서양 국가들과의 활발한 무역으로 막대한 부를 형성했기
때문이다. 그 당시 모든 무역은 왕가의 독점으로 이루어졌다고 하는데, 그
래도 왕가는 무역으로 쌓은 커다란 부를 백성들이나 국가에 많이 환원했다
고 한다. 이렇게 아유타야 왕조는 무역을 통해 경제적으로 안정된 기반을
형성했고, 근처에 있던 크메르 뿐 아니라, 중국, 유럽, 페르시아 등 다양한

나라의 문화를 열린 마음으로 수용했으니, 당시 태평성대를 이루었을 것이라는 추측이 가능하다.

그러나 찬란했던 아유타야 도시는 1767년 버마(미얀마의 옛 이름)와의 전쟁으로 파괴되면서 몰락의 내리막길로 들어서게 된다. 그러다가 결국 시암국의 수도가 방콕으로 이전되면서 아유타야 도시는 역사 속으로 묻혀버린다. 버마에 의해 최후를 맞이한 것이나 마찬가지였다. 아유타야를 답사하면서 저자는 새삼스럽게 태국과 버마, 이 두 나라가 고대부터 갈등이 심했다는 것을 알게 되었다. 버마는 1983년 아웅산 묘소에서 북한 공작원이 행한 '아웅산 테러사건'으로 우리도 잘 알고 있는 나라다. 버마와 태국과의 긴 갈등의 역사는, 처음 이 두 나라의 조상들, 버마족과 타이족들이 중국 남쪽으로 이주해 각각 왕국을 세우면서 시작되었다. 이 두 나라는 고대 인도로부터 직접적인 영향을 받게 되면서 인도에서 불교를 적극적으로 받아들인다. 그리고 이 두 나라에게 고대 북인도 지역에서 광범위하게 쓰이던 문자 '데바나가리'에서 파생된 버마어와 태국어가 생긴다. 즉 두 나라의 언어는 같은 뿌리에서 온 것이다. 언어는 각 나라의 문화가 되고 상징이 되고 정체성이 된다. 같은 불교를 받아들였지만, 서로 다른 언어와 문화를 가지면서 각자의 정체성이 생긴 두 나라, 이들의 갈등은 버마의 버간 왕국이 세워지면서 극도에 달한다. 버마는 영토를 확장하려고 태국을 침략하였고, 아유타유 왕조는 이 버간 왕조의 침략을 막기 위해 전쟁을 28번이나 해야만 했다. 서로 이웃하고 있는 두 나라의 지정학적 공포가 새삼 느껴지는 대목이다.

야유타야는 이 두 나라의 갈등이 어떠했는지 전쟁이 얼마나 치열했는지, 참혹했던 역사의 순간들을 고스란히 보여주고 있는 유적지다. 도시 곳곳에 시커멓게 불타버린 사원들과 목 잘린 불상들이 널려져 있다. 한때 캄보디아의 크메르 제국을 멸망시킬 만큼 강성했던 아유타야 왕조는 이렇게 역사의 처참한 상흔으로만 남아 있다. 그러나 이곳에도 태평성대를 이루면서 찬란했던 화양연화 시절이 있었다는 것을 우리는 알고 있다. 아유타야 유적지의 지도를 보면 바다로 연결되는 3개의 강에 에워싸인 섬이라는 것을 알 수 있는데, 물이 있는 곳이면 쉽게 붙여지는 명칭이지만, 아유타야 역시 '동양의 베니스'였다고 한다. 그만큼 아름다웠다는 뜻이리라. 그렇게 아름다웠던 아유타야였는데, 무너진 채 쓸쓸한 폐사지로 남아있는 것을 보니, 돌이라도 잡고 울고 싶은 심정이었다. 그러나 1969년부터 복원을 시작했다고 한다. 그래서 지금 아유타야를 방문한다면 복원된 몇 개의 사원들과 성곽 등을 볼 수 있다. 그러나 누구라도 영광과 몰락을 한 눈에 볼 수 있는 아유타야 유적지에 서게 된다면 많은 사유를 하게 될 것이다. 모든 것에는 끝이 있고 영원한 것은 없다는 것과 인생에도 영광과 몰락이 있음을 알고 있는 우리이기에 그렇다.

보리수에 갇힌 부처님

지인이 우스갯소리로 한 말이 기억난다. 다리가 떨릴 때가 아닌 가슴이 떨릴 때 어디라도 다녀야 한다고. 세계 유적지를 다녀보겠다고 야무진 다짐을 하고 답사를 다니고 있지만, 저자 또한 물리적인 나이가 주는 체력의 한계는 어쩔 수 없었다. 서서히 체력이 약해지고 있다는 생각이 들자, 다리가 더 떨리기 전에 왓 마하탓에 있는 보리수나무에 갇힌 부처님의 두상을 보아야겠다고 결심했다. 다리가 약간은 떨리는 나이기는 해도, 아유타야를 답사하러 간다고 생각하니, 세상에, 다리가 아닌 가슴이 떨리고 있는 것이 아닌가. 그것도 심하게. 그러니 날아갈 듯 태국 행 비행기에 몸을 실었다. 그리고 알현하게 된 보리수에 갇힌 부처님, 그 앞에는 이미 많은 사람들이 부처님 두상의 높이보다 더 낮은 자세를 취하고(그렇게 하라고 안내원이 지시한다) 어쩌자고 그렇게 갇혀서 계시냐고 묻고 있었다. 사람들이 태국의 아유타야를 가는 가장 큰 이유 중 하나가 보리수나무에 감싸 안아져 있는 이 부처님의 두상을 보기 위해서라고 생각한다. 그만큼 보리수나무 안에 있는 부처님 두상은 아유타야 유적지의 하이라이트라고 볼 수 있다.

보리수나무에 갇힌 부처님 두상

　그렇다면 커다란 보리수나무에 부처님은 어떻게 갇히게 된 것일까. 이 질문에 대한 답은 그리 어렵지 않게 추정할 수 있다. 위에서 이미 언급했지만, 역사적으로 수없이 많았던 버마와의 전쟁을 알고 있다면 말이다. 전쟁 중에 불상이 파괴되면서 우연인지 필연인지 부처님의 두상이 깨달음을 얻었다는 보리수나무에 떨어졌고, 보리수나무 뿌리는 속절없이 시간이 흐름에 따라 부처님의 두상을 감싸버린 것이다. 그렇게 부처님의 두상은 꼼짝없이 보리수나무에 갇히고 말았다. 보는 각도에 따라 부처님의 표정이 너무 달라서, 딱히 어떤 표정이라고 표현하기 어렵다. 어떤 사람은 희미하게 미소를 띠고 있다고 하고, 또 어떤 사람은 보리수 뿌리가 꽉 죄어 와서 고통스러워하는 표정이라고 했다. 저자 또한 부처님이 미소를 짓고 있는 것 같기도 하고, 힘들어하고 있는 것 같기도 했다. 이곳을 함께 간 지인은 왜 부처님을 보리수나무 안에서 꺼내지 않고 그대로 두느냐고 안타까워하기도 했다. 지금이라도 빨리 꺼내야 한다고 주장한 그분은 물론 불교 신자다. 그러나 보리수에 감긴 부처님의 두상 자체가 세계문화유산이기 때문에 꺼내지는 못할 것이다. 그래서 그 앞에서 저자 또한 가만히 물어보았다. 뿌리 속에 갇혀 옴짝달싹 못하시니 고통스러운지요, 아니면 어찌해볼 수 없으니 차라리 모든 것을 내려놓고 나무를 안식처로 삼으니 평안하신지요 라고. 그런데 이런 질문을 하고 난 후 부처님의 얼굴을 다시 보니 어떨지 한번 생각해 보라는 듯 희미한 미소를 짓고 계신 것이 아닌가. 이때 문득 서로를 해하는 인간들의 전쟁이 얼마나 사악한 것인지 깨닫게 하시려고, 부처님이 일부러 보리수나무에 갇히신 것은 아닐까 라는 생각이 들었다. 정말 그런 것 같았다.

그리고 저자에게는 의문이 생겼다. 미얀마(버마)도 국민의 89%가 불교 신자일 정도로 독실한 불교 국가다. 아무리 다른 국가라 하더라도 부처님의 가르침을 실천하는 것은 같을 텐데, 어찌 부처님을 이렇게 훼손할 수 있는지 이해가 되지 않았다. 국가는 정치집단이고, 집단 구성원을 통제하고 관리하는데 정치 이념이 필요하다는 것은 알고 있다. 그래서 대부분의 국가들은 가장 비용이 저렴한 정치 이념으로 종교를 선택한다. 태국과 미얀마는 정치 이념으로 불교를 국가 신앙으로 받아들인 나라들이다. 아무리 승리를 상징하기 위해 약탈하는 것이 전쟁에서의 룰(rule)이라고 해도, 정치 이념인 부처님의 가르침이 가장 중요한 이들이 부처님이 다른 집단에 있다고 파괴하다니, 전쟁이 종교적 인간을 이렇게 극악무도하고 잔인하게 만든다는 것에 섬뜩한 생각마저 들었다. 전쟁 중 싸우다 생긴 흔적으로 남겨진 것이든, 전쟁의 승리자가 전리품으로 일부러 남겨놓은 것이든, 보리수 안에 갇힌 부처님 두상은 인간에게 많은 깨달음을 주고 사유를 던진다는 것이 오히려 신기했다.

이 보리수나무에 갇힌 부처님의 두상이 있는 곳이 바로 왓 마하탓(Wat Mahathat) 사원이다. 이 사원은 1384년 라메수안 왕이 수도승이었을 때 세워졌는데, 이 사원의 프랑(크메르 양식의 탑)은 아유타야에서 가장 먼저 만들어진 것이라고 한다. 중앙의 프랑은 높이가 50m에 달했다고 하나 지금은 심하게 파괴되었고, 군데군데 남아있는 프랑과 불당의 흔적을 보고 당시 사원의 규모를 짐작할 뿐이다. 이 유적지에 있는 모든 건축물은 전쟁으로 멀쩡하고 성한 곳은 하나도 없다고 생각하면 된다. 처음에 이곳이 어떻게 만들어졌는지 궁금하다면, 이 사원의 원래 모습대로 만들어 놓은 모형이 유적지 입구에 있으니 이곳을 들러 보고 가는 것이 좋겠다. 왓 마하탓의 전체모형을 보고 나면 파괴되기 전 성할 때의 모습은 얼마나 멋진 사원이었는지 확인도 할 수 있지만, 현재 남아 있는 사원의 구조도 이해하기 훨씬 쉽다. 유적지의 건축물들 사이로 걷다 보면, 남아있는 탑들마저 기울어져 가고 있는 것을 볼 수 있다. 기울어진 탑으로 유명한 이탈리아의 피사의 사탑(斜塔, 기울어진 탑)을 연상케 하는데, 차이점이 있다면 피사의 탑은 흰색이고 이곳의 탑은 벽돌색이다. 그리고 피사의 탑은 지반 침하가 있어 기울기는 했어도 쓰러지지 않을 정도로 보수공사를 해서 아직 건재하다고 하는데, 왓 마하탓의 탑들은 제대로 보호도 받지 못하고 속절없이 무너져 내려가는 것 같다. 침략으로, 노화로, 공사 하자로, 아니면 자연재해로, 어떤 원인으로 기울어지고 있는지 알 수 없지만, 피사의 탑이든, 왓 마하탓의 탑이든, 기울어져 가는 것은 모든 세상 이치와 어긋나지 않을 것이다. '달도 차면' 기울게 되어있다. 세상의 모든 것은 변하고, 어떠한 상황이나 위치도 영원히 지속될 수 없다는 것을 우리는 너무나 잘 알고 있지 않은가. 그래서 모든 것은 기울어가는 것이니, 자연스럽게 사라져가는 것이니, 쓰러지지 않겠다고 너무 애쓰지 말라고 사원의 탑들에게 조용히 말해주었다.

왜냐고 묻지 마라, 모.른.다.

왓 마하탓의 탑들에게 너무 애쓰지 말라고 말하자, 그들은 일제히 저자에게 이렇게 말하는 듯했다. 그래도 이 지구에 있었다는 흔적은 남기고 가고 싶다고. 마치 우리 인간이 이생에 잠깐 머물다 가는 동안의 흔적을 남기려고 하듯이 말이다. 그들도 속절없이 흔적도 없이 사라져 가는 것이 두려운 것일까. 가수 조용필의 노래 중 '킬리만자로의 표범'이 있다. 인간의 존재

의미와 고독, 방황을 그 쓸쓸한 아프리카 킬리만자로 산에 오르는 표범을 비유해서 표현한 것이라 생각하는데, 노래 가사가 많은 사유를 던진다. 가사는 어니스트 헤밍웨이의 단편소설 '킬리만자로의 눈'을 모티브로 했다고 한다. 소설의 서두에 나와 있는 내용, '킬리만자로의 정상 부근에 말라 얼어붙어 있는 표범의 시체가 하나 있는데, 왜 그 높은 곳까지 표범이 올라왔을까, 표범은 무엇을 찾고 있었던 것일까'에서 영감을 받아 노래 가사를 만든 것 같다. 소설속의 이 내용은 이상향을 좇다 좌절하는 인간들을 묘사한 것이라는 추측도 있지만, 인간은 모두 죽는다, 그런데 아무도 그 이유를 설명해주지 않는다는 것을 헤밍웨이가 말하려고 했다고 저자 나름대로 해석해버렸다. 그러나 이곳에서 소설내용에 대한 사유는 제쳐두기로 하고 '킬리만자로 표범'의 노래 가사만 보기로 하자. 조용필은 노래를 통해 그 이유는 모르니 '묻지 마라, 왜냐고 왜 그렇게 높은 곳까지 오르려 애쓰는지 묻지를' 말라면서, 그래도 '바람처럼 왔다가 이슬처럼 갈 순 없잖아, 내가 산 흔적일랑 남겨둬야지'라며 존재의 흔적이라도 있어야 억울하지 않다는 듯 혼신을 다해 외친다. 그리고 그 가사는 스스로 삶을 선택하지도 않았는데 이 지구에 왜 태어났고, 또 왜 무조건 사라져야 하는지 그 이유를 모르니, 답답할 노릇이라고 말하는 것처럼 들린다. 물론 저자에게만 그렇게 들릴 수 있다.

기울어가고 있는 왓 마하탓의 탑들과 사원들

우리는 태어났고, 또 사라진다. 왜냐고 물어도 아무도 그 이유를 설명해 주지 못한다. 그렇다면, 아무도 모른다면, 인간 존재를 어떻게 받아 들이냐는 각자의 몫이 된다. 물론 인간 존재를 어떻게 받아드리느냐는 개인의 영적 성숙함과 관계가 있을 것이다. 그러나 의지적으로 생각을 바꾸려는 노력 또한 큰 도움이 되지 않을까. 그 방법은 의외로 간단한데, 단순히 마음을 조절하면 된다. 많은 철학자들이 말하듯이, 지금 현재 삶에 대해서 집착을 버리고, 마음을 깨끗하게 비울 수 있다면 삶은 그리 비참하지도 비극적이지도 않다. 그리고 존재에 대한 이유는 모른다고 해도 최소한 우리 삶의 가치는 높여야하지 않을까. 가치를 높이려면 인간이 존재하기에 가질 수밖에 없는 삶의 고통 또한 다루는 방법을 알아야 한다. 삶에서 피할 수 없는 것이 고통이라면, 고통을 삶의 한 부분으로 받아들이는 것이다. 불교에서는 이 세상을 고통의 바다라고 한다. 존재의 의미도 모른 채 고통의 바다에서 산다는 것, 삶의 가치는 바닥에 있는 것이다. 삶을 왜 구지 고통 속으로 밀어 넣으려고 하는가. 그러나 가만히 생각해보면, 우리의 삶을 고통의 바다로 만드는 것은 우리 스스로다. 세상 일 모든 것에 의미를 부여하고 집착하기 때문에 생기는 것이다. 지금 현재 존재의 의미를 찾지 못해 고통의 바다를 헤매고 있는가. 찾지 마라, 애쓰지 마라, 어차피 모른다.

저자의 경험을 비추어볼 때, 살아가면서 피할 수 없는 고통을 다루는 방법으로 우주의 시간과 공간을 활용하는 것이 좋다고 추천하고 싶다. 인간의 고통은 우주적 관점에서 보면 아무것도 아닌, 그야말로 곧 산화될 먼지만큼의 의미도 아니다. 인간이 왜 존재하는지 그 이유는 알 수 없어도, 우리 눈앞에 우주가 있다는 것은 알 수 없는 일이 아니라 누구나 알고 있는 '팩트'이다. 그리고 우주의 찰나보다 짧은 시간에 가지게 되는 고통, 그것도 생에서 살아있을 때 가지는 어쩔 수 없는 것이라면, 그 고통은 억겁의 시간과 무한의 공간에서 현재 우리가 가질 수 있는 유일한 것이 된다. 그리고 이 끝도 없는 광활한 우주가 이렇게 펼쳐져 있는데, 이 작은 행성 지구에서만 인간이 영원히 존재하게 된다면, 우주를 언제 어떻게 가볼 수 있겠는가. 지구에서 영원이란 얼마나 무거운 것이 되겠으며, 또 얼마나 지루한 존재가 될 것인가. 지구에서 영원을 견딜 수는 있을까. 우리에게는 죽음이 있다. 죽음이 있기에 우리는 우주로의 여행이 가능한 것이다. 그리고 이 지구에 아주 잠깐 머물다 가기에 우리의 존재가 이토록 아름다운 것이다. 그렇지 않은가. 그러니 묻지 마라, 왜냐고 왜 우리가 존재하는지 묻지 말라고 외치지 말고, 이 우주에서의 여행을 즐기라고 말하고 싶다.

나아가 인간의 존재에 대한 답을 결국 신에게서 찾는 것도 한 방법이다. 아니, 어쩌면 인류가 생기면서 왜 인간이 존재하는지 이 답을 찾으려고 종교가 생긴 것인지도 모르겠다. 인간의 정체성을 찾는 가장 보편적이고 편한 방법일 수 있다. 우리의 정체성은 신의 자식이라고 믿고 싶어 하는 것이다. 좋은 방법이라고 생각한다. 신의 자식이라고 믿는 순간, 우리는 스스로 귀하고 소중하다고 여기며, 신에게 잘 보이기 위해 스스로 자정하면서 좋은 사람이, 선한 삶이 되려고 노력할 수 있기 때문이다. 우리가 신의 자식이라면, 어느 누구에게도 어느 누구로부터도 함부로 대해서는 안 되며 또 함부로 취급받아서도 안 된다. 귀하고 귀한 신의 자식들이니 말이다. 비록 고통스러운 한시적 여행일지라도 우리가 걸어가고 있는 방향은 분명히 있는 것이고, 우리가 아무것도 아니라는 깨달음마저도 우리는 걸어가고 있는 과정(삶의 과정)에서 인간의 본질(생존)에 포함되어 있다고 생각한다. 신(神) 앞으로 걸어가는 길이라면 인간의 고통도 숭고한 것이다. 고통이 있기에 우리 인간의 삶이 빛나고 삶의 가치는 무한해질 수 있다. 존재의 이유를 찾느라 답답해하며 몸부림치면서 살아도 결과는 모른다는 것을 알고 있다면, 저자의 이러한 제안, 즉, 삶의 집착보다는 마음을 비우고 고통을 잘 다루어 삶의 가치를 높여보는 것, 받아들일 만하지 않은가. 무너져 내리고 있는 왓 마하탓의 탑들에게도 이렇게 말했다. 속절없이 사라진다는 것에 두려워하지도 말고, 존재의 이유에 대한 생각의 고통을 내려놓으면 또 다른 곳이 보이니, 그곳에서의 여행을 꿈꾸면 된다고. 흔적을 남기려고 애쓰고 있는 왓 마하탓 탑들이 어지간히 안쓰러웠나 보다. 고통을 다루는 방법에 대해 이렇게 진지한 사유를 하게 되다니, 분명 책 제목에는 '가벼운 사유'라고 했는데 말이다.

2. 아유타야 왓 프라시산펫

◇◇◇◇◇◇

심했다. 왕실 사원이라는 이유로

솔직히 아유타야를 답사하면서, 사원들의 이름을 외우기가 쉽지 않았다. 돌아서면 방금 외웠던 단어도 잊어버리는 노화된 저자의 뇌를 원망할 생각은 없다. 한국인에게 익숙하지 않은, 그러나 저자가 가고 싶은 유적지의 이름을 외워주는 것만도 뇌에게 감사하고 있다. 저자는 태국의 사원 이름을 외우는 것을 포기한 대신, 그 사원의 전체 이미지를 뇌에 저장해 두었다. 지금 우리가 만나려고 하는 것은, 웅장한 회색 탑 3개가 강렬한 인상을 주는 아유타야 유적지에서 가장 규모가 큰 사원, 왓 프라시 산펫이다. 왓(wat)이란 '사원'을 의미하는 것쯤은 이제 알고 있다. 프라시 산펫(phra Si Sanphet)은 '신성하고 찬란한 전지전능한'이란 뜻이라고 하니 이 사원의 전체 의미가 무엇인지 굳이 설명하지 않아도 되겠다. 이 사원은 아유타야의 대표적인 사원으로 꼽히는데, 그 이유는 아름답기도 하지만, 15세기 왕궁 내에 세워진 왕실 사원이었기 때문이다. 이 사원에는 동서로 자리 잡고 있는 체디(스리랑카 양식의 종 모양 탑)라고 불리는 웅장한 회색 불탑 3개가 거의 원형에 가깝게 복구되어 있다. 이 탑들은 원래 1448~1499년 사이에 세워졌지만, 전쟁으로 모두 파괴되었다가 1956년에 시작된 복원 작업으로 재건된 것이라고 한다. 이 3개의 불탑은 내부로 들어갈 수 있도록 설계 되어 있고, 내부에는 아유타야 역대 왕 3명의 유골과 유품이 보관되어 있다고 하니, 이 탑들은 왕조의 납골당으로도 볼 수 있겠다.

왓 프라시 산펫의 복원된 3개의 회색 체디

　이 사원은 왕실 사원이었다는 이유만으로 적군들로부터 더 심하게 파괴된 것 같다. 약탈의 흔적이 다른 사원들에 비해 훨씬 더 많은 것으로 보였다. 처음부터 이 건축물은 왕실 사원으로 지었기 때문에 이 사원은 오로지 왕실의 행사에만 사용되었고, 약 100여 년 정도는 왕실의 거주 공간으로도 쓰였다고 하니, 왕실의 급에 맞추어 사원은 매우 크고 화려한 건축물이었을 것이다. 예상한대로 이곳에는 금을 입힌 높이 16m의 입불상이 있었다고 한다. 역시나 전쟁 중 버마 군인들이 불상에 입힌 금을 녹여 가져갔다고 하는데, 버마군인들뿐 아니라 침입한 적이라면 누구라도 금을 보고 그냥 두었을 리가 없겠다. 사원 정문에서 바라보이는 3개의 불탑 안쪽으로 걸어가면 넓은 터가 나온다. 이곳은 아유타야 왕조의 왕궁이 있었던 곳인데, 이곳 역시 버마의 침략으로 흔적도 없이 사라졌다. 사실대로 말하면, 이 왕실 사원은 약탈의 흔적만 고스란히 간직하고 있다고 보는 것이 맞겠다. 전쟁에서 승리하면, 군사들에게 정복한 나라에 일정한 시간을 주어 약탈할 시간을 준다고 했던가. 중세시대를 배경으로 하는 전쟁 영화에서 약탈하는 장면을 많이 본 것 같다. 아마 군사들의 사기를 높이고, 싸우느라고 고생한 대가에 대한 보상이 목적일 것이다. 인간에게 먹고 사는 문제는 언제나 가장 중요한 화두이지만, 농사를 지어 생계를 이어갔던 농경시대에 군사라는 직업으로 전쟁에 참여한다는 것은 가족들과 자신이 먹고 살기 위한 선택이었다. 즉, 생계형 군사라고 보면 된다. 그렇다고 버마 입장에서 약탈이 정당하다는 뜻은 아니다. 이런 약탈이라는 보상은, 인간을 더욱 전쟁으로 몰아갔고 인간의 야만성을 더 드러내게 해왔다는 것을 우리는 역사를 통해서 알고 있다. 단지 약탈로 완전 무너져 폐허가 된 한 왕조의 유적지는, 인간은 왜 전쟁을 하는 건지, 전쟁은 진정 무엇을 위한 것인지, 아주 평범하지만 무거운 질문을 하게 만든다.

인간은 왜 전쟁을 하는가

현재 발굴되고 있는 여러 선사시대 유적지에서, 화살촉이 박힌 인골들과 함께 집단 매장의 흔적들이 속속히 드러나고 있다. 출토된 이런 유물들을 보면, 전쟁은 인류가 등장하면서 시작된 것으로 봐도 될 것 같다. 그리고 지금도 인류는 전쟁 중이다. 예나 지금이나 인간은 늘 평화를 갈망하면서도 전쟁을 한다. 아이러니(irony)다. 이 아이러니에서 인류 역사는 전쟁의 역사로 점철되어왔다. 조너선 홀스래그가 집필한 '권력 쟁탈 3000년'이란 책은 전쟁이 기원전 1,000년부터 지금까지 약 3000년 동안 지속되어 왔다고 한다. 그는 왜 인류 역사에서 전쟁이 반복되는지 그 이유를 아래와 같이 분석했다. 첫째, 지배자의 권력과 야심 때문이다. 지배자들은 언제나 평화를 만들겠다는 명분으로 전쟁을 일으키지만, 속을 들여다보면 지배자들은 전쟁이 필요하다는 것이다. 즉, 피지배자들의 도덕성만으로는 평화를 유지하기 어려우니 그들을 통제하기 위한 수단으로 강력한 '전쟁의 공포'를 활용하는 것이다. 나아가 두려움이 많을수록 더 잔인해지는 인간의 특성은 전쟁 시에 발화되며, 따라서 전쟁을 적극적이고 폭력적으로 수행하게 된다는 것이 그의 주장이다. 둘째, 전쟁의 이유는 부를 독차지하려는 인간의 욕망 때문이다. 재물을 많이 가지고 싶은 인간의 욕망이 있는 한 전쟁은 피할 수 없다는 것이다. 마지막 이유는 종교 때문이다. 인류 역사에서 일어난 수많은 종교전쟁을 알고 있다면, 지금도 종교 때문에 전쟁이 일어나고 있다는 것을 안다면, 그의 이러한 주장을 인정해야 할 것이다. 선한 행위를 가르치는 종교가 폭력 행위에 앞장서고 있다는 것은 분명 잘못된 것이고, 실로 안타까운 일이다. 종교가 왜 이렇게 폭력적이 되었는지, 왜 종교가 이렇게 사악해졌는지에 대한 것은 이 책의 뒤 부분에 있는 튀르키예 카파도키아 데린구유에서 다시 살펴보기로 하자.

결국 조너선 홀스래그가 주장한 전쟁의 이유를 보면, 이 지구에 지배자가 있고, 인간의 욕망이 있고, 종교가 있는 한 전쟁은 앞으로도 계속된다는 뜻이겠다. 대규모 인간집단에서 지배자와 피지배자 구조를 없애는 것은 쉽지 않고, 인간의 본능인 욕망 더더욱 없앨 수 없으며, 종교 갈등 또한 피할 수 없는 상황으로 치닫고 있으니 그렇게 보는 것이다. 인류가 등장하면서 시작된 전쟁은 고대와 중세를 지나 현대에 들어와서도 전쟁은 끊이지 않았는데, 이유를 보면, 정치적. 경제적 이해관계, 역사적으로 지속되었던 갈등과 문화요인들이 있었고, 무능한 국가 리더들의 문제 때문도 있었다. 그리고 모든 요인들의 밑바탕에는 인간의 본성적인 특성, 즉 경쟁심이나 이기적 욕구 등도 있을 것이라고 본다. 그리고 심리적인 이유도 있을 것이다. 심리학자 윌리엄 제임스는 심리학적 관점에서 전쟁을 이렇게 정의했다. 인간의 '일체감이나 목적의식 같은 심리적으로 긍정적인 의식을 주는 최악의 활동'이 전쟁이라고. 그리고 전쟁의 이유를 이렇게 주장했다. 전쟁의 위협에서 집단을 지켜야 한다는 공동의 목표가 생기면 집단은 뭉치고 단결한다. 이렇게 집단이 단결하면, 사람들은 '공동의 선'을 위한 명예로운 행동과 이타적 활동의 기회를 전쟁에서 가지게 된다는 것이다. 사람들은 전쟁을 통해 자신의 삶에 의미와 목적을 부여하면서도 일상의 단조로움에서 벗어날 수 있고, 평범한 생활에서 발휘하지 못했던 용기를 가지게 될 뿐 아니라, 자기희생과 같은 고귀한 모습도 볼 수 있다고 한다. 그래서 윌리엄 제임스는 인간이 전쟁을 하는 이유를 이러한 '인간의 긍정적인 심리적 효과' 때문이라고 보는 것이다. 수많은 사람이 죽어야 하는 전쟁에 '긍정적'이라는 말을 붙이는 것이 어울리지는 않지만, 이러한 심리학적 관점에서 바라본 전쟁의 이유가 꽤 흥미롭기는 하다.

그렇다면 인간의 전쟁을 멈추게 할 수 있는 방법은 없는가. 인류가 늘 평화를 갈망하면서도 전쟁을 하는 이 아이러니(irony)에서 벗어날 수 없는가 말이다. 조너선 홀스래그가 주장한 것처럼, 인류가 존재하는 한 전쟁은 앞으로도 피할 수 없다고 생각하면 미래가 너무 암울하지 않은가. 그래도 위의 심리학자 윌리엄 제임스가 제안한 내용을 읽으면서 희망의 끈이 있을 것 같다는 생각을 순간적으로 한 것 같다. 그는 전쟁과 같이 피해를 남기는 활동들은 배제하고, 전쟁으로 나타나는 명예로운 행동과 '공동의 선'을 위한 이타적 행동을 보여줄 수 있는 다른 활동들을 찾아야 한다고 말했다. 즉, 전쟁 없이 인류가 안정되고 지속적인 평화를 유지하려면 인간들이 하고 싶은 활동을 할 수 있는 사회로 만들어야 한다는 것이다. 그러나 선진국과 같이 안정된 나라에서는 직장이나 취미생활을 통해 이런 활동들이 가능하겠지만, 빈부 차이가 심하고 정치적으로 어려운 상황에 있는 나라에서 이런 활동들은 거의 불가능에 가까울 것이다. 그렇다면 결국 지구의 모든 나라들이 공평한 상황이 되도록 만드는 것이 무엇보다도 중요한 일이 아닐까. 그러나 현실은 아직 세계의 나라들이 불공평한 상황에 있고, 힘든 상황에 있는 나라들이 발전된 사회를 만들지 못하고 있으니, 결국 같은 결론, 즉 전쟁은 앞으로도 계속될 것이라고 본다. 그럼에도 불구하고, 현재 세계에 여전히 남아있는 불공평한 상황을 우선 없애려면, 그래서 인류가 안정되고 진정한 평화를 유지하려면 어떻게 해야 하는지 선진국들을 포함 전 세계가 치열하게 고민해야 한다. 영원히 우리 인류에게 남겨질 숙제가 될지라도 말이다.

승리를 기억하다, 왓 야이차이몽콘

아유타야에는 버마와의 전쟁에서 패망한 사원만 있는 것이 아니다. 버마에 통쾌하게 승리한 기념으로 세워진 사원도 있다. 바로 왓 야이차이몽콘이다. '야이'는 크다, '차이 몽콘'은 행복을 의미하는 왓 야이 차이 몽콘(Wat Yai Chai Mongkhon)은 72m의 거대한 체디(스리랑카 양식의 종모양 탑)를 가진 아유타야의 랜드마크 사원이다. 이 사원은 1592년 가장 위대한 왕으로 추앙받고 있는 나레쑤언 왕이 버마의 전쟁에서 코끼리를 타고 맨손으로 버마의 왕자를 죽여 대승을 거둔 뒤 이를 기념하기 위해 세워졌다. 전쟁 중에 맨손으로 사람을 죽였다니 믿기 어렵지만, 그래서 이 사원을 '승리의 대사원(Great Monastery of Auspicious Victory)'이라고 부르기도 한다. 버마와 수없이 많은 전쟁에서 단 한 번, 오직 한번 승리했는데, 그 승리의 기쁨을 누리고자 이렇게 큰 사원을 지었으니, 얼마나 그 승리에 의미를 부여하고 싶어 했는지 짐작이 간다. 결과적으로 아유타야는 버마에 의해 완전히 패배하지만 말이다. 그래도 중요한 것은 아유타야에서 유일하게 승리를 기념하여 지은 사원이니, 다른 사원과 비교하면 전체적인 분위기는 밝고 경쾌하게 느껴졌다. 아마 스리랑카 양식의 건물도 그렇고, 부처님이 입고 있는 옷이 노란색이기에 그런 느낌이 든 것이 아닌가 싶다.

왓 야이차이몽콘의 중앙 불탑

사원에 들어서면 곳곳에 불상이 있는데, 특히 중앙 불탑이 있는 주변에는 불상들이 길게 일렬로 나열되어 있어서 마치 불상 전시회에 방문한 기분이 들었다. 그리고 그때서야 태국이 불교국가라는 것을 새삼 깨달았다. 태국의 정식 국명은 타이왕국(Kingdom of Thailand), 즉 국왕을 국가의 수반으로 하는 입헌군주제 국가이다. 그리고 불교의 나라다. 태국 국기의 색은 적색, 흰색, 청색으로 되어있는데, 각각의 색은 민족, 불교, 국왕을 가리킨다. 즉, 국왕은 불교를 수호하고, 국가의 국민들은 불교의 수호자인 국왕을 나라의 구심점으로 하여 함께 한다는 뜻이다. 그러니 국기만 보아도 태국이 불교에 얼마나 진심인지 짐작할 수 있을 것이다. 대부분의 태국 국민들이 불교를 신봉한다고 보면 된다.

한국 불교사원의 중심 건축물은 대부분 대웅전 전각이다. 그러나 태국의 불교사원은 불탑이 중요 건축물이다. 이곳 야이 차이 몽콘 사원에도 법당은 있지만, 이 유적지의 가장 중심이 되는 것은 높이 72m의 윗부분이 뾰족한 스리랑카 양식으로 만들어진 거대한 불탑 체다. 거대 불탑 전면 옆에는 노란색 옷을 입고 있는 커다란 불상이 앉아 있다. 원래는 전각 안에 안치되어 있었는데, 전각의 지붕과 벽면이 파손되는 바람에 외부로 드러나 버린 것이다. 지금은 이 불상이 있는 곳이 이 사원에서 가장 핫 플레이스(hot place)로, 불상 앞에서 사진을 찍기 위해 많은 사람들이 줄을 서서 순서를 기다린다. 인기 있는 포토 존에서 사진을 찍은 후, 옆의 가파른 경사 계단을 통해 이 불탑 안으로 들어갈 수 있다. 내부에는 유물을 보관해놓은 공간이 있고, 금속으로 주조된 불상도 안치되어 있다. 전쟁에서 승리한 기념으로 세워진 불탑이다 보니, 전쟁에 나갈 때마다 국가 정부 관계자들, 전쟁에 참여할 군사들, 그리고 그 군사들의 가족까지 이곳에서 얼마나 기도했을지 상상이 갔다. 그래서일까, 유물들 위에 쌓인 염원들은 여전히 숭고한 빛을 발하고 있었다.

태국은 365일 더운 나라이니 그나마 조금 덜 덥다는 1월을 선택해서 갔지만, 그래도 너무 더워서 장시간 걷는 것은 무리였다. 땀을 식히면서 불탑 앞에 잠시 멍하니 앉아서 회색 피부에 노란색 천을 걸치신 부처님을 바라보았다. 이미 언급했듯이 태국과 버마, 두 국가 모두 불교국가이다. 태국은 약 95%가, 미얀마(버마)는 약 90%의 인구가 불교 신자이다. 태국이 버마의 버간 왕조와의 전쟁에서 승리해서 세운 불탑에 앉아계시는 부처님, 부처님은 누구의 편을 들어주셨을까. 전쟁에서 이기고 난 후 뭐라고 하셨을까. 잘했다고 승리의 기쁨을 맘껏 누리라고 하셨을까. 위에서 우리는 이미 전쟁의 이유에 대해 논했었다. 종교도 전쟁의 한 원인이었지만, 이 두 나라의 경우는 전쟁의 이유가 최소한 종교는 아니겠다. 같은 불교 국가이니 말이다.

그러나 두 나라 모두 부처님을 앞세워 전쟁을 한 것은 분명하다. 위에서 종교가 전쟁의 원인이라고 했지만, 저자의 조금 다른 시각은, 역으로 전쟁을 위해서는 종교가 필요하다고 본다. 전쟁에서 무참하게 죽어 나가는 동료들을 보면서, 그리고 어찌해볼 수없는 인간의 한계를 뻔히 지켜보면서, 어떻게 신의 힘이 필요하지 않겠는가. 종교는 개인의 삶과 함께 죽음과도 연결된 강력한 이념이기에, 전쟁은 이 이념을 희생양으로 삼는 것이다. 종교는 인간상상의 체계에서 만들어진 것인데, 전쟁이라는 물리적인 힘에 활용되는 것을 보면, 참으로 오묘하고 복잡한 생각이 든다. 불교의 신앙심으로 드디어 전쟁에서 버마를 이긴 아유타야 왕조, 단 한번일지라도 태국인들에게 이 승리는 오래 동안 기억될 것으로 보인다. 패배는 빨리 잊고 싶어도 승리는 영원히 기억하고 싶은 것은 우리 인간들이기 때문이다.

차이몽 사원에 전시되어 있는 불상들

그럼에도 불구하고 종교는 따뜻하다

왓 프라시 산펫의 유적지들은 전쟁에 대한 사유만 잔뜩 던져준다. 이곳뿐 아니라 태국 의 대부분 유적지들이 그렇다. 버마와의 전쟁의 상흔이 너무 뚜렷이 남아있기 때문이다. 두 나라 모두 부처님을 내세워 전쟁에 나섰고, 전쟁에서 승리한 태국이 세운 왓 야이차이몽콘 불탑의 부처님을 바라보며, 전쟁을 위해서 종교의 신앙심을 희생양으로 삼은 것이 아닌지 저자는 이미 의심했다. 그럼에도 불구하고, 이 두 나라가 전쟁에서 종교를 무기로 사용했다고 해도, 저자는 인간에게 종교가 필요하다고 생각한다. 종교는 여전히 인간에게 선한 영향력을 미치고 있다고 믿기 때문이다. 종교가 있기에 인간 사회에 윤리와 도덕이 존재할 수 있었고, 종교가 있기에 인간들은 야만에서 벗어날 수 있었다. 무엇보다 인간에게 윤리적 의식을 강화시킬 수 있는 것이 종교라고 생각한다. '사피엔스'를 집필한 유발 하라리는 인간이 가축을 기르고 도축할 때 자신이 동물과 다르다는 것을 확실히 하기 위해 종교가 필요했다고 추측하고 있다. 즉, 인간의 본성이 가지고 있는 윤리의식은, 동물과 비교해서 인간이 월등히 우월한 위치에 있다는 것을 종교를 통해 보호받으려고 했다는 것이다. 그래서 인간의 윤리의식은 종교의 바탕이 되면서 그 가치가 더욱 강화되었고, 윤리의식과 결합된 종교는 인간에게 보호받고 있다는 믿음을 주었다. 이렇게 인간을 보호해주는 따뜻한 역할을 해온 것이 종교다. 물론 인류역사를 보면 종교가 반드시 그렇게 인간을 보호하면서 따뜻한 역할을 해왔다고 보기 어려운 경우도 많았다. 본 책의 후반부에 있는 나라, 튀르키예에서 종교에 관해 다시 다루겠지만, 종교가 가지고 있는 도덕체계나 윤리 의식들이 오히려 인간을 고통스럽게 만들기도 했다.

그래서 종교를 다르게 정의하는 경우도 있다. 대학시절 미치도록 좋아했던 '자본론'을 집필한 칼 마르크스(Karl Heinrich Marx)는 '종교는 아편'이라고 말했다. 그는 종교를 사후 세계를 담보로 현실의 고통을 견디게 하는 아편과 같은 존재로 본 것이다. 아편은 삶의 현실적 고통을 허구의 환상으로 도피시키듯이, 종교도 인간이 느끼는 사회적 불만이나 저항을 억제하는 역할을 한다는 것이다. 나아가 종교는 치열한 실천적 저항으로 사회를 변화시키려는 의지를, 사후세계나 내면세계라는 개인적인 관심사로 방향을 바꾸어버렸다고 칼 마르크스는 비판했다. 사회로 향해야 할 마땅한 분노가 인간내면으로 들어가 사라지게 한다는 것이다. 종교가 그렇게 만든다는 것이다. 그래서 사회를 위한 행동이나 실천을 할 수 없도록 만들어 버리기 때문에 개혁이 필요한 사회에서는 종교가 비판 받는 대상이 될 수 밖에 없다. '차라투스트라는 이렇게 말했다'를 쓴 독일의 철학자인 프리드리히 니체(Friedrich Wilhelm Nietzsche)는 '신은 죽었다'라고 외치며, 유럽에 있는 대부분의 나라들이 종교라는 미명하에 자행된 불행한 역사에 대해 신랄하게 비판하였다. 기존의 종교와 도덕적 가치보다는 개인의 자유와 의지를 중요시한 그는 종교가 인간을 향한 칼이 된다면, 인간의 윤리의식을 바탕으로 만들어진 종교는 아무런 의미가 없다고 말한다. 또한 종교는 인간에게 칼의 역할만 하려고 했고, 내세관을 던져주며 신에게 무한한 믿음과 순종을 강조하고 헌신과 희생을 요구한다고 주장했다.

종교는 이렇듯 많은 비난을 받으면서도 지금까지 인류역사와 함께 지속적으로 발전하고 있다. 그 발전의 힘은 무엇일까. 종교가 힘을 가지는 것은, 개개인의 내면, 즉 인간의 근본에는 인류애가 있는데, 종교는 "내가 죽어서 네가 산다면"이라는 이러한 고귀하고 숭고한 생각을 바탕에 깔고 있기 때문이다. 이 인류애는 다르게 말하면 사랑이다. 정말 놀랍게도 인간은 타인을 아끼고 사랑하는 마음, 정말 이런 기적 같은 감정을 가지고 있다는 것이다. 이러한 감정이 없다면, 정말 우리네 생은 동물과 크게 다르지 않았을 것이다. 그런데 이러한 고귀한 감정은 종교를 만나 더욱 시너지가 커진다. 시너지가 커질수록 종교는 우리네 삶을 보다 숭고하고 아름답게 승화시켜준다. 그리고 종교는 인간의 본성을 보다 따뜻하고 이성적이고 합리적으로 만들어 타인과 더불어 이유 있는 삶을 영위하게 한다. 인류가 생긴 이래 종교가 있을 수밖에 없는 이유이기도 하다. 태양이든, 하늘이든 인간이 보는, 아니면 인간이 생각하는 그 무엇에게라도 신앙을 가지지 않는다면 인류가 이 차가운 지구에서 견디어 낼 수 있었을까? 그리고 그 인류가 지금까지 생명체를 꾸준히 이어올 수 있었을까? 윤리의식을 기반으로 한 신앙아래 타인과 더불어 끊임없이 자성하고, 다음세대에 보다 좋은 유전자를 남기기 위한 인류애적인 사랑이 없었다면 말이다. 그리고 저자는 종교를 가지는 것이 갖지 않는 것보다 인간에게는 이익이라고 말하고 싶다. 종교에서 인간은 많은 혜택을 받을 수 있다. 인류애라는 고귀한 감정도 발현할 수 있고, 소속감이 생겨 내적 평화를 가질 수 있으며, 특히 종교로부터 보호받는다는, 나아가 사후도 보장받을 수 있다는 믿음까지 가질 수 있다. 정말 그 종교의 신이 있다면 완전 횡재한 것이고, 만약 신이 없다 해도 손해날 것은 없지 않은가? 수지타산으로 미루어 봐도 종교 믿는 것은 잘한 선택이고 손해 보지 않는 선택이 될 수 있다. 잠시 이 땅에 머무르다 가는 인간으로서는 아주 대단한 보험인 것이다. 큰 대가를 치루지 않고 신에 대한 믿음만이 필요하다면 이 중요하고 값으로 매길 수 없는 일에 왜 머뭇거리는가? 인간이 신의 영역에 범접도 못하는 차원에 있다면 더더욱 이러한 신에 대한 믿음은 무조건 가지는 것이 지혜로운 일이 될 수 있다.

인간의 윤리의식을 바탕으로 지금까지 인류역사와 함께 해온 종교, 그러나 인류의 집단생활이 커지면서, 믿음의 집단으로 형성된 많은 인간들을 통치하는데도 종교가 필요해졌다. 집단통치자들은 인간이 가진 윤리의식은 종교로의 회귀를 가장 쉽게 만든다는 것을 알았다. 그래서 종교로 회귀된 집단(신앙공동체)을 통치하는 시스템을 만들기 시작했고, 따라서 종교는 인간이 만든 가장 오래되고 견고한 제도가 되었다. 때문에 종교는 자연적으로 정치와 공존관계를 유지할 수밖에 없다. 정치를 등에 업게 된 신앙공동체인 집단은 이제 사회에서 막강한 힘이 된다. 그러나 이 시점에서 잠깐 숨을 돌리고 막강한 힘을 가진 신앙공동체가 이제 무엇을 어떻게 해야

하는지 생각해보아야 한다. 이러한 힘은 믿음에 기대어 현실에서 가해지는 고난과 역경을 이겨내고 있는 인간들에게 쓰인다면, 종교가 가지고 있는 따뜻한 윤리를 실행하는 것이라고 저자는 믿고 있다. 비록 죽음이라는 한 계에 살고 있는 인간일지라도 종교는 내세관이 아닌 현실을 직시하는 방법을 가르치는 것도 중요하다고 본다. 즉, 어떻게 살아야 인간으로서 올바르게 사는 것인지 가르치는 것도 종교가 할 수 있는 역할이라고 보는 것이다. 죽음 후 사후세계라는 담보가 설정되어 있든 아니든 이왕 태어난 이 세상에서 사람답게 살아가는 길, 그리고 사는 동안 가장 행복하게 살아가는 길을 가르치는 역할을 종교가 해야 한다고 강조하는 것이다. 이러한 가르침이야말로 믿음으로 무장된 인간들에게 더 따뜻함을 주는 것이 아닐까라는 생각을 저버릴 수 없다. 종교가 아무리 정치와 공존관계를 유지할 수밖에 없다 해도, 그래서 어쩔 수 없이 전쟁이라는 물리적인 힘에 활용된다 해도, 종교가 본래 해야 하는 역할, 따뜻함을 실천하는 것은 잊지 말았으면 한다. 종교는 무조건 따뜻해야한다. 그래야한다.

일본

1. 교토 청수사
2. 가고시마 집성관
3. 히메지 히메지성

1. 교토 청수사

◇◇◇◇◇◇

이곳에 백제인의 숨결이

일본은 한국과 가장 가까운 거리에 있다. 일본 후쿠오카의 경우, 저자가 살고 있는 부산에서 비행기로 50분 정도 걸리니 아침에 가서 저녁에 올 수 있는 거리다. 더군다나 지난 몇 년간 엔화 환율이 낮아져 많은 한국인들이 일본으로의 여행을 선택한다고 한다. 최근에 일이 있어서 김해 공항을 몇 번 가보았는데, 워낙 비좁은 김해공항은 일본으로 가는 여행객들로 인산인해를 이루고 있었다. 한 공항 관리자분이 이렇게 말했다. 왜 그리 한국 사람들이 일본을 많이 가는지, 왜 일본을 먹여 살리는지 모르겠다고. 그 분이 그렇게 말 할만하다. 지난 몇 년간 일본에 가장 많이 방문한 외국인들이 한국인이라는 통계를 보았던 것 같다. 엔화 하락의 원인도 있겠지만, 가까운 거리에 있기 때문일 것이다. 그리고 한국인들이 일본을 간다면 수많은 신사들과 사찰들이 있는 일본의 문화 수도인 교토를 가장 많이 여행할 것이라고 생각한다. 교토는 794년에서 1868년까지 일본의 수도였던 곳으로 오랫동안 일본의 정치와 문화의 중심지였다. 따라서 도시 전체가 고대 역사의 유적지라고 봐도 무방하다. 교토의 유적지들 중 우리가 만나볼 곳은 교토에서 가장 큰 사찰, 청수사이다.

청수사를 일본사람들은 '기요미즈데라'라고 부른다. 유네스코 세계 문화유산에 등재된 청수사는 778년 다무라마로에 의해 세워진 1,200년 넘는 역사를 가진 일본 전통 불교사원이다. 이 사원을 세운 다무라마로는 그의 아내를 무척 사랑했는지, 임신한 아내를 위해 몸을 보하게 한다는 사슴을 잡기 위해 산으로 사냥을 갔고, 그 산에서 수행 중인 엔친(延鎭)이라는 스님을 만나게 되었다고 한다. 그리고 이 스님에 의해 다무라마로는 독실한 불교 신자로 변한다. 그는 엔친 스님이 있던 인근에 사찰을 세웠는데, 이 절이 지금의 청수사이다. 목조건물이다 보니 화재에 취약해 몇 번의 소실과 재건이 있었고, 현재 청수사 본당을 비롯한 대부분의 건축물은 1633년 도쿠가와 막부 3대인 쇼군 이에미츠의 기부로 재건된 것이라고 한다. 청수사(淸水寺)란 뜻은 한문에서 알 수 있듯이, 맑을 '淸' 물 '水'를 써서 '맑은 물'의 절인데, 사찰 앞에 있는 깨끗한 물에서 청수사라는 이름이 붙여진 것이라고 전해진다.

교토에서 가장 큰 사찰인 청수사

우리에게는 이 청수사가 조금 특별하게 와 닿을 수 있다. 청수사를 처음 세운 이 다무라마로의 조상이 백제가 멸망한 후 일본으로 건너간 백제 사람이기 때문이다. 일본에서 최고의 사찰 건축물로 꼽히고 있는 청수사가 백제계 귀화인 자손으로 세워진 절이라고 하니, 한국인이라면 당연히 남다른 감정을 가질 것이다. 고대 한국이 일본문화에 얼마나 많은 영향을 미쳤는지 여기서 세세하게 설명하지 않겠지만, 한국인은 모두 알고 있는 역사적 사실이다. 특히 삼국 시대에 일본과의 교류가 가장 활발했다고 볼 수 있는데, 삼국 중 일본의 문화 발전에 가장 큰 영향을 준 나라는 백제였다. 당시 일본에서는 '구다라나이'라는 말이 유행했다고 한다. 이것을 직역하면 '백제에 없다'가 되고 이 말뜻은 '시시하다'이다. 즉, 좋고 훌륭한 물건은 다 백제에 있으니, 백제에 없는 것이면 '시시 하다'라는 의미가 된다. 이렇게 백제 것이 아니면 하찮은 것이라는 말까지 있었다니, 그 당시 일본의 입장에서 볼 때 백제는 선진문물을 가진 앞서가는 나라였음이 분명하다. 특히 여러 가지 이유로 3세기 후반부터 7세기까지 한국인들이 일본으로 많이 건너가게 되는데, 일본인들은 백제에서 온 사람들을 '건너온 사람들'이라고 불렀다고 한다. 그런데 일본으로 건너간 백제인은 단순히 기술 전수에만 그친 것은 아니었고, 일본문화는 물론 일본 정치에서도 큰 역할을 한 것으로 나타났다. 따라서 청수사를 세운 다무라마로 또한 백제인의 자손이라는 것이 그리 놀랄만한 일은 아닌 듯하다. 지금 전 세계로 번져가는 K-문화, 한국이 문화강국임을 확인시켜주고 있지 않은가. 고대부터 이렇게 인정받아 온 것이니 지금 세계인이 열광하고 환호하는 것은 어쩌면 당연할 수 있겠다.

그런데 최근 저자는 기술을 전수 받기 위해 노력하는 한 일본인을 보고, 백제가 일본에 문화를 전수(傳授, 전하여 받음), 즉 전해 주었다기보다, 일본인들이 백제 문화를 능동적으로 전수(傳受)받은 후, 열심히 연구하여 전수(專修)한 것이 아닐까 라는 개인적인 생각을 해보았다. 이런 생각은 그동안 일본 유적지를 답사하면서 일본인들의 특성을 연구하고 관찰한 결과의 산물인 것 같다. 저자의 가까이에 뇌 과학자가 있다. 그리고 그 과학자는 최근 호주에서 박사학위를 취득했다. 그런데 그 과학자의 박사과정에서 지도를 맡은 분은 실험에만 몰두하는 근면 성실한 전형적인 일본사람이었다. 이 일본인 지도교수는 박사과정을 지도하는 중간에 일본 대학에서 오퍼를 받게 되어 호주에서의 일을 모두 접고 모국인 일본으로 가게 되었다. 자, 이렇게 되면 보통은 자신이 지도했던 학생을 다른 지도교수에게 보내야 한다. 그러나 이 지도교수는 제자가 연구하면서 습득한 기술을 전수(傳受)받기 위해 자신이 새롭게 자리 잡은 일본의 의과대학에 박사과정 제자를 두 번이나 오게 했다. 그것도 처음에는 관광비자로 가서 3달이 지나자, 다시 워킹(working) 비자로 바꾸어, 일본 연구자들이 그 기술을 완전히 습득할 때까지 약 5개월이 넘는 기간 동안 제자를 그 의대에 머무르게 했다. 이러한 상황을 옆에서 지켜본 저자는, 일본의 국익까지는 아니더라도 일본의 의과학 분야의 발전을 위해 사소한 제자의 기술마저도 전수(傳受)받아서, 적극적으로 전수(專修)하는 그 지도교수의 행동이 지금까지 일본을 이끌어 온 원동력이 아닌가 생각했다. 물론 한 개인의 특성을 모든 일본인들에게 일반화시키는 것은 무리다. 그리고 삼국 시대 백제와 일본이 교류하다 보니 자연적으로 서로 문화가 오간 것인데, 백제의 선진문화를 고대 일본인이 적극적으로 전수(專修)받으려고 했을 것이라는 추정은 저자의 확대해석일 수 있다. 그러나 한 과학자의 이러한 상황을 지켜보면서, 그때나 지금이나 한국인의 손기술이 남다르다는 것과, 이것을 아는 일본인들이 한국인의 기술을 최대한 전수받으려고 노력하는 그 태도는 백제시대부터 변함없이 이어져 온 것으로 받아들였다. 청수사를 보아도 백제인의 DNA는 손기술 부분에서 분명 남달랐다는 것이다.

공중 돌출 건축물의 실례(實例)

청수사에서 가장 압도하는 건축물은 본당 앞에 있는, 일본어로는 '기요미즈노 부타이'라고 부르는 무대이다. 위의 사진에서 보이는 앞부분을 말한다. 실제로 가보면 알겠지만, 사실 본존불인 천수관음이 있는 청수사의 본당은 아찔한 절벽 위에 세워져 있다. 그리고 무대는 본당 앞에 넓게 돌출되어 있다. 언제 이 무대가 세워졌는지에 대한 정확한 자료는 없지만, 헤이안 시대(794년~1185년), 헤이안쿄(지금의 교토) 천도부터 막부 설립까지 약 390년 기간 동안에 세워진 것으로 추정하고 있다. 그 근거로는 이 시대 후반 문학작품에 이 무대가 등장하고 있기 때문이다. 이 뜻은 778년 처음 청수사가 세워질 때는 이 무대가 없었다는 것을 의미한다. 따라서 무대는 청수사가 세워진 이후에 확장된 것이다. 아마도 헤이안 시대에 관음신앙이 유행하게 되면서 많은 사람들이 기도하기 위해 이곳으로 몰려오게 되니, 사찰을 확장하는 과정에서 결국 공중에까지 무대를 돌출하게 만든 것으로 보인다. 무대는 벼랑에서 약 10여 미터 돌출되어 있고 높이는 약 13m, 넓이는 약 190㎡이다. 그런데 여기서 우리가 주목해보아야 할 것은, 못 하나 쓰지 않은 특수공법으로 고정되어 무대를 떠받치고 있는 나무 기둥들이다. 나무 기둥들은 모두 18개이며 모두 400년 이상 된 느티나무로 길이 12m 둘레 2m의 크기다. 일본은 옛날부터 산이나 벼랑, 바닷가 등에 일부분을 공중에 돌출되게 짓는 건축기법이 많이 사용되어왔다고 한다. 따라서 이렇게 나무 기둥으로 벼랑 위에 돌출되게 만든 청수사 무대가 일본에서는 특이한 건축물이 아닐 수도 있겠다. 그러나 현재 청수사의 이 무대는 일본 목조건축 기술의 정수를 담은 명물이고, 청수사를 대표하는 상징이기도 하다.

그리고 공중으로 돌출된 청수사 무대와 같은 건축물을 한국에서도 볼 수 있다. 대표적인 건축물이 제주에 있는 '글라스하우스'이다. 이 건축물은 일본인 건축가 안도 다다오의 작품으로, 전체구조는 L자 모양인데 건물 중앙은 기둥이 받치고 있고, 건물 양옆은 돌출 되어 있는 것이 특징이다. 처음 제주에서 이 건축물을 보았을 때, 혹시 안도다다오가 청수사의 무대에서 영감을 가져온 것이 아닌가 싶었다. 보통 서양 전통 건축물은 기둥을 중심으로 만들지 않는데, 이 건축물은 동아시아 건축물에서 흔히 볼 수 있는, 기둥을 중심으로 한 건축 방식을 하고 있기 때문이다. 물론 청수사의 무대는 전통적인 일본의 건축물로 나무로 지어졌지만, '글라스하우스'는 나무가 아닌 돌로 만들어졌다. 따라서 건축을 잘 모른다 해도, '글라스하우스'는 전통건축물에서 사용하는 기둥을 돌로 대신하여 돌출된 공간을 연출했다는 것을 알 수 있다. '글라스하우스' 외에도 한국에는 그의 건축물이 여러 개 있다. 제주에 있는 본태박물관과 유민미술관도 그의 작품이다. 그리고 강원도 원주에 있는 '뮤지엄 산(SAN)' 역시 한국에 있는 그의 건축물 중 하나다. 서울에는 'JCC 재능문화센터'와 'JCC 아트센터', 그리고 가장 최근에 건축된 'LG 아트센터'도 그의 작품이니, 한국에 총 7개의 안도 다다오 건축물이 있는 셈이다. 그리고 안도 다다오의 이들 건축물을 본다면, 청수사의 무대와 연결하는 저자의 생각이 그리 엉뚱한 것이 아니라는 것을 알게 될 것이다. 이 건축물을 디자인한 안도 다다오는 유럽과 미국의 여러 건축을 답사하며 둘러보았지만, 다른 건축을 참고하지 않고 독자적인 자신만의 건축을 추구한 것으로 널리 알려져 있다. 그는 공간에 대한 뚜렷한 믿음을 가지고 있었는데, 이러한 믿음은 궁극적으로 일본 전통 건축에 대한 믿음이었다고 한다. 따라서 그의 현대건축의 밑바탕에는 일본 전통 건축이 있는 것이고, 지금은 일본 전통 건축을 가장 성공적으로 현대화한 건축가라고 볼 수 있다. 그러니 '글라스하우스' 포함 한국의 여러 건축물 또한 일본 전통 건축물인 청수사 무대에 영감을 받아 세워진 공중 돌출 건축물의 실례(實例)라고 해도 무리는 아닐 것이다.

공중 돌출 건축물의 실례(實例), 서울 JCC 아트센터

독학과 답사

그런데 무슨 연유에서인지, 저자는 천재적인 건축가로 평가되고 있는 안도다다오에게 관심이 확 끌렸다. 그는 자신의 건축 철학을 이렇게 말한다. 건축이 너무 말을 하지 않고 자연이 말할 수 있도록 한다고. 멋진 철학이다. 그러나 저자가 안도다다오에게 마음이 간 것은 그의 건축 철학만큼 견고한 그의 삶 때문이다. 특히 그가 건축을 배운 방법이 '독학'과 '답사'라는 사실에 꽂힌 것이 아닌가 싶다. 정규과정에서 제대로 건축을 공부하지 못한 그는 중고서점에서 책을 산 후 책이 닳도록 혼자 '독학'으로 건축을 공부했다고 한다. 그가 선택한 또 하나의 건축을 배운 방법은 '답사'였다. 세계에 있는 고전 건축물과 세계건축가들의 작품들을 직접 답사하여 독자적인 자신만의 건축세계를 확립했다니 대단한 건축가임이 틀림없다.

그런데 저자 또한 왠지 '독학'과 '답사'로 점철된 삶이 아니었나 싶어서 안도 다다오를 유심히 바라본 듯하다. '독학'은 저자가 어릴 때 해왔던 공부 방법이고, '답사'는 중년이 되어서 시작한 활동이다. 시간제한 받지 않고 공부만 실컷 할 수 있었으면 하고 바라던 때가 있었다. 지금은 의무교육 시스템이 잘 되어있을 뿐 아니라, 한국의 경제 상황도 눈부시게 발전하여, 특별한 경우가 아니면 공부하고 싶은데 공부하지 못하는 10대는 없다고 생각한다. 그러나 한국의 1970년대는 공부할 여건이 되지 않은 사람이 더 많았다. 특히 여성에게는 더더욱 공부할 기회는 박했다. 저자의 경우, 경제활동 시간을 제외하고 남는 시간에 딱히 할 일이 없다 보니, 그래도 큰 비용 들이지 않고 할 수 있는 일이 공부였다. 경험에 비추어볼 때, 주어진 시간 동안 최대의 효율을 높이고 많은 가치를 창출할 수 있는 가성비의 갑(甲)이 바로 독학이다. 그리고 독학으로 10대 시절을 보낸 저자가 중년이 되어 시작한 일은 답사였다. 역시 직장생활을 하면서 시간을 쪼개어 유적지들을 답사하기 시작했는데, 답사는 가치 있는 삶을 추구하려고 노력하는 저자에게 선한 영향력을 미쳤다고 생각한다.

인간은 누구나 가치 있는 삶을 살아가려고 노력한다. 일반적으로 길고 행복하면 가치 있는 삶이라고 생각하기 쉽지만, 인류 역사의 여러 사건까지 가지 않고 주변의 삶들을 보아도 꼭 그렇지만은 않음을 볼 수 있다. 그렇다고 많은 사람들이 선택하는 평범한 삶이 가장 최선이라고 생각할 필요는 없다. 어떤 것이 가치 있는 삶인지는 우리가 정의 내릴 수 없지만, 추구할만한 가치가 있는 삶은 어떤 것인지 치열하게 고민해야 하는 것은 분명하다. 어쩌면 고민하는 그 과정 자체가 이미 가치 있는 삶일지도 모르겠다. '독학'과 '답사'가 반드시 가치 있는 삶이라고 말할 수 없지만, 이러한 노력을 통해 만들어진 건축물들로 사회에 큰 기여를 하고 있으니, 안도 다다오의 가치 있는 삶의 기반이 된 것은 인정해야 한다. 이렇게 안도 다다오의 삶을 이야기하면서, 저자의 '독학'과 '답사'도 지금의 삶으로 이끈 원동력이었다고 말을 하려니 조금 부끄럽기는 하다. 그러나 안도다다오 덕분에 저자의 지나온 시절을 뒤돌아보는 기회를 가졌고, 독학과 답사로 점철된 저자의 삶을 조명해 볼 수 있었다. 안도다다오, 많은 위로가 되었다.

썰,썰, 說

청수사와 관련해서 전해오는 이야기들은 유난히 많은 것 같다. 이야기가 많다는 것은 그만큼 일본인들에게 청수사가 인기 있다는 것을 말해준다. 먼저 청수사 입구에 있는 오토와 폭포에서는 물이 3갈래로 갈라져 흘러내리는데, 이 물은 각각 건강, 사랑, 학문을 상징한다고 한다. 그래서 각각에 해당하는 물을 마시면 정말 그렇게 된다는 설이다. 이 물과 관련된 기록은 없으나, 물이란 인간에게 매우 소중한 것이니, 그리고 무엇보다 사람들의 소원을 들어주고 있으니 세 갈래 모든 물은 분명 복된 일을 하는 의미하는 물일 것이다. 더 재미있는 것은, 청수사 무대에서 뛰어내려 살면 소원이 이루어진다는 설이다. 뛰어내리다가 죽으면 고통 없이 세상을 벗어나는 것으로 생각한다고 하는데, 목숨을 가지고 이렇게 도박하는 것이 맞는지 모르겠다. 아무튼 일본에는 무엇인가 죽을 각오를 하고 큰 결단을 내릴 때 표현하는 말로, '본당 무대에서 뛰어 내린다'는 속담이 있을 정도다. 그런데 문제는 실제로 소원을 이루기 위해 이 무대에 뛰어내리는 사람이 많았다는 것이다. 통계에 의하면, 17세기 후반에서 19세기 후반까지 무대에서 뛰어내린 사건이 235건이나 발생했는데, 놀랍게도 뛰어내려서 생존한 확률이 85.4%였다고 한다. 비교적 높은 생존율이긴 해도 15%는 죽음을 불사한 것이 된다. 이렇게 뛰어내린 사람들은 대부분 소원을 이루고 새로운 삶을 시작하고 싶어 하는 서민들이었다고 하는데, 어느 시대나 새로운 세계를 꿈꾸는 고달픈 삶은 있나 보다, 그러나 너무나 많은 사람들이 뛰어내리자 메이지 시대에는 이것을 악습이라고 정하고 더 이상 뛰어내리는 것을 금지시켰다고 한다. 무대에서 뛰어내리는 것은 상상조차 하지 말기를 바래본다.

사람들이 건강, 사랑, 학문을 상징하는 3갈래의 물을 마시고 있다

　이 외에도 청수사와 관련해서 내려오는 소소한 설들이 많다. 청수사 사찰 좌측에 있는 지주신사에는 인연을 맺어주는 신이 있어서, 신사 안에 있는 두 개의 돌 중 한 쪽에서 눈을 감고 걸어가서 다른 쪽에 닿게 되면 사랑이 이루어진다는 설이다. 또한 청수사에는 아쇠로 만든 나막신이 있는데, 결혼한 여자가 이 나막신을 만지면 남편이 바람을 피우지 않는다는 설, 청수사에 대흑천이라는 요술방망이와 큰 자루를 쥐고 있는 신에게 기도하면 일이나 재물이 들어오고 출세한다고 설 등, 많은 설이 있다. 한국 사찰에도 민간신앙과 연결된 전각과 사물들이 많지만, 청수사 사찰도 예외는 아니었다. 곳곳에 청수사에서 내려오는 설, 설, 설 등과 관련된 전각들이 배치되어 있어서, 사람들이 기원하는 소망을 기도할 수 있도록 해놓았다. 민간신앙 관련 전각들을 일일이 소개하는 데 이곳에 지면을 할애하지는 못하지만, 청수사에 간다면 자신이 이루고 싶은 소망을 들어주는 전각들을 방문하여 기도는 할 수 있겠다. 또한 청수사 근처에 있는 많은 상점들에서 이러한 설 등과 관련된 부적들을 팔고 있다. 즉, 소원을 들어주는 부적, 연애에 관한 부적, 건강하게 해주는 부적 등이다. 인간의 이루고 싶은 소망을 활용하여 만든 부적 비즈니스가 매우 성행하고 있는 것을 보니, 청수사 근처 마을의 비즈니스도 활성화 시키고, 청수사에 더 많은 시주를 할 수 있도록 일부러 설을 만드는 것은 아닌지 의구심이 생기기도 했다.

일본의 신사문화

그런데 이렇게 많은 설은 일본 문화와 관계있다. 바로 신도(神道)신앙에서 나온 신사문화에서 비롯된 것이다. 일상 모든 것에 의미를 부여하고, 그 신앙을 바탕으로 신들에게 제사를 지내기 위해 세워진 곳이 바로 신사다. 그래서 일본 문화를 알려면 신도(神道)를 먼저 알아야 한다. 신도는 자연에 있는 모든 사물과 자연현상들, 심지어 동식물에도 생명과 혼이 있다고 믿고 숭배하는 애니미즘 신앙을 바탕으로 하고 있다. 일본인들이 신으로 모시는 대상은 처음에는 자연의 사물과 자연현상들이었으나, 점차 죽은 천황 같은 실재의 인물들도 포함되다가, 지금은 일본에서 내려오는 옛이야기나 전설 속에 나오는 인물들, 나아가 불교나 도교에서 나오는 신들까지 확장되어 있다. 따라서 종교라기보다는 일본 고유 민족 신앙 또는 토착 신앙으로 신앙의 대상을 받들어 모시고 경의를 표하는 것이라 볼 수 있다. 그 때문에, 다른 종교와 달리 성직자가 없고 자신들의 고유 신앙을 널리 퍼트리려는 포교 활동도 없다.

일본 가고시마 근처에 있는 기리시마 신궁

저자는 일본의 신사문화를 체험하기 위해 비교적 최근인 2024년 4월, 일본 가고시마 근처에 있는 기리시마 신사를 답사했다. '신궁(神宮)'이라고 불리는 기리시마 신사는 하늘에서 지상으로 내려온 신화 속 인물에게 제사를 지내기 위해 540년에 세워졌다고 한다. 일본 곳곳에서 흔히 볼 수 있는 것이 신사지만, 이 신사는 일본 건국 신화와 관련이 있다고 하니 일본인들이 자신들의 뿌리를 어떻게 보는지 알 수 있는 좋은 기회라고 생각했다. 일본 건국과 관련된 일본 신화에 따르면 태양의 여신인 아마테라스라는 신에게 손자가 있었는데, 그 손자인 '니니기노미코토'가 하늘에서 땅으로 내려올 때 지금 이 신사가 위치해 있는 산봉우리로 내려왔다고 한다. 그리고 그 당시 이곳을 다스리던 나라의 공주와 혼인하여 인간이 되었다는 이야기다. 이 신화 속에 나오는 인물에게 제사를 지내는 곳이 기리시마 신사인데, 그런데 이 신화 이야기, 즉, 하늘에 있는 신이 그 자손을 지상으로 보내 인간과 결혼하여 지상에서 국가를 세우는 계기가 되었다는 이야기, 어디서 많이 들어본 이야기 아닌가. 한국의 단군신화와 유사하다.

일본 건국 신화 이야기가 나왔으니, 한국인으로서 한국 건국과 관련된 단군신화도 이곳에서 한번 상기해 보는 것이 좋겠다. 우리는 영원한 단군의 자손들이 아닌가. 단군신화는 우리가 모두 알고 있듯이, 하늘에 있던 환인(桓因)은 아들 환웅(桓雄)에게 인간을 널리 이롭게(홍익인간[弘益人間])하라며, 태백산(太白山) 꼭대기 신단수(神壇樹)밑으로 보낸다. 이때 사람이 되게 해달라고 빌고 있었던 곰 한 마리가 있었는데, 결국 곰은 여자의 몸이 되고, 그 이름은 웅녀(熊女)로 부른다. 이 웅녀와 하늘에서 내려온 환웅이 결혼하여 출산한 아들이 바로 단군이다. 이 신화 속에서 내려오는 단군을 한국인의 시초로 보는 것이다. 지금도 이 신화를 바탕으로 단군에게 제사를 지내는 행사는 진행되고 있는 것으로 알고 있다. 대표적으로 하동 청학동에 있는 삼성 궁에 단군의 성전이 있던 것으로 기억한다. 아무튼, 한국과 일본, 이 두 나라의 건국 신화의 공통점은 하늘에 있는 신의 자손이 지상으로 내려와 인간과 혼인을 한 후 태어난 사람이 나라를 건국하여 그 나라의 인간 세상이 확장된 것이다. 그러나 대부분 건국 신화가 그렇다. 각 나라의 시초는 하늘에서 내려온 신으로부터 시작되었다고 하여 정당성과 당위성을 부여한다. 삶의 한계를 아는 인간스스로가 국가를 세웠다하면 왠지 불안하지 않겠는가.

단군 성전이 있는 한국 하동 청학동의 삼성 궁

국가의 든든함을 지켜내고 인간의 고귀함을 가장 최상으로 나타낼 수 있는 것은 바로 하늘에 있는 신이다. 더군다나 인간이 알지 못하는 하늘을 상상한다는 것 자체가 인간에게 기쁨과 환상을 줄 수 있다. 신화학자인 조셉 캠벨과 미국의 인터뷰 전문 저널리스트 빌 모이어스의 대담을 엮은 책, '신화의 힘'에서, 그리스 신화를 비롯해 아메리카의 인디언 신화와 인도 신화 등, 신화를 알아가는 과정은 신화 속의 지혜를 발견하고 인간을 둘러싼 모든 문제에 대한 답을 찾는 여정이며, 결국은 인간의 내면을 탐구하는 길이라고 말한다. 우리에게 가장 중요한 것은 우리의 삶 자체의 진정성인데, 그 진정성을 인간의 영적 잠재력으로 이르게 하는 것이 바로 신화라는 것이다. 그래서 어쩌면, 세상은 인간의 상상력으로 만들어진 신화적인 영역일 수 있으며, 일본의 신사문화와 건국 신화 또한 인간의 정신인 상상력으로 만들어진 것이라고 볼 수 있다. 일상의 모든 것에 의미를 부여하는 일본의 신사문화가 그들의 정신에서 만들어진 것이라면, 일본인들에게는 그들의 땅에 있는 모든 사물과 모든 장소가 성소가 될 수 있겠다.

신사문화가 일본인들의 평소 생활과 깊은 관계가 있는지 저자는 확실하게 모른다. 그러나 사람을 볼 때마다 일본인들은 과하다 싶을 정도로 고개를 숙이며 인사를 한다. 가고시마에서 머물던 호텔에서 엘리베이터를 탔는데, 처음 보는 저자에게 깍듯이 고개를 숙이며 인사를 해서 순간 당황했다. 그러나 두세 번 그러고 나니, 저자도 어느새 상대방과 눈만 마주쳐도 고개를 숙이게 되었다. 이런 인사문화가 신앙의 대상을 받들어 모시고 경의를 표하는 신사문화에서 비롯된 것이 아닐까 혼자 생각해보았다. 그리고 실제로 너무 친절한 일본인을 만나고 이러한 생각은 더 확고해졌다. 사실, 위의 기리시마 신사를 답사하기 위해 호기롭게 기리시마 기차역에서 내려 걸어서 가기로 작정했다. 4월에만 느낄 수 있는 향긋한 바람과 일본의 한적한 시골길을 즐겨볼 생각으로, 역 앞에 신사까지 바로 가는 버스가 있는데도 걷기를 선택한 것이다. 걷는 것을 좋아하는 저자에게 5km 정도는 아무것도 아니라고 생각했는데, 웬걸, 약 1km 정도 걸었을까, 음식도 제대로 먹지 못한데다 전날 밤 잠을 제대로 자지 못해서 체력이 소진된 상태였고, 무엇보다 더위에 약한 몸에 강렬한 햇볕이 내리쪼이니, 걷는 것은 고사하고 서 있기도 힘들어졌다. 아직도 신사까지 가려면 4km를 더 걸어야 해서, 어쩔 수 없이 근처에 버스정류장이 있는지 알아보기 위해 큰길가에 있는 주유소로 들어갔다. 일본어라고는 '쓰미마셍'(일본에서는 이 말 한마디면 다 통한다는 조언을 받았던 것 같다) 하나밖에 모르는 저자는 손짓 발짓으로 버스 정류장 위치를 물어보았다. 그러나 주유소 여직원은 열심히 위치 설명을 하다가 안 되겠다 싶었는지, 잠깐 기다리라고 한 후, 직접 자신의 차를 몰고 오는 것이 아닌가. 그리고 저자를 신사 앞까지 편안하게 데려다주는 것이다.

일본인이 대체적으로 친절하다는 이야기는 들었지만, 그 정도일 줄은 몰랐다. 목적지인 신사 앞에서, 한사코 받지 않겠다는 그 주유소 여직원분의 차 안으로 소정의 엔화를 던지다시피 하고 차에서 내렸다. 그리고 유쾌한 기분으로 기리시마 신사 안으로 들어갔다. 일상에 있는 모든 것에 의미를 부여해서 신으로 모시고 제사를 지내는 곳, 신사로 가는 길에서 만났기 때문인지, 신사문화와 그 친절한 일본인이 오버랩 되는 것은 어쩔 수 없었다. 그리고 친절한 일본인의 행동은 신에게 대하는 태도가 체화되어 일상생활로 베어 나오는 것이 아닌지, 한참을 생각했다. 뿌옇게 보였던 일본, 이제 조금 더 명확하게 보이기 시작했다.

2. 가고시마 집성관

◇◇◇◇◇◇

메이지유신 세계문화유산 유감

위의 기리시마 신사가 있는 곳은 가고시마 현이다. 그리고 이곳에서 저자는 뜻밖에 메이지유신 세계문화유산에 포함된 유적지를 발견하게 된다. 바로 일본 최초의 근대식 공장 집성관(集成館)이다. 한국인에게는 강제징용이라는 아픈 역사가 있는 메이지유신 유적지를 이 책에 구지 포함시킨 이유는 고대시대부터 우리나라와 특수 관계였던 일본을 제대로 알아보기 위함이다. 특히 메이지 산업혁명이 한국과의 관계에 어떻게 영향을 미쳤는지 그 시대 한국과 일본의 상황을 제대로 알아야 한다고 생각했다. 지정학적 위치로 보면 가장 가까이 있는 한국과 일본, 이 두 나라가 불행한 역사의 강을 건너왔어도, 솔직히 저자는 일본에 대해 제대로 공부하려고 시도조차 하지 않았다. 한국인으로서 부끄러운 일이 될 수 있겠다. 모든 세상일에는 상대의 사정과 본인의 사정을 자세히 알아야하는 지피지기(知彼知己)가 필요하고, 아는 만큼 보이는 것인데, 그동안 일본에 대해 제대로 알지 못해서 잘 보이지 않았던 것도 사실이다. 한국인이라면 한국을 식민지화한 일본에 대해 반일감정이 생기는 것은 자연스러운 일이고, 따라서 그러한 감정을 걷어내고 일본을 제대로 보려는 시도를 한국인에게 기대하기 쉽지 않다. 그러나 한국인인 저자는 일본의 메이지유신 유적지를 통해 일본을 제대로 알아보려고 의지적으로 노력해보기로 했다. 우리가 일본을 제대로 알고 제대로 볼 수 있다면, 우리가 일본에 대해 어떤 생각을 해야 하고 어떤 생각을 경계해야 하는지도 알 수 있을 것이다.

일본이 메이지 유신을 통해 진행된 산업 혁명의 흔적들 23곳이 일본의 8
개현(가고시마, 나가사키, 후쿠오카, 구마모토현, 사가현, 야마구치현, 시즈오카현, 이와테
현)에 거쳐 남아있다. 이 23곳을 하나로 묶어서 '메이지시대(1868~1912)'로
한정해 최초로 비서구권 국가에서 성공한 산업혁명의 증거로 세계문화유
산으로 지정된 것이다. 메이지 유신이란 1868년 메이지천황 즉위와 함께
천황이 통치하는 중앙집권적 정부에서 시작된 일본의 정치, 사회, 경제, 문
화 전반에 거친 대대적인 개혁을 의미한다. 이 개혁으로 철강, 조선 및 탄
광 산업이 발전되면서 일본은 급속한 산업화를 이룬다. 일본의 메이지유신
은 일본을 서구화하고 근대국가로 바꾸는 것이 목표였는데, 결론은 성공적
이었다. 일본은 근대국가로 가게 되고, 서양의 강대국들과 대등하게 경쟁
할 수 있는 국가로 성장했다. 이러한 메이지유신 산업혁명과정에서 남겨진
흔적들은 봉건국가였던 일본이 19세기 어떻게 서양의 기술을 전수 받았으
며, 이러한 기술을 일본 사무라이 전통사회에 어떻게 성공적으로 이식시켰
는지 잘 보여주고 있다.

　그러나 메이지유신 산업혁명 유산이 한국인에게는 아픔으로 와 닿는다.
메이지유신이 일본을 서구화하고 근대국가로 가는데 결정적인 역할을 한
것은 분명하지만, 이 산업 유산 중에는 조선인 강제동원 현장이 있고, 그
현장에서는 인간의 존엄성을 파멸한 가혹한 행위가 있었기 때문이다. 일본
메이지 산업혁명으로 세계문화유산에 등재된 23곳 중 7개소가 태평양전쟁
중 조선인이 대규모로 강제 동원돼 노동에 혹사된 곳이다. 정부가 파악한
바에 따르면 이들 7개소에서 약 5만7천900명(나가사키 조선소 3곳에 4천700명,
다카시마와 '하시마' 탄광 2곳에서 4만 명, 군함도라 불리우는 탄광에서 600명, 미이케 항
등에서 9천200명, 야하타 제철소에 3천400명)이 강제동원되었다고 한다. 이렇게
조선, 탄광, 제철소에 많은 조선인들을 강제 동원하여 그들의 희생을 바탕
으로 성공한 일본의 산업화였다. 일본의 산업화에 투입된 이러한 조선인의
강제징용에 대한 증거자료는 부산에 있는 '강제징용 박물관'에 전시되어
있다. 그곳에 가면, 일본의 근대화를 명분으로 노동력을 착취당하고 인간

다운 삶과는 거리가 한참 멀었던 조선 노동자들의 참담했던 상황을 볼 수 있다. 더 큰 문제는 일본이 2차 세계대전에서 패전하자 조선인 노동자들을 그대로 방치했다는 것이다. 당연히 피해 보상도 이루어지지 않았다. 일본은 손해배상 청구권이 협정대상이 아니고 법적효력이 소멸되어서 책임이 없다는 입장만 표명했다. 2004년 되어서야 강제동원 진상규명위원회가 발족되어 강제징용으로 열악한 노동환경에서 목숨까지 잃었던 조선인 노동자들에 대한 조사가 시작되었다. 그러나 한국정부의 자체적 보상도 부족했고, 일본은 여전히 강제징용에 대한 조사나 반성은 하지 않고 있다. 고통 속에서 비참한 삶을 살았던 조선의 강제징용 피해자들의 후손들이 공식적인 일본의 사과를 요구하고 있는 이런 상황에서, 메이지유신으로 인한 산업화 성공에 의미를 주어 그 흔적들이 세계문화유산으로 지정되었으니, 한국인에게는 실로 유감이다.

일본 근대화의 시작점

센칸엔과 마주 보고 있는 사쿠라지마 활화산

가고시마 시내에서 조금 벗어나면 1658년 시마즈 미츠히사가 별장으로 지은 후 지금까지 정원으로 잘 보존되고 있는 센간엔을 만날 수 있다. 센간엔 앞에는 믿기지 않을 정도로 바로 눈앞에 활화산 사쿠라지마가 펼쳐져 있다. 2024년에도 분화한 활발하게 살아있는 화산이다. 분화구에서 올라오는 화산연기가 파란 하늘위로 올라가는 풍경은 정말이지 비현실적으로 보인다. 바로 앞에 화산연기가 올라오는 분화구를 보면서도 가고시마 사람들은 평온하게 일상을 살고 있었다. 이렇게 신비로운 활화산의 뷰(view)를 가지고 있는 센칸엔 정원 옆에는 일본의 근대화 시작을 알렸던 구집성관(旧集成館)이 있다. 가고시마는 한국의 해남처럼 일본 땅 끝에 위치하고 있어서, 지리적으로 서구세력이 일본으로 들어오는 초입에 있다고 보아야한다. 실제로 1543년 포르투갈 상인이 조총을 전한 곳도, 예수회 선교사가 가톨릭을 처음 전파한 곳도 이곳이다. 그 덕분에 일찍 개화사상이 일어났고, 이때 서구에 눈을 뜬 시마즈 나리아키라(1809~1958)가 등장하면서 서양기술 도입이 추진되기 시작했다. 이 과정에서 많은 시설과 공장들이 세워지는데, 시마즈가 조성한 공장지대 집성관의 하나가 '슈세이칸', 즉 '집성관'으로 부르는 이 근대식 공장이다. 이곳에는 철제 대포를 주조하기 위한 용광로 있던 터, 목탄을 만들어 냈던 숯가마 터, 그리고 사업에 사용할 동력을 얻기 위해 상류의 수원지에서 집성관 사업구역까지 이어 놓았던 수로시설이 아직 남아있다.

대포를 주조하기 위해 만들어진 용광로 터

저자가 센간엔 옆에 있는 세계문화유산 구성 구조물 중 하나인 집성관, 정확히 말하면 옛 구집성관을 방문했을 때는 공사 중이어서 내부로 들어갈 수 없었다. 그러나 구집성관 안에는 나가사키에서 운영하던 제철소를 벤치마킹하여 네덜란드에서 당시 들여온 기계들이 아직 남아있다고 한다. 현재 이 구집성관은 일본에 남아 있는 공장 중에 가장 오래되고 일본 최초의 근대식 석조건물이라고 보면 된다. 구집성관의 외관은 단순하고 정돈된 느낌으로 차분한 인상을 준다. 공장이라기보다는 학교 건축물 같기도 하다. 그러나 저자가 이 구집성관을 보면서 놀랐던 것은 메이지 유신이 시작되기 전에 이런 사업이 이미 진행되었다는 사실이었다. 이곳은 일본 근대화의 시작점이었던 것이다. 근대화의 시작에 불을 지핀 유적지는 구집성관 근처에 있는 '이인관'(異人館)이라고 부르는 '방적소기사관'도 한몫을 했다. 구집성관 공장건물을 보았으면 이 기숙사 건물도 보아야 이 모든 집성관 근대화 사업이 어떻게 진행되었는지 확실히 알 수 있다. 기숙사였던 이 건물은 지금은 박물관이 되었고, 이곳에는 집성관 사업과 관련된 많은 자료들, 즉, 여러 기계들과 근대화를 이끈 인물들, 그리고 공장을 건설하는 과정 등이 사진들과 문서, 모형 등으로 전시되어 있다. 이인관은 정확히 이야기하면, 영국에서 온 기술자들이 숙소로 사용하던 기숙사였다. 이곳 가고시마에 공장을 지으면서 설계 기술을 배우기 위해, 영국인 기술자들을 초빙했던 것이다. 위에서 우리는 이미 기술을 능동적으로 전수(傳受)받아서, 그 기술을 적극적으로 연구하여 전수(專修)하는 일본인의 특성에 대해 이야기하지 않았는가. 이인관 내부를 걷다보니, 푸른 눈의 서양인에게 기술을 전수받으려고 복도에서 그들에게 열심히 말을 걸고 있는 일본인들이 눈앞에 서 있는 것 같았다. 그리고 말해주는 내용 하나하나를 꼼꼼히 적어가며 열심 열심인 그들의 진지한 태도의 모습도 보이는 듯 했다. 그들은 그때 일본 근대화의 시작점에 서 있었던 것이다.

영국인 기술자들의 기숙사였던 이인관

서구에 대한 태도가 운명을 바꾸다

　일본이 서구 문명을 적극적으로 수용하여 급격하게 산업사회로 진입할 때, 그렇다면 조선은 서구에 대해 어떤 태도를 가지고 있었을까. 메이지 유신으로 성공한 일본은 동아시아 주변지역에 지대한 영향을 미치더니, 급기야는 제국주의를 표방하며 주변국을 침략하기 시작한다. 그리고 결국은 조선을 식민지화하는데 까지 이른다. 조선, 바로 우리나라 한국의 일이다. 우리 선조들에게 비인간적인 행위로 희생을 강요하면서 비극적 삶을 살게 했는데, 서구 문명을 적극적으로 전수(傳受)하고 전수(傳授)하여 근대화를 이룬 일본의 메이지 산업혁명을 어떻게 공부하지 않을 수 있을까. 그 당시 우리 선조들은 일본과 다르게 서구 문명에 어떤 태도였기에 역사의 수레바퀴는 그렇게 흘러갔는지 연구해봐야 하지 않을까. 물론 일본의 산업혁명을 들여다보면, 식민지 지배를 받았던 한국인으로서는 질투도 생기고 화도 나고 또 불편하기도 하다. 그러나 역사는 되풀이 되는 것이고, 우리의 후대가 미래로 가는 것이 분명하다면, 외면하고 무시해버리는 것은 옳지 않다. 또 다시 같은 상황을 맞이한다면 그때도 어쩔 수 없는 운명이려니 하고 후대들의 희생을 강요할 것인가. 어쩌면 우리가 결코 잊어서는 안 되고 반드시 알고 있어야 하는 일본의 근대화 과정일지 모른다.

모든 성공이 그렇듯이, 메이지유신 또한 어느 날 뚝딱하고 운이 좋아서 성공한 것은 아니다. 메이지유신 이전에 이미 이곳 가고시마에서 근대화의 밑거름이 뿌려지고 있었다. 가고시마가 집성관 사업으로 근대화 추진이 가능했던 것은 시마즈 나리아키라는 한 인물의 영향이 크다. 시마즈는 서양문물에 관심이 많았던 증조부를 통해 서구에 대한 눈을 뜨기 시작했고, 1851년 번주(지방을 다스리는 영주)가 되자 서구문명을 적극적으로 수용하였다. 여기서 우리는 19세기 제국주의 열강이 아시아로 몰려오는 상황을 상상해보자. 일단 다른 나라가 자국을 위협하면 방어하는 태세를 갖추는 것이 일반적일 것이다. 그리고 자국의 자존심을 지키기 위해 애국심을 불러들여 똘똘 뭉쳐 외부의 위협을 막아내려고 할 것이다. 너무나 당연하고 일반적인 대처방법이다. 그러나 시마즈는 조금 달랐다. 다른 아시아 나라들과 같이 제국주의 서구 열강들에 위협을 느낀 것은 맞지만, 그 위협을 없애는 방법이 달랐다. 그는 일본을 강한 나라로 만들려면 군사력을 키워야 한다며, 부국강병의 기치를 내걸고 먼저 서구의 과학기술을 빠르게 받아들인다. 그리고 전쟁에 필요한 물자들을 공업화하기위해 근대식 공업단지인 집성관(集成館)을 만들기 시작한다. 이렇게 해서 탄생한 것이 이번 유적지의 주인공인 구집성관이다.

현시점에서 보아도, 시마즈가 일본을 위협하는 제국주의 열강들의 기술문명을 적극적으로 받아들였다는 것이 참으로 놀랍다. 그 결과 가고시마에 세운 조선소에서 처음에는 서양식 기술로 서양식 군함을 만들고 결국 자국산 증기 기관선을 건조하는데 성공한다. 이 과정에서 시마즈는 기술 개발을 위해 신분을 가리지 않고 인재를 찾아내고 길러내어 장기적 플랜까지 세운다. 이 모든 일이 메이지 정부가 들어서기 전, 사쓰마(현 가고시마)에서 일어난 일이다. 더 놀라운 것은 영국-사쓰마 전쟁 후에 보여준 그들의 행보다. 1862년 가고시마 번주(번의 영주)의 행렬에 난입한 영국인을 사무라이들이 살해한 나마무기 사건이 발생한다. 영국 측은 이에 대해 사건 해결을 요구했고, 사쓰마번(가고시마 행정부)은 책임을 회피하면서, 영국과 사쓰마번 사이에 포격전이 벌어졌는데, 이를 영국-사쓰마 전쟁이라고 한다. 이 전쟁에서 사쓰마 번은 참패한다. 그러나 영국과의 전쟁에서 참패하자 영국을 배워 힘을 길러야 한다며 오히려 청년 19명을 영국으로 유학 보낸다. 이때 영국으로 유학 가서 서구 문명을 배워온 이들이 결국 일본 근대화에 앞장서는 인재가 되었으니 영국과의 이 전쟁은 오히려 가고시마를 더 빨리 근대화로 앞당겨준 계기가 된 셈이다. 그리고 가고시마에서 있었던 이러한 서구 문명에 대한 행보들이 근대화의 내공으로 쌓이게 된다. 아무리 일본이 분명한 명분, 방향성을 가지고 근대화 추진을 했다고 해도 이러한 내공이 없었다면 성공하기 쉽지 않았을 것이다. 산업화가 되면 이에 따르는 부수적인 것도 어마 무시한 격변을 맞게 된다. 그래서 정치 체제 변화는 물론 근대화에 투자되어야 하는 자본 등을 감당할 수 있는 내공이 갖추어져 있어야 한다. 가고시마의 집성관 사업이 바로 그러한 내공이었던 것이다.

그렇다면 당시 조선은 어떤 내공을 쌓고 있었을까. 일본이 서양기술을 받아들이면서 메이지 유신을 추진하고 있던 시기에 조선 또한 서구 열강들의 위협을 받는다. 그때는 서구 열강들이 아시아 국가들을 식민지 삼으려고 침략적 접근이 피크를 이루던 시대였다. 그러니 조선도 피해갈 수 없다. 1866년 프랑스와의 전쟁 병인양요, 1871년 미국과 신미양요(1871)등이 조선에서 발생한다. 그런데 조선은 일본과 완전히 다른 행보를 보였다. 전쟁에서 패한 후 상대국가의 기술을 배우려고 했던 일본과는 다르게, 전국에 척화비를 세우고 나라 문을 닫아버린다. 조선은 그 당시 세계의 흐름 상황을 현실로 받아들이지 못했던 것 같다. 그도 그럴 것이, 조선은 특정한 가문이 정치권력을 독점하는 세도정치 상황에 있었고, 집권자들은 국제정세에 대해서 지식도 없었지만 관심도 없었다. 그러니 당시 세계흐름을 파악하기 어려웠고, 개화라는 인식자체가 없었을 것이다. 특히 그 당시 조선은 명나라의 우수한 중화문명을 계승한 국가라는 생각하며 서양 나라들을 포함 다른 나라의 문화는 오랑캐의 문화라는 사상이 팽배해 있었다. 이러한 상황에서 서구 열강들이 접근해오니, 오랑캐들이 쳐들어온 것이라고 생각할 뿐 아무런 대책을 내지 못한 채 우왕좌왕 하게 된다. 그러다 밀려오는 커다란 서구 열강의 파도에 꼼짝없이 당하고 만 것이다. 결국 이렇게 당한 후에 뒤늦게 불리한 조건으로 개항 했던 것이 두 나라의 운명을 바꾸어 놓았다고 볼 수 있다.

　여기서 조선의 집권자들이 세계 흐름을 파악하지 못했던 이유를 하나 더 짚어보자. 혹시 그 당시 서구 열강들이 개척한 항로에 일본은 있었고, 조선은 없어서 그렇게 된 것은 아닌지 생각해 볼 수 있다. 왜냐면 그 당시 서구 열강 나라에서 온 서양인들의 숫자가 일본에 비해 조선에는 매우 적었기 때문이다. 항로에 포함되어 있지 않았으니 조선은 이후에도 잘 알려지지 않았다. 매우 적은 서양인들만 있던 조선은 직접적으로 서양인들과 교류할 수 있는 기회도 상대적으로 적을 수밖에 없었다. 그러나 적은 수의 서양인들이라 하더라도 관심만 있다면, 얼마든지 그들과의 교류에서 서양의 지식과 정보를 얻을 수 있었을 것이다. 그런데 조선인들은 조선에 와있는 서양인들과도 교류할 생각이 없었다는 것이다. 그렇다보니, 조선은 서양과의 교류를 중국이나 일본을 통해 간접적으로 하게 되고, 세계흐름을 파악할 수 있는 지식과 정보는 얻는데도 한계가 있었다. 이 모든 것을 차치하고, 서구의 지식과 정보를 얻을 수 있는 기회가 왔을 때 조선이 취한 태도가 일본과 달랐다는 것이 가장 중요한 요인이라고 본다. 예를 들어 네덜란드인 하멜 일행의 표류와 같은 기회가 있었지만, 당시 조선은 그들을 단순 노동력으로만 활용했을 뿐, 그들을 서구와의 통로로 활용해 서구에 대한 지식이나 정보를 알아내고 대화 창구로 사용하지 않았다. 명색이 조선에서 지식인이라는 관료들조차도 서양인인 하멜은 그저 처음 보는 신기한 사람들로만 보았다. 이러한 조선의 서양인들에 대한 태도는, 위에서 서양인 찬스를 절대 놓치지 않고 그들의 기술을 배우려했던 일본과 비교해보면 얼마나 다른지 잘 알 수 있다.

결국 서구에 대한 태도가 두 나라의 운명을 바꾸었다고 하면 타당성 없는 분석이라고 혹자는 반박할지도 모르겠다. 그 당시 다른 수많은 요인들이 분명 존재했으니 말이다. 그러나 여기서 우리가 인지해야할 부분은, 나라의 미래를 위해서는 세계의 흐름을 파악하고 새로운 시대에 대한 안목을 가진 리더를 길러내는 것이 필요하다는 것이다. 현재의 한국 정부의 급선무도 세계적인 흐름을 파악하고 현실을 냉철하게 판단할 수 있는 세계적 시야를 가진 인재를 길러내는 것이라고 생각한다. 지금도 세계정세 흐름은 심상치 않다. 어쩌면 인류가 존재하는 한 요동은 멈추지 않을 것이다. 어떠한 세계적인 변동이 와도 그 상황을 어떻게 보고 받아들일지 각 나라가 가지는 태도의 중요성은 지금도 아니 늘 유효하다.

3. 히메지 히메지성

◇◇◇◇◇

벚꽃 날리던 날, 언덕 위의 하얀 성

2016년 4월 히메지성을 처음 보던 날, 맑은 햇살아래 바람에 찬란하게 흩어지던 히메지성의 벚꽃을 저자의 기억이 꼭 붙들고 있다. '화무십일홍(花無十日紅)이라 했던가. 꽃은 열흘 이상 붉게 피어있지 않기에 잠시 화르르 피어올랐던 히메지성의 벚꽃은 꽃비가 되어 하늘로 날리고 있었다. 흩어지는 벚꽃을 보니 화르르 피어올랐던 붉고 붉었던 저자의 청춘도 그렇게 흩어져가고 있다고 느꼈다. 누구에게나 찬란했던 청춘의 순간들이 있을 것이고, 축제 같은 특별히 의미 있는 시간들이 있을 것이다. 그런데 저자의 특별하고 의미 있는 시간에는 벚꽃이 있었다. 아주 오래전이지만 흐트러지던 벚꽃 사이에서 설레고 떨리던 귀한 감정들을 가져본 경험이 있다. 끝도 없고 원인도 모르는 정체불명의 이념들에 온정신을 꽂아 박은 탓에 무겁고 버겁기만 했던 날들이었지만, 그렇게 보낸 날들을 보상이라도 해 주는 듯 설레는 마음위로 벚꽃이 흩날리던 찬란한 순간이 있었다. 그리고 지금도 그 날을 떠 올릴 때마다 아린 감정들이 꿈틀거린다. 그 순간들은 어쩌면 박제된 채로 남아 사라지지 않고 기억 속에 영원히 자리 잡고 있을지도 모르겠다. 히메지성에서 왜 저자의 청춘시절이 그렇게 눈물 나도록 그립고 아름다웠을까 생각해보면, 순전히 그 날 찬란하게 흩어지던 하얀색 꽃잎 때문이었다는 것이 분명하다. 그런데 그날 저자의 청춘시절만 그렇게 아름다웠던 것이 아니었다. 그 하얀색 꽃잎 속에서 보았던 언덕 위의 하얀색 히메지성도 눈부시게 아름다웠다.

  히메지성은 히메지 시에 있는 일본의 전형적인 성곽 건축물이자 일본 최
고 걸작의 목조 건축물이다. 성 전체가 백색인데다 날개 모양의 지붕이 백
로의 모습과 비슷해서 '백로 성'이라 부르기도 한다. 일단 히메지성은 성
의 존재 목적인 방어체계와 보호 장치를 잘 갖추고 있어서 기능적인 면에
충실하고 있다. 그러나 실제로 히메지성을 보면 군사시설을 갖춘 성곽이
라고 보기 어려울 수도 있겠다. 건축물 자체의 외관이 너무 아름답기 때문
이다. 이미 말하지 않았는가, 찬란했던 청춘시절 만큼이나 하얀 성이 너무
아름다웠다고. 이토록 눈부시게 빛나는 히메지성은 현재 총 83개의 건축
물로 이루어져 있는 하나의 목조예술품으로 보면 된다. 걸작의 건축물들
이 대부분 그러하듯이, 이 거대한 성 또한 하루아침에 만들어진 것이 아니
다. 1346년경 히메지성이 요새로 처음 세워졌다고 전해지지만, 1561년 사
무라이 시대 구로다 가문이 이 히메지를 지배했다는 기록이 있으니 최소한
이 시기에 세워진 것은 확실해 보인다. 1580년 이 구로다 가문은 한창 지
배권을 넓혀가는 과정에 있던 도요토미 히데요시(1536~1598)에게 여러 가
지 정치적 이유로 이 히메지성을 넘겨주게 된다. 성을 인수받은 히데요시
는 이곳을 본부로 삼고, 기존의 건축물을 보수 변경 확장하여 새로운 성곽

으로 탄생시킨다. 이때 그 당시 유행하던 스타~일, 성의 벽 둘레는 석벽을, 성에는 천수 각(다층으로 이루어진 성의 누각부분)이 세워지게 된다. 이러한 증축과정을 거치면서 처음에 작았던 히메지성은 현재 일본성곽 건축을 대표하는 성이 되었다. 지금 학계는 히메지성의 기본 성벽은 히데요시가 1609년 일본 땅 대부분을 지배할 때 세워진 것으로 보고 있다

　히메지성의 하이라이트는 당연히 천수 각이다. 천수 각은 7층으로 되어 있는 가장 높은 대천수가 있고, 3층으로 되어 있는 소 천수 3개가 있다. 특히 하늘로 하얗게 우뚝 높이 솟아 있는 눈부신 대 천수는 히메지성을 일본에서 가장 가치 있는 유산 중 하나로 만들었다. 대 천수 건물은 직경이 1m인 두 개의 거대한 나무기둥(심주)이 동서로 중심을 잡고 있는데, 이 기둥은 대 천수 내부를 들어가면 직접 볼 수 있다. 그리고 대 천수각 내부에 들어가서 자세히 살펴보면, 각 층마다 벽 뒤에 나무 기둥을 촘촘하게 박아 넣어 건축물의 하중을 견뎌낼 수 있도록 내구성을 단단히 했다는 것을 알 수 있다. 따라서 수많은 관광객들이 이곳을 오르고 내리고 해도 크게 염려할 필요는 없겠다고 생각했다. 사실 오래된 목재건축물이라, 천수 각 내부 계단을 오를 때나 바닥 위를 걸을 때 삐거덕 거리는 나무 소리가 들리는 것 같았다. 벚꽃 철이라 그랬는지 너무 많은 사람들이 대 천수 각 내부에 있었기 때문에 은근히, 어찌 보면 쓸데없는 염려를 했던 것이다.

　이 대 천수는 건축물이 백색이다 보니 햇살 좋은 날에는 더더욱 그 모습이 눈부시다. 그리고 이 눈부신 히메지성은 높이 솟아올라 있어서 히메지 시 어디에서나 볼 수 있게 되어 있다. 히메지성을 가기 위해 지하철에서 나와 지상으로 올라와 큰 대로에 섰을 때, 멀리 하얗게 우뚝 솟아 있는 대 천수 각을 보며 탄성을 내질렀던 기억이 난다. 그런데 사실 알고 보면, 천수 각 건물 자체는 그리 높은 것이 아니다. 히메지성을 지을 때 처음부터 주위보다 상당히 높은 산언덕 위에 지어지다 보니 높이 솟아 올라오게 된 것이다. 높이가 이미 45.6m인 산언덕 위에 세워진 기단(석벽)의 높이가 14.85m, 그리고 천수각의 높이가 31.5m이니 전체 높이를 합하면 해발

92m 정도 된다. 거기다가 성의 색이 빛을 반사하는 백색이다 보니 더욱 눈에 잘 띄고 크게 보인다. 그렇다면 백색성이라고 불리는 히메지성의 외벽은 왜 흰색으로 되어있을까. 전해들은 말에 의하면, 화재가 났을 때 목조건축물의 경우 흰색이 느리게 연소된다고 한다. 그렇다면 화재 때문에 백색성이 된 것인데, 이렇게 히메지성이 아름다운 것을 보면, 일거양득이 된 셈이다. 화재 번짐도 막고 미관도 확보하고.

천수 각을 나와서 히메지성벽을 걷게 되면, 벽에 구멍이 뚫려 있는 것이 보일 것이다. 이는 침입하려는 적에게 총으로 사격할 수 있게 해놓은 것이다. 대부분의 성이 그렇듯이, 천수 각으로 가는 입구도 적이 바로 들어오지 못하는 구조를 하고 있어서 요새답다고 생각했다. 저자가 답사한 일본의 전형적인 성들, 오사카 성, 후쿠오카 성, 가고시마 성 등과 마찬가지로, 히메지성에도 성 주위에 해자가 있다. 해자란 적으로부터의 침입을 막기 위해 성주위를 판 구덩이를 말하는데, 방어의 효과를 높이기 위해 해자에 물을 채워넣는 경우가 많다. 이렇게 하면 해자가 1차 방어 수단이 되고 성의 돌 벽이 2차 방어 수단이 되는 것이다. 그런데 이 히메지성의 해자 또한 너무 아름다워서 성이 미관을 유지하는데 큰 기여를 하고 있다. 눈부시게 하얀 아름다운 성에 아름다운 해자까지, 히메지성은 성곽 건축물이 보여줄 수 있는 모든 것을 보여주려고 너무나도 많은 애를 썼다. 그래서 찬사를 보낼 수밖에 없다.

아름다운 히메지성 해자

그런데 히메지성은 270년 동안 봉건 영지의 중심지였고, 일본의 무사정권이었던 막부시대의 중요한 상징적 장소라는 것도 알고 있어야겠다. 일본에는 칼을 명예롭게 생각하고 언제 어디서나 긴 칼을 차고 다녔던 무시무시한 사무라이들의 시대가 있었다. 무신정권 당시 막부(幕府)의 수장은 쇼군이고 바로 아래 지위에 있는 자들이 다이묘, 그리고 이 다이묘들의 군사가 바로 사무라이들이다. 일본 전국시대에 각 지방을 지배한 영주인 다이묘들은 자신들의 영토를 지키기 위해 사무라이들이 필요했고, 따라서 사무라이들을 많이 고용할수록 다이묘의 세력이 강해지는 것이다. 16세기 일본 전국시대, 천하통일로 이끌었던 강력한 다이묘는 오다 노부나가, 도요토미 히데요시, 그리고 도쿠가와 이에야스였다. 이 세 명의 다이묘들은 모두 일장일단을 가지고 있어서, 일본 기업에서 신입사원 면접 시, 이 세 사람의 캐릭터 중 어떤 사람인지 질문한다고 한다. 노부나가는 잔혹하고 냉정하지만, 내면은 의외로 따뜻한 정이나 인간미를 보여주는 캐릭터로, 도요토미 히데요시는 카리스마는 있지만, 교활하고 실속을 챙기는 캐릭터로, 도쿠가와 이에야스는 느리지만 기회가 올 때까지 기다릴 줄 아는 신중한 캐릭터로 알려져 있다. 이 세 명의 다이묘들은 일본 역사에서 가장 강력한 임팩트를 준 사무라이시대의 영웅들로, 지금도 나고야 축제에서 이 세 사람을 기념하는 행렬을 하고 있을 정도다. 이 세 다이묘들에 대해 궁금하다면, 넷플릭스(Netflix) 다큐멘터리에서 '사무라이의 시대'를 시청하는 것도 좋은 방법이다. 일본 격변의 역사에서 어지러운 세상을 평정하고 권력을 움켜쥐려고 했던 사무라이들에 대해 제대로 알아볼 수 있는 기회가 될 것이다. 메이지유신으로 이 거대 다이묘들의 막부시대가 끝났지만, 도요토미 히데요시가 쌓아올린 유적들이 남아있어서 히메지성은 막부시대의 상징이 된 것이다. 하얀 벚꽃이 흩날리는 날 해후했던 언덕 위의 아름다운 히메지성이 사무라이 시대를 상징하는 건축물이라니, 무언가 괴리감이 느껴졌지만, 그래도 하얀 성은 눈부시게 아름다웠다.

도요토미 히데요시의 악한 야망

우리는 이제 히메지성이 도요토미 히데요시와 깊은 관련이 있다는 것을 알아버렸다. 맞다. 우리가 알고 있는 임진왜란을 일으킨 그 도요토미 히데요시다. 일본의 입장에서 보면, 도요토미 히데요시는 일본을 통일한 명장이다. 그는 빈농의 아들로 태어나 수많은 전쟁을 거치면서 최고의 권력을 잡게 되었고, 결국 16세기 100년 동안 치열한 내전으로 피로 물들여진 전국시대를 통일하였다. 오랫동안 분열되어 있던 일본의 여러 지역을 통일시킴으로써 전쟁을 멈추게 한 그는 일본역사에서 주목받을 만하다. 그런데 왜 1592년에 조선을 침략하여 수많은 희생자를 만드는 큰 재앙을 불러 일으켰는지 그 이유를 여기서 묻지 않을 수 없다. 도요토미 히데요시가 임진 왜란을 일으킨 이유에 대해 여러 가지 설이 있지만, 명나라를 지배하겠다는 자신의 야망을 실현하기 위해서라고 보는 것이 지배적이다. 사실 히데요시는 일본 내에서 최고의 권력을 가지고 있었다 할지라도 결국 천황의 신하에 불과했고, 빈농출신이지 무사출신이 아니었기 때문에 무사권력(막부)의 수장인 쇼군이 될 수 없었다. 쇼군이란 일본 역사에서 명목상 천황 다음가는 실질적 권력을 가진 대장군을 의미한다. 따라서 그가 쇼군이 되어 막부를 구성하려면 천황에게 대장군의 칭호를 받아야만 했다. 대장군이 되기 위한 야망이 꿈틀대면서 히데요시는 그에 합당한 명분을 찾기 시작했는데, 그것은 바로 일본의 과거 영토라고 주장하는 고대 한반도 남쪽에 있던 미마나(임나)를 되찾고, 이에 반대하는 명나라 군대를 없애는 것이었다. 그런데 사실 이 임나(任那)가 어디에 있는 것인지에 대해 아직도 여러 이견이 있다. 일본서기에 등장하니, 가야 지역이 아닐까라는 추정은 하고 있지만, 확실하지 않다. 아무튼 히데요시는 외부적으로 이러한 명분을 내세웠지만, 속내는 전쟁하는 과정에서 생기는 영토를 무사들에게 나누어 주어 빈농출신으로 늘 불안했던 무사들과의 상하관계를 강화시키고 자신의 입지를 굳

히고 싶었던 것이라고 역사학자들은 판단하고 있다. 결국 임진왜란을 일으
킨다.

　물론 다른 설도 있다. 전국을 통일한 후 히데요시는 딱히 할 것이 없었다.
전쟁이 없어지니 전쟁터에서 칼만 쓰던 사무라이들은 할 일 없는 백수가
된 것이다. 그리고 전국을 통일한 후에도 여전히 군사력, 즉 사무라이들을
고용하고 있던 다이묘가 많았기 때문에, 히데요시는 이 군사력을 어떻게
활용할 것인지 새로운 고민을 하게 된다. 그리고 고민 끝에 그들에게 일자
리를 제공하는 프로젝트를 만들게 되는데, 그것은 중국 명나라를 치는 것
이다. 당시 일본 내부에서는 이 프로젝트에 대해 많은 반대가 있었다고 한
다. 그럼에도 아랑곳하지 않고 히데요시는 1592년 강력한 군사력을 가지
고 있던 다이묘들로부터 15만 8천여 명을 지원받아 명나라를 공격한다는
구실로 조선을 침공했다. 결국 임진왜란은 남아도는 군사력을 활용하고 일
자리를 창출하는 프로그램으로 진행되었다고 볼 수 있다. 종합해보면, 히
데요시가 임진왜란을 일으킨 이유는 다이묘(10세기~19세기까지 각 지방의 영토
를 다스리는 영주들)들이 가지고 있는 군사력을 활용하여 그들의 불만을 없애
고, 자신의 야망을 실현시키기 위한 것으로 집약된다. 우리가 너무나 잘 알
고 있듯이, 임진왜란 전쟁은 조선군의 승리로 끝난다. 일본군의 이동경로
를 첩보로 알아내고 그들의 보급로를 차단한 한반도 의병들이 펼친 게릴
라 전술이 주효했다. 또한 우리의 영원한 영웅 이순신 장군이 이끄는 강력
한 조선수군이 남해안을 장악하고 있었고, 명나라가 자신의 영토를 지키기
위해 조선에 군사를 지원해옴으로써 일본군은 처참하게 패하고 히데요시
의 야망은 산산조각난다. 그리고 1598년 결국 그는 사망한다. 인류역사를
보면 2차 세계대전을 포함 수많은 사람들을 희생시키는 큰 전쟁은 늘 한사
람의 야망으로 시작되었다는 것, 이 사실을 알면 분노를 느끼지 않을 수 없
다. 앞으로 개인의 야망으로 인류를 파멸로 이끄는 멍청하고 어리석은 리
더가 이 세계에 다시 나타나지 않기를 바랄 뿐이다.

기적처럼 살아남다

모든 건축물은 시간이 지남에 따라 노화된다. 그래서 지속적인 관리 보수가 필요하다. 다른 대부분의 유적지처럼 수많은 시간을 거치면서, 히메지성 또한 증축과 소멸, 재건 등이 반복되었다. 그럼에도 불구하고 천수 각들의 무게를 견뎌내지 못해 서서히 무너져 내려가는 것을 그 당시 기술로는 어쩔 수 없었다. 일본에 '동쪽으로 기운 히메지의 성은 꽃 같은 에도가 그리운가' 라는 민요도 있듯이, 히메지성은 서서히 침하되고 있었다. 그러나 지금은 봉건시대 일본의 다른 성들과는 다르게 히메지성은 기존의 형태로 잘 보존되어 있다는 평을 받고 있다. 이 아름다운 언덕 위의 하얀 성이 무너져 내리는 것을 막기 위해 많은 사람들의 꾸준한 노력이 있었기 때문이다. 예를 들어, 1874년 메이지 유신 때 군부대가 성터에 주둔하면서 많은 건물이 파괴되자, 1877년 히메지성곽 보존을 요구하는 움직임이 있었고, 1878년 육군 장교들의 노력으로 유적보호법의 보호를 받을 수 있었다. 또한 1910년 지역 유지들이 정부에 진정서를 제출하여 국고 보조금을 지원받아 히메지성을 대대적으로 수리했다. 1945년 히메지성은 공무를 위한 관청으로 대체되었지만, 다행히도 성 안쪽의 건물들은 건드리지 않아 17세기 모습대로 유지할 수 있었다.

이렇게 히메지성이 보존이 잘되어 있는 것이 일본인들의 노력에 힘입은 것도 있지만, 그것보다는 기적이 살려내어 가능했다고 보는 것이 맞겠다. 일본의 역사적 현실을 살펴보면, 히메지성은 파괴될 수밖에 없는 상황에 놓였으나, 살아남았기 때문이다. 첫 번째 위기는 막부시대 말기 내전에서 왔다. 막부 편에 있었던 히메지 영주는 교토 신정부군과의 전쟁이 불가피한 상황에 놓였는데, 영주가 에도에 가서 돌아오지 않는 동안, 그간 성을 관리하면서 성에 남아있던 사람들의 결정으로 적들에게 문을 활짝 열어준 것이다. 그 바람에 무력충돌을 피할 수 있었고, 히메지성을 파괴로부터 지켜낼 수 있었다. 두 번째 위기는 미국의 대규모 폭격이다. 1945년 태평양 전쟁 당시, 히메지성에는 육군 부대가 주둔하고 있었기 때문에 당연히 미군 폭격의 대상이었다. 아무리 전쟁이라도 각 나라의 중요한 문화재들은 상호 지켜주어야 할 대상인데도 불구하고 히메지성은 문화재로서 인지도가 낮아 미군에서 지정한 폭격 금지 대상 리스트에도 포함되지 않았다. 이쯤 되면 우리는 하얀색인 히메지성이 눈에 잘 띄어 폭격하기 쉬울 것이라고 생각할 것이다. 그때 일본군도 그렇게 생각했다. 따라서 일본군은 폭격을 피하기 위해 히메지성의 주요부분에 검게 칠해진 망을 씌웠다. 그리고 미국군의 대공습이 시작되면서 히메지성에 폭탄이 직격으로 날라 왔다. 그런데, 야간 폭격이 있었던 다음날에 히메지성을 살펴보니, 놀랍게도 대천 수에 폭탄은 떨어졌지만 불발로 그쳤다는 사실을 알게 된다. 몇 곳은 미미하게 파괴되었겠지만, 성 전체는 기적적으로 살아남은 것이다. 이렇게 막부 말기 내전과 태평양 전쟁에서 살아남은 히메지성은 부전(不戰)의 성이 되었고 기적의 목조 건물이 되었다. 일본역사에는 내전이 많았기 때문에 각 지역마다 성이 많다. 그러나 막부시대에 지어진 오사카 성처럼 대부분 전쟁으로 전소되었다. 그런데 기적처럼 살아남은 고성, 히메지성을 보면, 인간이 어찌할 수 없는 불가사의한 힘의 작용, 기적이 있는 것 같기도 하다. 히메지성이 보여준 기적, 누구에게나 그런 기적 하나쯤은 생기기를 바래본다.

튀르키예

1. 이스탄불 아야소피아

2. 이스탄불 블루모스크

3. 이스탄불 바실리카 시스턴

4. 카파도키아 데린쿠유

5. 에페소 셀수스 도서관

1. 이스탄불 아야소피아

◇◇◇◇◇◇

파란만장한 이스탄불

이스탄불, 이 도시는 '파란만장'이라는 고사성어가 잘 어울린다. 파란만장(波瀾萬丈)이란 '파도의 물결치는 것이 만장의 길이만큼' 된다는 뜻으로, 삶에 기복이 심하고 시련과 풍파가 많을 때 우리는 '파란만장한 삶'이라고 말한다. 아니 도대체 얼마나 변화가 심하고 시련이 많아서 이 고사성어가 어울리나 하고 의아해하는 독자도 있겠지만, 저자는 고대 도시 이스탄불을 그렇게 생각한다. 우선 지정학적으로 보면 파란만장할 수밖에 없다. 세계 지도를 펼치고 한번 보자. 이스탄불은 흑해로 이어지는 길목인 보스포루스 해협을 경계로 동양과 서양의 문명을 연결하는 고리에 위치하고 있다는 것을 알 수 있다. 이러한 지정학적 위치 때문에 고대 동양에서 시작한 실크로드의 종착 지점이 되었고, 유럽대륙의 로마로 들어가는 시작점이 되었다. 지금도 이스탄불은 도시 중간에 위치한 보스포루스 해협을 중심으로 서양인 유럽대륙과 동양인 아시아대륙으로 나누어져 있다. 이러한 태생적 운명을 타고나는 바람에 종교 문명이 이곳에서 만나 대격돌하였고 동서양 문명이 혼재하게 되었다. 세계사의 역사적 부분에서 가장 유명하고 가장 많은 사연을 담고 있는 도시가 튀르키예의 이스탄불이라고 해도 과언이 아닐 것이다.

유럽과 아시아대륙을 나누는 보스포루스 해협에 있는 이스탄불

　　그렇다면 아시아유적지를 다루고 있는 본 책에 고대 로마와 직결되어 있는 튀르키예 국가가 왜 포함되었는지 궁금할 수 있겠다. 책 안내에서 이미 언급했듯이, 먼저 대부분의 영토가 아시아대륙에 속해 있다. 세계 지도를 보면 알겠지만, 서쪽에 에게해, 북쪽에는 흑해, 남쪽에는 지중해로 삼면이 바다로 둘러싸여 있는 튀르키예는 아시아 쪽의 영토가 국토의 97%를 차지하고 있고, 유럽 쪽 영토는 전체 국토의 3%에 불과하다. 그리고 대부분의 아시아 국가들이 중국의 영향으로 유사한 문명을 가지고 있는 것에 반해, 튀르키예는 색다른 문명을 가지고 있어서 한권의 책에서 다양한 문명을 접해보는 것도 괜찮겠다 싶었다. 또한 '형제국가'라고 칭하며 한국과 서로 좋은 관계를 유지하고 있는 튀르키예는, 유럽 편 보다는 한국이 있는 아시아 편에 포함되는 것이 정서적으로 편안한 느낌이 있어서이기도 했다. 그리고 이참에 '튀르키예'(Turkiye)는 '터어키'(Turkey)에서 바뀐 국가명이라는 사실을 말해야겠다. 국가명이 바뀐 것은 최근 2022년이다. 튀르키예 정부는 '터어키'라는 국가명이 마음에 들지 않았던 것이다. 영어권에서 '터키'라는 단어가 칠면조를 뜻하거나, 또는 겁쟁이, 패배자등을 의미하는 속어로 사용되고 있었기 때문이다. 본 책을 집필할 당시는 '터어키'였기 때문에 혹시 바뀐 국가 명을 쓰지 않은 부분이 있을 수 있다는 것을

미리 밝혀둔다.

이제 파란만장한 이스탄불의 역사를 들여다보자. 세계에서 5번째로 큰 도시이자 유럽과 서아시아에서 가장 큰 도시인 이스탄불은 여러 국가의 수도였다. 이 도시는 기원전 667년경에 '비잔티움'이라는 고대 그리스의 도시로 건설된 후, 330년 콘스탄티누스 황제가 이 도시를 정복하면서 로마제국의 새로운 수도가 되었다. 도시 이름도 이때 '비잔티움'에서 황제의 이름을 딴 '콘스탄티노플'로 바뀐다. 이 도시는 로마제국의 수도로서 330년부터 1204년까지 큰 번성을 누리며 탄탄대로를 달렸지만, 1204년 제4차 십자군 전쟁으로 라틴인들이 이곳을 정복하게 되면서 잠시 라틴제국(1204년~1261년)의 수도가 되기도 한다. 그리고 1261년 로마 제국의 계승 국 중 하나인 니케아 제국이 콘스탄티노플을 되찾게 되면서 다시 로마 제국에 속하게 된다(1261~1453년). 그러다 결국 이 도시는 1453년 이슬람교인 오스만 제국(1453년~1922년)에 의해 함락당하고, 역사상 가장 강력했던 로마제국도 2000여년 역사 속에서 종말을 고한다. 이때 '콘스탄티노플'이라는 이 도시의 이름은 '이스탄불'로 바뀌게 된다. 자, 이쯤 되면 이미 파란만장하지 않은가.

그러나 그 이후에도 이스탄불은 평탄하지 않았다. 제1차 세계대전에서 오스만제국은 패했고, 영국, 프랑스, 그리스 등의 연합국이 이스탄불을 점령했지만, 국민군이 맞서 싸워 이들을 물리친다. 그리고 오스만 제국은 해체되면서 터키 공화국이 설립된다. 드디어 1923년 터키 공화국이 수도를 아나톨리아 반도 내륙에 있는 앙카라로 옮기면서 이스탄불은 1600년 만에 여러 제국들의 수도로서 힘들었던 시간에서 벗어난다. 이렇게 이스탄불은 긴 시간동안 세계 역사적 사건의 소용돌이 속에 휘말려왔다. 힘들고 어려운 시간을 보낸 도시를 두고 이렇게 말하기는 좀 그렇지만, 그 역사 '덕분'에 이 도시는 비잔틴, 로마, 오스만의 문명들을 품게 되었고, 그 역사 속에 있었던 이 문명들은 세계 최고의 유적들을 남겨놓게 되었다. 이스탄불에 있는 세계 최고의 유적지들은 비잔틴 건축물인 아야소피아, 동로마제국의 저수지였던 바실리카 시스턴, 로마경기장 히포트럼, 이슬람교 최대의 모스크인 블루모스크, 오스만 술탄의 톱카프 궁전 등이다. 이 모든 유적지가 있는 이스탄불 도시 전체는 유네스코 세계문화유산으로 등재되어 있다. 이제 이스탄불이 왜 '파란만장'(波瀾萬丈)이란 고사성어가 어울리는지 알 수 있지 않을까.

더 파란만장한 아야소피아

이스탄불이 얼마나 파라만장한 역사를 가지고 있는지 우리는 알아버렸다. 그런데 이스탄불보다 더 파라만장한 사연을 가진 아야소피아가 이 도시에 당당하게 서있다. 세계의 많은 사람들이 이스탄불을 방문하는 이유 중에 하나가 아야소피아를 보기 위해서 온다고 해도 절대 과한 말이 아니다. 저자 또한 꼭 가야할 세계유적지 버킷리스트에서 아야소피아는 늘 순위중 상위권에 있었다. 현재까지 남아있는 비잔틴 건축물 중 최고작품으로 평가 받고 있는 아야소피아는 거대한 규모와 고도의 기술력, 그리고 예술성까지 갖춘 건축물이라는 것을 답사하기 오래전부터 알고 있었다. 아야소피아는 파라만장한 일들을 겪으며 드라마틱한 이야기들을 품게 되어서 세계에서 유명한 유적지가 되었고, 현재 세계에서 다큐멘터리로 가장 많이 다루어지는 유적지 중 하나이기도 하다. 아야소피아에 해마다 방문하는 관광객만 400만에 이른다고 하니, 세계인의 버킷리스트에 가장 많이 들어가 있는 세계적인 유적지가 아닐까 싶다. 아야소피아 건축물의 아름다움과 혁신적인 건축방식은 세계의 수많은 건축가들과 미술가들에게 영감을 주었을 뿐 아니라, 지금 현존하는 세계의 수많은 교회와 사원들에게도 커다란 영향을 미쳤다고 하니, 저자는 더 더욱 아야 소피아 답사를 고대하고 기대했다. 그리고 드디어, 유스티니아누스 1세가 537년 아야소피아 성당을 완공하고 안으로 들어가, "솔로몬이여, 제가 당신을 이겼습니다." 라고 말했듯이, 저자는 아야소피아 안으로 들어가, "신이시여, 드디어 제가 아야소피아에 왔습니다."라고 외치며 감격의 눈물을 흘렸다.

아야 소피아 외부 전경

아야소피아는 처음에 성당으로 건축되었지만, 지금은 모스크로 사용 중이다. 한 종교집단에 의해 창조되었지만, 더 강한 힘을 가진 다른 종교집단이 이 건축물을 가지게 된 것이다. 아야소피아는 긴 역사 속에서 파괴와 반란, 그리고 화재, 지진 등으로 여러 차례 파괴되고 소실되고 무너지고, 또다시 재건되고 재건되면서 모진 세월을 견뎌내고 버티어냈다. 온몸이 소멸되고 다시 태어나는 과정을 여러 번 겪어야 했기에 아야 소피아가 이스탄불 도시보다 더 파란만장하다고 말한 것이다.

'아야소피아'는 '거룩한 지혜'라는 뜻이다. 위에서 이미 언급했듯이, 콘스탄티누스 1세가 로마 제국의 수도를 콘스탄티노플로 정한 약 30여 년 후, 아야 소피아는 콘스탄티누스 1세의 후계자인 콘스탄티우스 2세에 의해 360년 황궁 옆에 처음 세워진다. 그러나 기구한 운명은 그때부터 시작된다. 황제 가족과 대주교와의 정치적 종교적 갈등과 군중의 폭동으로 이 아야소피아는 흔적도 없이 불타게 된 것이다. 그러나 약 11년 후 테오도시우스 2세가 아야소피아를 재건한다. 이때 재건된 성당은 건물 본체는 벽돌로, 그리고 내부는 대리석으로 된 직경 22미터의 목조 돔이 있는 거대한 건물이었다. 그러나 532년에 있었던 반란으로 또 다시 화재에 소실된다. 그래도 다행스럽다고 해야 할까. 첫 번째 화재에서는 아예 남아 있는 것이 하나도 없었는데, 두 번째 화재에서는 그림이 새겨진 기둥 같은 석재들이 남아서 지금까지 내려오는 것도 있다. 이렇게 두 번이나 발생한 화재로 소실되었던 아야소피아는, 유스티니아누스 황제(532~537년)에 의해 위에서 말한 "솔로몬이여, 제가 당신을 이겼습니다."라고 외칠 정도로 이전 성당과는 완전히 다른, 훨씬 더 크고 화려한 성당으로 지어진다. 거대한 돔 천장이 이때 만들어지는데, 아야소피아 내부를 들어간 사람들은 이 돔 테두리에 있는 창문 40개에서 들어오는 빛이 얼마나 경건하고 신비로운지 성당 내부를 천국처럼 느꼈을 것이다. 이러한 대공사를 위해 로마제국의 여러 도시에서, 심지어 지중해를 건너서 건축 자재들을 가져왔다고 한다. 그래서일까. 아야소피아의 기둥들을 자세히 보면 서로 각각 다른 크기의 대리석과 다른 색이 보인다. 이 성당을 재건하고 확장하는데 무려 1만 명 넘는 인력이 동원되었다고 하니, 당대 최고의 건축물 공사였다고 할 만하다.

그러나 아야소피아는 비잔틴제국 최고의 건축물로 현재까지 보존되기까지 혹독한 시련을 겪어야 했다. 이 세상의 모든 것이 수고를 들이지 않고 쉽게 얻는 것이 어디 있으랴. 이 세상에는 '공짜'도 없고 '그냥'도 없다는 것을 우리는 잘 알고 있다. 아야 소피아는 당대최고의 건축물로 우뚝 선 이후에 553년과 557년에 있었던 대지진으로, 726년과 814년에는 황제와 교회의 대립에서 일어난 성상 파괴운동으로, 859년에 또 다시 대화재로, 869년과 989년 또 다시 대지진으로 조금씩 파괴되면서 무너져 내린다. 그러나 그대로 무너져 내릴 수는 없다. 어떻게 견뎌온 아야소피아인데. 결국 여러 번의 보수 끝에 아야소피아는 994년에 재개관하게 되고, 이때 돔 천장에는 예수님의 모습이, 그 뒤쪽에는 성모 마리아 모습이, 아치에는 예언자들과 교회의 주교들의 모습이 그려진다. 이렇게 꿋꿋이 잘 견디어오던 아야소피아는 결정적으로 새로운 운명을 맞이하게 된다. 1453년 오스만 제국의 술탄 메흐메드 2세가 콘스탄티노폴리스를 점령하게 되면서다. 전쟁을 하게 되면 전통적인 관습에 따라 병사들에게 약탈을 허락한다는데, 콘스탄티노플에서의 약탈이 어떻게 일어났는지 어렵지 않게 상상할 수 있다. 전쟁이라는 것이 인간을 얼마나 잔인하고 흉포하게 만드는지 우리는 잘 알고 있기 때문이다.

전쟁의 승리자가 된 메흐메드 2세가 이스탄불로 입성해서 처음 한 일은 아야소피아 대성당으로 가서 그 곳의 흙을 자신의 머리에 뿌리는 일이었다. 그리고 아야소피아 대성당을 몰수하여 모스크로 사용할 것을 선언한다. 아야소피아가 성당에서 모스크로 탈바꿈하는 순간이다. 이슬람의 모스크가 된 아야소피아에는 메카의 방향을 표시하는 아치형 미흐라브가 새롭게 설치된다. 그리고 아야소피아의 내부 벽과 천장에 있던 모자이크와 프레스코화도 모두 회칠로 덮여진다. 회칠이 떨어져 나가면 다시 회칠을 반복했는데, 아이러니하게도 이 회칠 때문에 동로마제국의 모자이크들이 오랫동안 보존될 수 있게 되었다고 한다. 1935년에 오스만 제국이 끝나고 터어키(현 튀르키예) 정부가 들어오면서 아야소피아는 모스크에서 박물관으로 바뀐다. 이때 오스만 제국 시대의 회칠도 벗겨내 옛 모자이크들이 다시 드러나게 되었지만, 이미 오랜 세월을 견뎌온 아야소피아는 약할 대로 약해진 상태였다. 터어키 정부는 세계에서 기금을 모아 돔을 포함해 건축물의 균열을 안정시키고 복원작업도 하였다. 그리고 기독교와 이슬람문화의 공존을 상징하는 아야소피아는 2020년 다시 모스크로 변경되었고 현재에 이른다.

현재 모스크가 된 아야 소피아의 내부 전경

다행히 저자는 박물관이었던 2019년에 아야소피아를 답사했다. 아야소피아를 만나다니, 너무 감동스러워 입구에 한참을 서서 바라보고 또 바라보고 원 없이 바라보았다. 아야소피아의 경이로움과 신비함은 외부구조 형태에서도 느끼지만, 내부 안으로 들어가야 그 정점을 느낄 수 있다. 아야소피아 건축물의 핵심은 하늘나라를 상징하는 반구형 돔이다. 내부 안에 들어섰을 때, 무려 55.6m 높이의 반구형 돔에 있는 40개의 아치형 창문에서 안으로 쏟아져 내려오는 빛줄기를 맞이한다고 상상해보라. 빛줄기에 몸이 공중 부양되어 마치 천국으로 올라가고 있다고 느낄 것이다. 아니 빛줄기가 쏟아지는 커다란 공간 안에 서있기만 해도 그곳이 바로 천국임을 느낄 것이다. 이제 천국 안으로 들어온 빛줄기를 통해 신께 경배 드리고 싶은 마음이 생기면서, 진정한 경건함이란 것이 무엇인지 직접 체험하게 된다. 커다란 울림으로 온 몸과 영혼이 떨리고 있다면 내부의 커다란 공간 위를 올려보는 것이 좋겠다. 그 곳에 있는 아름답고 다양한 색의 대리석들과 예술적인 모자이크들을 보면, 신이 만들어 놓은 거룩한 방에 자신이 초대되었다는 것을 실감할 수 있다. 이렇게 직접 아야소피아를 만나보면 왜 아야소피아는 지금까지 무너지지 않고 온갖 파란만장을 꿋꿋이 견디며 여기까지 오게 된 건지 알게 된다. 우리에게 이 귀함을 꼭 보여주고 싶었던 것이다. 모진 세월 견뎌온 아야소피아, 정말 눈물 나도록 고맙고 또 고마웠다.

영원한 앙숙

이 아름다운 건축물에는 기독교와 이슬람교, 커다란 두 문명이 공존하고 있다. 두 문명의 공존을 가장 선명하게 보여주는 것은, 아야소피아가 모스크에서 박물관으로 바뀔 때 회칠이 벗겨진 모자이크들이다. 특히 예수님과 성모마리아, 요한의 모습이 그려져 있는 성화 '디시스(Deesis)' 모자이크는, 이 건축물이 기독교 문명에 의해 세워졌음을 분명히 하고 있다. 나아가 이

벗겨진 모자이크는 두 문명이 오랫동안 갈등이 있었음을 가장 상징적이고 가장 선명하고 가장 극적으로 보여주고 있다. 이 커다란 두 문명은 어쩌자고 인류역사에서 충돌과 전쟁을 피하지 못하고 지금까지도 이어지고 있는 걸까. 무엇 때문에 이 두 문명은 인류역사에서 영원한 앙숙이 된 것일까. 여기서 우리는 이 두 문명에 도대체 무슨 일이 있었는지 궁금해 질 것이다.

이슬람교가 회칠을 했지만 벗겨진 기독교 성화

현재 전 세계 인구 80억 중 기독교(천주교 개신교 포함)가 약 26억, 이슬람교 20억 명으로 두 종교가 가장 많은 인구를 차지하고 있다. 이 두 종교의 갈등과 충돌은 이슬람교가 창시된 7세기부터 1400년 넘게 지속돼 왔는데, 이 불행한 역사가 시작된 것은 상대 종교의 구원자에 대한 다른 관점 때문이다. 두 종교를 적대적으로 만든 핵심 교리상의 차이가 바로 예수님에 대한 입장이다. 기독교는 예루살렘에서 탄생한 예수님을 하나님의 아들로서 받아들이고 예수님을 통해서 하나님을 만나고 하나님이 함께 한다고 믿으며 따라서 예수님을 하나님과 똑같이 추앙한다. 그리고 예수님의 부활을 기본교리로, 예수님의 가르침인 성경을 경전으로, 믿음에 의해서 구원된다고 믿고 있다. 그러나 서기 600년에 메카에서 태어난 무함마드에 의해 창시된 이슬람교는 예수님의 존재는 인정하지만, 예수님은 하나님(알라)이 보낸 여러 예언자 중 한 명일뿐, 하나님의 아들로 인정하지 않는다. 대신 이슬람교는 무함마드를 하나님께서 보낸 마지막 예언자라고 여기며 무함마드의 가르침인 코란을 경전으로 무함마드를 신성시한다. 나아가 이슬람교는 기독교에서의 믿음이 아닌 행위에 의해 구원된다고 믿고 있다. 기독교의 기본교리인 예수님의 '부활' 또한 이슬람교에서는 인정하지 않는다. 예수님이 십자가에서 돌아가시지 않았다고 믿는 이슬람교는 그래서 '부활'은 없다고 주장하는 것이다. 예수님 사후에 많은 사람들이 예수님을 보았다고 성경은 말하는데, 그 당시 십자가에서 죽지 않았다고 주장하다니, 이건 주장 차이가 너무 큰 것이 아닌가 싶다. 그러나 성경 내용에 대한 고정관념을 가지고 있던 저자에게는 이 대목이 신선한 충격이 되기도 했다.

무엇보다 이 두 문명이 무력충돌하게 된 결정적인 원인은 성지(聖地) 때문이다. 7세기에 탄생한 이슬람교는, 예수님의 죽음으로 성지(영적 상징 장소)가 된 예루살렘을 장악했고 기독교도의 성지순례도 막았다. 기독교가 이러한 상황을 가만히 지켜 볼 리가 없다. 기독교 국가들은 이 성지를 탈환하기 위해 뭉치게 되는데 그것이 바로 11세기에서 13세기에 일어난 '십자군전쟁'이다. 약 200여 년 동안(1095~1291) 총 9차례의 전쟁을 치루면서 두 종교는 서로 앙숙으로 치닫게 된다. 물론 현대의 우리가 평가하는 십자군전쟁은 매우 부정적이다. 처음에는 십자군 전쟁의 명분, 즉 무슬림의 지배로부터 성지를 탈환하는 주요 목표가 전쟁이 거듭될수록 신앙의 순수한 열정은 퇴색하고 변질되는 바람에 인류역사에 가장 잔인하고 수치스러운 전쟁으로 평가되고 있다. 이렇게 성지 탈환을 명분으로 시작된 두 문명의 충돌은 역사 속에서 끊임없이 이어져왔고, 현대까지 지속되고 있다.

그런데 충돌로 이어지는 이 두 종교가 하나의 이념을 근간으로 하고 있다는 사실을 알면 조금 놀랄 것이다. 기독교와 이슬람교 모두 아브라함이 이삭을 낳고, 그 후손들이 대를 이어 이 지구에서 살아남았다고 보며, 유일신인 하나님이 우리 인간을 지배한다고 믿고 있다. 그래서 이 두 종교의 하나님은 서로 다른 하나님이 아니다. 같은 하나님을 서로 다른 교리로 나타내고 표현하고 있으며 하나님의 뜻을 알려고 접근하는 방법이 다를 뿐이다. 즉, 하나님을 믿는 방법론의 차이라고 생각하면 된다. 그런데, 방법이 다르다고 해서 두 문명은 끊임없이 갈등과 전쟁을 일으키고 더 큰 세력을 형성하기 위해 각자의 구원자를 내세워 서로를 죽이는 것이다. 그런데 간단히 생각해보면, 각 문명이 생각하는 구원자만이 진정성 있고 참된 것이라고 믿는 것을 지양한다면, 그리고 신에게로 가는 길은 다양하니 구원자 또한 다를 수 있음을 인정한다면 충돌은 피할 수 있지 않을까. 그러나 우리는 이런 간단한 노력으로 충돌은 절대 피할 수 없음을 이미 알고 있다. 이 두 문명이 충돌하는 원인의 속내를 보면 단순히 외부적으로 드러나는 종교적인 문제가 아니다. 인류역사가 말해주듯, 결국 인간은 서로의 자원을 확보하기 위해 끊임없이 전쟁할 수밖에 없음을 우리가 왜 모르겠는가. 종교는 전쟁에서 가장 강력한 무기가 된다는 것을 이미 앞에서 말하지 않았던가. 그래서 지구에 자원이 한정되어 있는 한, 이 두 문명은 각자의 구원자를 앞세워 앞으로도 끝없이 충돌할 것이다. 차라리 이 두 문명은 영원한 앙숙이 될 수밖에 없는 그런 운명을 타고 난 것이라고 치부하는 것이 속 편할 것 같다.

두 종교의 충돌에 대한 예측

미국의 한 연구기관에서 미래의 세계 종교 인구수를 예측한 흥미로운 결과를 내놓았다. 현재 무슬림 수는 세계 인구 80억 명의 25%인 약 20억 명으로 알려져 있다. 그런데 2050년에는 이 이슬람교 신도 수가 기독교 신도 수와 비슷해질 것이라는 예측이 나왔다. 즉, 무슬림 수는 28억 명으로 전 세계 인구의 30%를 차지하게 되고(20억 -> 28억) 기독교 신자는 29억 명으로 31%(26억 -29억)로 될 것이라고 한다. 이 연구팀은 이슬람교 신자가 증가하는 이유를 무슬림들의 높아진 출산율 때문으로 분석했다. 즉, 현재 무슬림 여성 1명당 평균 3.1명의 아이를 낳는 반면 기독교 여성은 2.7명으로 나타났다. 이러한 출산율에 의해 이슬람 신자 수가 앞으로 늘어날 것으로 예측 가능하지만, 저자가 생각하기에는 이러한 출산율 요인과 함께 이슬람 신도수가 줄어들 이유는 없는 것으로 보인다. 현실적으로 보면, 이슬람 교리가 기독교 교리보다 조금 덜 신비주의이기 때문이다. 예를 들어, 눈으로 보이지 않는 '믿음'으로 구원받는 것 보다는 눈에 확연하게 보이는 '행동'으로의 구원이 훨씬 타당성이 있어 보인다. 또한 인간이 살아있는 동안 혼자 살 수 없으며 반드시 조직이 필요한데, 조직 운영을 인간관계에 기반을 두고 있는 이슬람교 교리가 훨씬 더 현실적이기 때문이다.

그러나 2050년에 기독교인수와 이슬람교수가 비슷해진다는 예측은 두 종교의 갈등도 더 심화될 것이라는 염려를 불러온다. 현재 지구 곳곳에서 일어나는 이슬람 근본주의를 표방하는 IS(이슬람교 수니파 무장조직)의 테러만 보아도 두 문명의 충돌은 가속화되었으면 되었지 절대 평화로 가지 못할 것이다. 더군다나 무슬림수가 늘어나면 그 인구들이 세계의 어느 곳에서든 살아야하는데, 기독교 국가는 그들을 받아들이지 않으려 할 것이고, 그러다 보면 무슬림들이 생존을 위한 자원을 확보하기 위해서라도 기독교와 더 치열하게 싸울 수 있다는 생각이 든다. 2050년까지 인간의 희생을 담보로 두 종교가 더욱 더 충돌할 것이라고 상상하면, 종교는 절대 따뜻한 것이 아니라 차갑고 무섭고 두려운 존재로 다가온다. 그리고 이렇게 문명 집단들의 충돌이 일어날 때마다 이 지구에 예언자, 또는 구원자라고 추앙되는 자들의 탄생이 인류 역사에 축복인지 아니면 재앙인지 한번 쯤 생각하게 된다.

영화 '듄' 포스터

　최근에 저자가 본 영화 '듄' 시리즈(프랭크 허버트가 1965년 집필한 소설을 원
작으로 하여 만든 SF장르의 영화)는 이 두 문명(기독교와 이슬람교)의 충돌과 그 문
명을 이끌었던 구원자들의 등장을 생각하게 한다. 영화를 보는 내내 이 두
종교 문명이 오버랩 된 이유는 그 줄거리 때문이다. 이 영화의 줄거리는 이
렇다. 미래의 한 문명 집단은 예언을 듣고 그들을 구원할 메시아를 찾는다.
그러던 중 미래를 볼 줄 아는 예지력을 가진 주인공 폴을 찾았고, 주인공
의 모든 행동과 말을 예언대로 짜 맞추면서 그를 구원자로 추앙하기로 한
다. 사실 그 예언은 그 문명집단에게 일부러 소문을 내어 거부감 없이 구원
자를 자연스럽게 받아들일 수 있도록 설계된 것이었다. 처음에는 주인공도
본인이 구원자로 추앙되는 것이 두려웠지만, 구원자가 되어야만 하는 어쩔
수 없는 상황, 즉 자신의 가족과 인류를 살리는 길이 사람들을 선동해서 자
신이 그들의 구제주가 되는 길 밖에 없는 현실을 받아들이고 그들 위에 군
림하게 된다. 그리고 결국 주인공은 개인으로서의 자신을 버리고 숭배 받

는 존재로 한 문명의 구원자로 등장한다. 그 결과 성전이 만들어지고 전쟁으로 수많은 사람들이 죽어야 하는 상황으로 치닫게 된다.

어떤가, 이쯤 되면 기독교와 이슬람교 두 문명의 역사적 상황과 비슷하지 않은가. 그러나 이 영화의 매력은 문명 집단의 구원자, 또는 구세주, 또는 영웅역할을 해야 하는 주인공의 어두운 이면과 고뇌를 보여주는데 있다. 그리고 분명한 메시지를 전해준다. 상대방 문명의 자원을 가져오기 위해 문명집단이 창조해낸 구원자는 반드시 옳은 것도 아니고 인류 문명에게 나쁜 결과를 가져올 수도 있다는 것을. 지금의 기독교 문명과 이슬람교 문명의 충돌을 기독교의 구세주 예수님이나 이슬람교 창시자(예언자) 마호메트가 미리 볼 수 있었다면, 이 두 분은 어떤 고뇌를 하셨을까. 자신의 이름을 내세워 성전을 짓고 십자군 전쟁 같은 종교전쟁으로 수많은 사람들이 목숨을 잃게 되는 이 미래를 보고 많이 괴로워하셨을 것이다. 영화의 주인공 폴처럼 말이다. 두 종교의 충돌에 대한 예측을 해보다가 영화이야기까지 해보았으니 이제 그만 아야소피아에서 나가야겠다. 아야소피아를 걸어 나오면 바로 앞에 또 다른 문명의 건축물인 블루모스크가 보인다. 이 대단한 두 건축물이 각자의 구세주를 위해 지어진 성전이다. 이 성전들을 보면서 종교는 어쩌면 인류에게 유익보다 해를 더 많이 끼친 것은 아닌가라는 의문을 품게 되는 것은 아주 자연스러운 일이라고 생각한다.

2. 이스탄불 블루모스크

<small>◇◇◇◇◇◇</small>

알아야 제대로 볼 수 있다

저자는 최근까지도 이슬람 문화에 대해 무지했다는 것을 인정해야겠다. 그리고 왜 무지했는지 변명하기 위해 여기서 저자의 어린 시절을 다시 소환해야겠다. 본 책의 앞부분에 있는 중국 용문석굴에서 저자는 어렸을 때 달동네에 살았다고 했다. 저자는 그 달동네에서 기독교문화를 처음 접했다. 그 달동네에서 가장 큰 건물이 바로 개척교회였고, 이 개척교회에서 주었던 단팥빵 맛은 지금 생각해도 너무 달콤했다. 이렇게 맛난 것을 먹는 즐거움으로 교회를 갔던 것은 맞지만, 교회에서 진행하는 많은 활동에 참여해서 저자가 지적으로 성장할 수 있었던 것도 사실이다. 예를 들어, 성경암송대회에 참가해 암기력을 향상시켰고, 크리스마스에 발표하는 노래와 율동도 배워 예술 감각도 키웠다. 특히 글쓰기 대회가 있었는데, 어찌된 일인지 그 많은 산동네 아이들 중에서 7살이었던 저자가 최고상을 수상하기도 했다. 가족 중에 현역 직업 작가가 있으니 글 쓰는 재주는 미미하나마 유전적인 인자와 무관하지는 않은 것 같다. 그 당시 교회의 한 어른분이 커서 작가를 하면 좋겠다고 해주셨던 말도 기억난다. 물론, 일찍부터 직업전선에 뛰어들어 하루하루를 먹고 살기 바쁜 사람들에게는 작가라는 직업은 애초에 꿈도 꿀 수 없고 가당치도 않다는 것을 깨닫는 데는 그리 오래 걸리지 않았다. 그러나 경제적 빈곤에서의 생존을 위한 직업 활동이 의외로 저자에게는 그리 버겁거나 힘들지 않았다. 오히려 이루고 싶은 목표를 향해 한 단계씩 위로 올라갈 수 있었던 그 시간들이 신기했고 놀라웠고 감사했다. 그리고 지금 이렇게 답사기라도 집필하고 있으니 조금 민망하기는 하지만, 어린 시절에 제안 받았던 '작가'의 꿈을 이룬 것이라고 위안 정도는 할 수 있지 않을까 싶다. 달동네 개척교회를 다니며 기독교문화와 교리에 대한 지식을 습득했다는 말을 하려다가 이렇게 긴 이야기가 되었다. 어쨌든 몇 년 후에 그 달동네는 개발지역이 되어 모두 철거되면서 더 이상 개척교회는 다닐 수 없었다. 그러나 어릴 때 접하게 된 기독교 세계관과 기독교 문화는 평생을 저자와 함께 했음을 부정하지 않는다. 신으로 가는 길의 안내문을 기독교 교리로 선택한 저자는 이슬람문화를 접할 기회도 없었지만, 접했다 하더라도 낯선 종교인 이슬람교에 대해 부정적인 반응을 보였을 것이 뻔했다.

그러나 세상의 이치는 아는 만큼 보이기 마련이다. 최근 한국의 K-pop, K-드라마 등이 세계적으로 확산되면서 해외의 많은 유학생들이 한국으로 오고 있다. 특히 2018년도부터 이슬람 문화권에 있는 우즈베키스탄 학생들이 한국으로 대거 몰려왔다. 히잡을 쓴 우즈베키스탄 학생들이 한국의 대학 캠퍼스를 다니는 것이 처음에는 신기하기도 했지만 매우 낯설었다. 저자뿐 아니라 한국인 대다수가 처음 본 무슬림들에게 그렇게 느낄 것이다. 이슬람 문화권에 대해 잘 모르는 상황에서 외국인유학생들을 가르친다는 것이 은근히 겁이 난 것도 사실이다. 그러나 이제는 어느 대학에서나 무슬림 학생들이 넘쳐난다. 외국인 유학생들이 늘어나는 것은 이제 글로벌시대가 되었다는 확실한 증거이기도 하다. 이러한 글로벌 시대에 이슬람문화를 공부해야 하는 것은 어쩌면 당연한 일인지도 모르겠다. 알아야 제대로 볼 수 있기 때문이다. 이 책에서는 아주 기본적인만 알아보자.

많은 무슬림 학생들이 한국 대학으로 유학 오고 있다

　'이슬람'은 아랍어로 '순종, 헌신'을 뜻한다고 한다. '이슬람'을 하는 사람들, 즉 하나님께 순종하고 헌신하는 사람들을 '무슬림'이라고 부른다. 이슬람교는 무슬림들이 마지막 예언자로 생각하는 무함마드에 의해 창시된 종교라고 보면 된다. 온 우주에 하나밖에 없는 '알라'(한국인들은 '하나님'라고 부름)를 믿는데, '알라'는 아랍어로 '알'은 '그', '라'는 '일라'의 줄임말로 '신'이라는 뜻이고, 따라서 알라는 '그 신'이라는 의미이다. 무슬림들은 자신들이 믿는 하나님이 유대교나 기독교 신자들이 믿는 히브리어 성경에 나오는 신, 하나님과 같은 신이라고 믿는다. 저자 개인적인 관점으로 볼 때, 진리는 두 개일 수 없고 하나일 것이니, 인간이 믿는 신의 명칭은 달라도 모두 하나의 신이라는 것, 따라서 기독교에서 말하는 하나님과 무슬림이 믿는 알라가 같은 신이라고 믿는 것은 인간의 합리적 사고라고 생각한다. 블루모스크를 본 유적지기행서에 포함시킨 것은 잘한 일인 것 같다. 물론 블루모스크는 세계문화유산으로서 아름다운 미관으로 세계인의 눈길을 끌고 있기에 포함되어야 하는 것이 맞지만, 이 건축물이 이슬람문화에 대한 지식과 정보를 습득할 수 있는 계기를 만들어 주었기 때문이다. 본 책에서 소개되는 모든 유적지에 대한 저술은, 인류문명 대상에 대한 저자의 객관적인 시각이 확보되어야 한다고 생각한다. 글의 중립성을 지키기 위해서이다. 그래서 책을 집필하는 내내 저자의 잘못된 주관적인 생각이나 정제되지 않은 감정적인 표현은 없는지 글의 내용을 꼼꼼히 살펴보곤 한다. 그리고 무엇보다 역사적 내용이나 사실들을 편견 없이 공정하게 전달하려고 노력한다. 물론 필력이 뛰어나지 못해 완벽하지는 못하지만, 최소한 이슬람교에 대해서는 저자의 주관적인 기독교 세계관에서 벗어나 새롭고 다양한 시각을 통해 제 3자의 관점에서 접근했다고 강조하고 싶다.

무함마드의 생애

그렇다면, 하나님 알라신에게로 가는 길을 인도하는 자는 누구인가. 570년경 사우디아라비아 남서부에 있는 도시인 메카에서 태어난 무함마드(570~632)이다. 무함마드는 상인 집안의 유복한 가정에서 태어났으나, 부모님이 일찍 돌아가시고, 12살 되던 해에 삼촌을 따라 시리아로 가서 무역관련 일을 하게 된다. 그 후 무함마드는 목동 일을 하며 성장하고 25세가 되었을 때 부(富)를 가졌던 과부여인과 결혼도 한다. 종교적 감수성이 풍부했던 무함마드는 경제적으로 여유가 생기고 난 후에 신에 대한 사유와 진리를 탐구하면서 시간을 보내게 된다. 그 당시 아라비아반도에 유대인들과 기독교 신자들이 거주하고 있었겠지만, 대부분의 사람들은 자연신을 믿는 민간신앙이나 전통적으로 내려오던 토착신앙 등을 가지고 있었을 것이다. 이러한 다양한 신앙들 속에서 사유를 깊이 하는 사람들의 특징으로 나타나는 종교와 신에 대해 많은 회의와 절망, 그리고 의문을 무함마드도 가졌을 거라고 추정된다.

그러나 어린 시절 기독교의 수도사가 무함마드에게 예언자의 징후가 보인다고 말한 것이 스스로가 마지막 예언자가 되는 의식 과정에 가장 큰 영향을 미친 것으로 보인다. 무함마드의 나이 40세가 되던 610년 경, 히라산의 한 동굴에서 가브리엘이라는 천사가 나타나 자신을 예언자로 말하면서 신(알라)의 계시를 주었다고 그는 전한다. 무함마드가 40살에 계시를 받았기 때문에 중동사회에서는 숫자 40은 완전, 완성을 의미하는 말이 되었고, 인격을 제대로 갖추는 나이가 40세라고 받아들인다. 이제 신의 계시를 받았다고 생각한 무함마드는 예언자로서 사명을 다하기 위해 포교를 시작한다. 처음에는 무함마드의 양자들과 노예 그리고 친한 친구들이 무슬림으로 개종하였으나, 포교는 크게 성공하지 못한다. 결국 무함마드는 622년 메카 북방 400㎞ 지점에 있는 메디나로 향한다. 여기서 지역 협력자들을 모아 최초의 교단을 만들고, 나아가 처음으로 방대한 아라비아지역을 하나의 조직으로 통일하게 되는 놀라운 성과를 이룬다. 그리고 632년 무함마드는 메디나에서 62세에 생애를 마친다. 여기까지가 이슬람교의 창시자로서 알려진 예언자 무함마드의 탄생에서 죽음까지에 대한 이야기이다.

그러나 이제부터는 전혀 다른 방향에서 바라본 무함마드의 생애, 특히 여자와 관련된 부분을 이야기하면 조금 놀랄 수도 있겠다. 이미 언급했듯이, 무함마드는 25세에 재력있는 과부여인과 결혼했다. 그러나 이것은 시작에 불과했다. 하메드 압드엘-사마드가 쓴 '무하마드 평전'을 보면, 과부였던 첫 아내가 죽자 봇물 터지듯 무함마드는 계속 혼인을 한다. 무려 결혼한 여인이 27명, 약혼한 여인은 20명이나 된다고 한다. 그러나 자료마다 조금씩 여자의 수가 다르다. 무슬림들에게 계승되어 내려오는 내용에는 13명의 아내로 정리되어 있지만, 일부 시아파 전승에는 21명으로 되어 있다. 또한 중국 무슬림들은 무함마드에게 9명의 정식 아내와 7명의 첩이 있었던 것으로 받아들이고 있다. 이처럼 여자가 많았으니 무함마드가 좋아하는 것이 '예배, 향수, 여자'라는 말까지 전해져 내려온다. 물론 이런 상황을 현대의 잣대로 보면 안 된다는 것쯤은 알고 있다. 그러나 그가 살았던 7세기의 사회적 배경을 백번 이해한다해도 과하게 여자가 많았던 것은 맞다. 지금까지 추앙받는 많은 종교지도자들 중에 여자를 좋아했다는 소리는 듣지 못했던 것 같다. 아니 종교지도자에게 이성에 관한 이야기를 하는 것 자체가 신성모독이 될 수 있는데, 어찌 보면 무함마드에게 불리하게 작용할 수 있는 이러한 사실들이 그대로 내려왔다는 것이 놀랍기만 하다. 그래서 무함마드에게 여자가 많았던 것에는 특별한 이유가 있었던 것은 아닌지 더 자료를 찾아보게 된다. 지금 이 지구에서 20억 명이 넘는 사람들이 이 이슬람교 창시자를 믿고 추앙하고 있는데, 일반 범인들보다 윤리적이지 않았다는 것은 말이 되지 않기 때문이다.

이슬람교 입장에서 당연한 해석일 수 있지만, 이 위대한 예언자에게 여자가 많았다는 것이 육체적 쾌락을 의미하는 것이 아니라고 한다. 무슬림 전승에서 정리된 13명의 여인 중 처녀의 몸으로 무함마드의 여자가 된 사람은 1명이고, 나머지 12명은 모두 과부거나 이혼녀였는데, 무함마드는 과부나 이혼녀들을 복지 차원에서 돌보고, 다른 부족과의 평화를 유지하기 위한 정치적 목적으로 혼인을 했다는 것이다. 따라서 무슬림들은 여자의 수가 무함마드의 욕정과 관계없다고 강조한다. 무함마드에게 여자가 많았고 이 여자들은 도움이 필요했던 사람들이었다고 인정한다면, 이슬람이 왜 일부다처제인지도 이해할 수 있을 것이다. 이슬람에서 일부다처제의 시작은 전쟁으로 인해 생존의 위협을 받는 여성과 아이들을 위해서였다. 이슬람 경전 코란에는 이렇게 나와 있다. '전쟁고아들을 공정하게 대해줄 자신이 없거든 둘, 셋, 넷까지 아내를 구하라 그러나 아내를 공정하게 대해줄 자신이 없거든 한 아내로 족하리라' 이렇게 전쟁과 관련된 결혼 준칙은 625년 우흐드 전투(초기 무슬림과 쿠라이시족 사이의 교전) 이후에 생겼다고 전해져 온다. 우흐드 전투에서 많은 병사들이 죽고 많은 미망인과 전쟁고아들이 남게 되자, 전쟁고아들을 돌볼 수 있는 미망인들을 부인으로 들일 수 있도록 코란에서 허용한 것이다. 나아가 코란에서 아내를 네 명까지만 허용하며, 아내들을 공정하며 공평하게 대우를 해야 한다는 기준까지 제시하고 있다.

이런 이슬람 창시자 무함마드의 생애를, 결혼도 하지 않은 순수한 청년의 나이에 죽음을 맞이한 예수님을 믿고 여성의 자유와 평등을 주장하는 기독교인들의 세계관에서 본다면, 너무나 할 말이 많을 것이다. 삶의 여정과 추구하는 이념이 너무나 다른 두 문명의 구원자들, 그래서 이들을 따라가고 있는 신도들은 절대 함께 할 수 없는 운명인지도 모르겠다. 캄보디아 씨엠립에서 만난 한 미국인 여성이 무더운 여름날에 베일을 쓴 무슬림 여성을 보면서 "Terrible!"이라고 하던 말이 떠오른다. 물론 그녀는 자유로운 기독교인이었을 것이다. 그리고 종교 때문에 평생 베일을 쓰고 살아야하는 것이 끔찍하다는 표현이었고, 그러한 불편함을 감수하는 무슬림 여성이 안쓰러워 한 말이었을 것이다. 정말 베일이 불편한지 직접 물어보지는 않았지만, 한 연구결과에 의하면 최소한 현대 무슬림 여성들은 신앙심을 유지하고 무슬림이 아닌 사람들과 어울릴 때 정체성을 드러내기 위해 베일을 쓴다고 한다. 즉, 베일의 착용은 자기결정권으로 이루지는 것이다. 미국인 여성이 그렇게 베일이 여성 억압이라고 안쓰럽게 생각하지 않아도 될 뻔 했다. 무함마드의 생애를 이야기하다 이슬람 여성의 베일 이야기까지 와버렸다. 저자는 무함마드와 무슬림에게 관심이 너무 많은 것 같다.

창조는 전승과 모방으로부터

무함마드에게 알라의 계시를 전한 것으로 알려져 있는 가브리엘은 이슬람의 경전 코란에서는 '지브릴'이라는 이름으로 나온다. 그렇다면 무슬림 관점에서 보는 천사 가브리엘은 이슬람에서 어떤 역할을 하고 어떤 의미일까. 가브리엘은 하나님을 모시는 천사로 하나님의 분부를 받들어 '예언'과 '계시'를 인간에게 전달하는 메신저 역할을 한다. 무함마드에게 하나님의 말씀을 전달한 천사인 가브리엘은 코란에 자주 등장하고 있고, 따라서 이슬람 신앙에서 이 천사는 매우 중요한 의미를 가진다. 이렇게 무슬림들이 가장 중요한 천사로 여기는 가브리엘 천사가 기독교와 유대교에서도 최고의 위상을 가지고 있다는 사실을 독자는 알고 있었는지 모르겠다. 기독교에서는 처녀인 마리아가 예수가 잉태하였을 때, 그것을 마리아에게 알린

천사가 가브리엘이다. 그러니 무함마드에게 나타난 가브리엘은 기독교 신자들에게도 특급천사의 대접을 받을 수밖에 없다. 무엇보다, 이슬람교 뿐 아니라 기독교와 유대교에서 위대한 예언자로 생각하는 모세도 시나이 산에서 가브리엘 천사를 통해 하나님의 계시를 받아 구약성경을 기록한 것으로 전해진다. 이 거대 세 종교에서 가브리엘 천사가 가장 결정적인 역할하고 있다는 것이 흥미롭지 않은가.

종교적 관점이 아닌 역사적 관점에서 보면, 분명 성경이나 코란 등은 인간이 그 시대의 정치, 문화적 상황 등을 반영하여 기록한 것이다. 그러나 더 중요한 것은 기록자들은 그 당시 나와 있는, 또는 전해져 내려오는 자료들을 참고한다는 것이다. 즉, 연구자들에게는 선행연구 리뷰(review)가 필수적이듯이, 기록자들은 신앙과 관련해 내려오는 내용들을 공부할 수밖에 없다. 저자가 여기서 하고 싶은 말은 무함마드에게 전달된 가브리엘의 계시가 독창적인 내용이 아니라는 것이다. 무함마드가 가브리엘을 통해 하나님의 계시를 받았다는 서사는 기존에 있던 율법서, 예언서, 구약성서, 신약성서 등을 참고했을 확률이 매우 높다. 그 당시 무함마드가 이러한 참고자료들을 읽어보았는지 아니면 그 후대가 이러한 자료를 참고하여 기록했는지는 불분명하지만, 코란은 기독교나 유대교에서 가진 성서들을 바탕으로 도출해 낸 연구결과물이라는 개연성이 있다. 어린나이의 무함마드가 기독교의 수도사까지 만난 것으로 보아, 그 당시 아라비아반도에는 유대인들과 기독교 신자들이 많이 거주하고 있었고, 따라서 무함마드는 기독교 성서를 접하게 되면서 예수님의 탄생, 모세의 계시에 가브리엘이 있었다는 것도 알고 있었을 것이다.

무언가 새롭게 만들어지는 창조는 전승되어 기존에 있는 자료를 참고하는 것이 일반적인 상식이다. 거대한 세 종교에 모두 가브리엘 천사가 있다는 것을 보아도 쉽게 알 수 있는 일이다. 그렇다면, 이슬람교 창시자인 무함마드는 예수님의 행적을, 예수님은 모세의 행적을 참고했을 가능성이 매우 높다. 더 나아가 예수님은 600년 먼저 태어난 부처님의 사상을 접하셨다고 생각한다. 물론 기록은 없지만 로마시대 때 이미 부처님의 이야기가 전승이 되어있었고, 예수님은 사상을 구체화하는 과정에서 참고했다고 보는 것이다. 또한 예수님이 불교 발생지인 인도 등을 여행 다녀온 가능성도 배제할 수 없다. 이런 가능성을 생각하는 이유는 먼저 신약성서에 나오는 산상수훈(산에서 이루어지는 가르침)을 비롯한 여러 비유와 우화들이 불경에 있는 것과 유사한 점이 많기 때문이다. 또한 예수님이 강조한 말, 약한 자를 돕고 봉사하고 서로 사랑하라, 즉 다른 사람을 좋아하고 소중히 여기는 사랑이라는 마음은 깨달음을 통해 가능하기 때문이다. 그 사랑은 불교에서 말하는 다른 사람에게 덕을 쌓는 것과 크게 다르지 않다. 표현은 다를지 몰라도 본질은 같다는 의미이다. 즉, 인간의 지적 깨달음을 근간으로 하고 있는 불교 사상, 사랑과 선한 행위 또한 지적 깨달음이 있어야만 가능하다고 생각한다.

저자의 이러한 생각을 지지해주는 영화가 있다. 넷플릭스(Netflex)에서 공개된 '막달라 마리아: 부활의 증인'은 예수님과 가장 가까이 있었다고 전해지는 한 여성의 시각을 따라간 영화다. 예수님이 신이 되기 전 한 인간으로서의 고뇌와 그 당시 현실적 상황을 보여준 이 영화는 저자에게 기독교를 다시 볼 수 있는 계기를 마련해 주었다. 예수님을 역사적으로 보면, 예수님은 유대왕국 내에서 많은 사람들에게 가르침을 주는 훌륭한 랍비였다. 나라를 잃고 타민족에게 억압받고 있는 민중들에게 평등하고 고통 없는 하나님의 나라로 이끄는 종교지도자이기도 했다. 예수님은 스스로가 변해야 세상이 변한다고 주장했고, 천국은 현재 지금 이곳이라는 깨달음에서 오며, 천국은 인간의 마음속에 자리 잡고 있다고 강조했다. 불교와 맞닿아 있는 부분이기도 하다. 모든 것은 마음에서 오는 것이고 깨달음으로 해서 고통에서 벗어나는 것이다. 고통이 없는 그곳이 바로 천국이다. 예수님은 부처님의 서사에서 가장 중요한 깨달음을 전승한 것이다. 인간의 마음에는 자비라는 사랑의 영성이 존재하고 있고 그것을 깨닫는 것이 중요하다는 이 영화의 메시지, 진정한 구원의 의미가 무엇인지 깊이 생각하게 된다.

영화 '막달라 마리아: 부활의 증인' 중의 한 장면, 출처: 넷플릭스

　이참에 기독교의 상징인 십자가에 대해 저자가 하고 싶은 말을 해야겠다. 예수님을 십자가 처형 모습으로 기억되게 하는 것에는 문제가 있다고 생각한다. 예수님은 깨달음과 사랑으로 인간들을 고통에서 벗어나게 하려고 죽음을 불사했는데, 고통이 없는 그곳이 바로 천국이라고 강조했는데, 왜 기독교인들은 십자가에서 고통 받고 있는 예수님 형상을 지금까지 교회나 성당 중앙에 세우는 것일까. 정 십자가 처형을 상징으로 내세우려면 십자가만 있으면 된다. 그리고 고통 받고 있는 예수님은 신도들의 가슴속에만 있도록 하는 것이 맞지 않을까. 물론 무함마드의 여자 수에 대한 해석을 내놓은 이슬람교처럼 기독교도 예수님 형상에 대해 해석이 있을 것이다. 그러나 저자에게는 다른 종교에 대항할 때 사람을 전투적으로 만들기 위해서 보다 극적이고 참혹해야하는 형상이 필요했던 것이 아닐까라는 사악한 생각이 들었다. 더 이상 고통스럽지 않게 예수님을 구해내어 편안히 계시도록 해야 한다는 주장은 받아들여지지 않는 부질없는 메아리라는 것을 알면서도 꼭 말하고 싶었다. 새로운 창조를 하려면 전승되어 온 자료를 참고한다는 것, 즉, 창조는 전승과 모방으로부터 시작된다는 것을 이야기를 하면서 저자 개인의 견해를 이곳에 너무 주입한 것은 아닌지 모르겠다.

푸르고 푸른빛의 기도실

이스탄불에 위치한 두 개의 거대한 건축물, 아야소피아와 블루모스크
다. 블루모스크의 다른 이름은 술탄 아흐메트 모스크인데, 본 책에는 쉽게
부를 수 있는 블루모스크로 칭하려고 한다. 블루모스크는 세계문화유산
으로 지정된 이스탄불 역사지구에 아야 소피아와 5분 거리에 위치하고 있
다. 기독교 성당이었던 아야소피아보다 더 화려하고 멋진 이슬람교 모스
크가 필요하다며 세워진 블루모스크, 오스만 제국 시절인 1609년에 착공
하여 1616년에 완성되었다. 이때가 오스만 제국의 황금기였고, 따라서 블
루모스크는 오스만 제국의 황금기를 대표하는 중요한 건축물이라고 볼 수
있다. 아야소피아의 규모와 예술성을 뛰어넘는 모스크를 만들겠다는 의지
를 불태워 세워진 블루모스크는 그러나 엄격히 말하면, 아야소피아의 양
식을 벤치마킹한 후 그 바탕에서 발전시키고 확대시킨 종교건축물이라고
보는 것이 맞겠다. 실제로 블루모스크 돔에 장식된 200여개의 창을 통해
서 아름다운 햇살이 쏟아져 들어오게 한 것은 아야소피아를 벤치마킹한
것이다. 거기다 블루모스크는 푸른색 타일을 내부 벽면과 기둥에 장식하
여, 그 곳에서 나오는 푸른빛과 창으로 쏟아지는 햇살이 함께 어우러지게
하여 환상적인 분위기를 자아내게 했는데, 이 또한 아야소피아에서 발전
시킨 건축 기술이다. 딱 들어도 아름다운 이름, '블루모스크'란 이름은 사
원 건축물이 푸른색의 타일로 장식되어 있어서 그리 만들어진 것이다. 이
푸른빛 때문일까, 블루모스크는 세계에서 가장 아름다운 모스크라는 평가
를 받고 있다.

푸른색의 타일로 장식되어 있는 블루모스크 내부, 출처: Istanbul.com

　블루 모스크 내부는 네 개의 거대한 기둥이 떠받들고 있는데, 돔의 하중을 견딜 수 있도록 크고 단단하게 직경이 5m 넘게 만들어져 있다. 이 기둥을 일명 코끼리의 다리라고 부른다. 앞쪽에는 예배할 때 설교를 위해 쓰이는 설교단이 있는데, 하얀 대리석으로 만들어진데다 아라베스크 문양이 정교하게 새겨져 있어서 아름답고 매력적인 구조물이라고 생각했다. 이슬람 건축물을 볼 때 마다 늘 느끼지만, 아라베스크 문양은 정말 어지러울 정도로 환상적이고 신비스럽다. 식물 덩굴처럼 실 같은 선이 끊임없이 연속적으로 이어져있고, 일정한 형태는 없지만 패턴은 수도 없이 많고, 그런데도 중복되는 패턴은 하나도 없는 것이 아라베스크 문양의 특징이다. 인물이나 동물 문양을 사용하지 않는 이슬람 미술에서는 이렇게 자연에서 영감을 받아온 추상적이고 장식적인 표현이 주를 이룬다. 어찌 보면 비현실적인 무늬일 수 있는데, 이 문양들은 벽돌이나 타일에 너무 잘 어울리는 것 같다. 이슬람이 건축한 스페인의 알람브라 궁전 벽에서 보았던 아름답고 정교하고 섬세하면서 다채로운 기하학적 무늬의 아라베스크 문양을 절대 잊을 수 없을 것이다.
　모스크를 외부에서 보면, 전체구조는 중앙에 있는 커다란 돔에 많은 작은 돔을 얹은 형태다. 작은 돔들은 각각의 아치위에 둥글게 솟아 있고, 돔의 수는 중앙 돔 방향으로 갈수록 적어진다. 그리고 황금색으로 된 돔 꼭대기에는 이슬람을 상징하는 별과 초승달이 얹어있다. 이러한 건축물 구조는 보는 이들로 하여금, 특히 무슬림들에게는 안정감과 신앙심을 고취시킨다고 생각한다. 예전 오스만 제국시절에는 이 모스크 주변에 신학교, 목욕탕, 시장, 병원 등 모두 모여 있었다고 한다. 즉, 이 모스크가 모든 사회시설의 중심이었던 것이다. 그리고 블루모스크는 전 세계에서 여섯 개의 미나레트가 있는 유일한 모스크라는 것도 새롭게 알아냈다. 미나레트란, 이슬람 건축의 첨탑을 말한다. 미나레트가 6개나 되는 이유는 오직 건너편에 있는 아야소피아보다 규모를 어떻게 하든 더 크게 하기 위해서였다. 처음에는 아야소피아보다 더 멋진 사원을 만들기 위해 첨탑을 황금으로 하려고 했지만, 재정적인 어려움 때문에 그렇게는 하지 못하고 차라리 미나렛의 숫자를 6개로 늘려서 아야소피아를 이겨보려고 한 것이다. 너무 아름답게 푸르고 푸르게 빛나고 있는 블루모스크, 지금은 무함마드를 따라 알라신에게로 간다는 강력한 궐기를 보여주는 세계에서 가장 아름다운 모스크가 되었다. 이 건축물에는 인간을 구원하겠다는 강력한 메시지와 함께 견고하고 강한 종교적 힘이 배여있는 것 같다. 세계에서 가장 아름다운 건축물은 대부분 종교건축물인줄 알고 있지만, 블루모스크에서 또 한 번 확인한 셈이 되었다.

전 세계에서 유일하게 6개의 미나레트가 있는 블루모스크

3. 이스탄불 바실리카 시스턴

물빛 흐르는 로마 최대 저수지

로마에서 콜로세움, 포로 로마노, 판테온 신전 같은 로마제국 건축물을 본 사람이라면 누구라도 로마 건축기술력에 감탄을 금치 못했을 것이다. 그런데, 이스탄불에도 로마 문명이 얼마나 뛰어난 문명인지를 보여주는 증거 하나가 있다. 바로 이스탄불에 있는 바실리카 시스턴, 즉 저수조이다. 사실 이 저수조는 아야소피아에서 걸어서 쉽게 갈 수 있는 위치에 있음에도 불구하고 많은 사람들은 이 위대한 문명의 흔적에 관심이 없는지, 이스탄불 역사지구를 방문해도 이 저수지를 보지 않고 오는 사람들이 많다. 그러나 이 책을 읽은 독자가 이스탄불을 갈 수 있는 기회가 생긴다면, 반드시 이 저수조를 방문할 것이라고 확신한다. 이미 다녀온 독자들은 깜짝 놀랄만한 지하 궁전을 보지 못한 것에 아쉬움이 느낄 수도 있겠다. 세계문화유산으로 지정된 이스탄불 역사지구에 있는 바실리카 시스턴으로 불리 우는 이 지하궁전을 설명하자면, 532년 유스티니아누스 1세 때 건설된 저수지 중에 현존하는 동로마 제국 최대 규모의 저수지이다. 이 저수지는 황실의 물 공급을 원활히 하고, 도시 인근에 사는 사람들을 위해 빗물을 저장하기 위한 목적으로 지어졌다. 그러나 1453년 오스만 제국에 의해 이스탄불이 함락되면서 이 저수지는 더 이상 필요가 없어졌다. 그 이유는 오스만 제국이 자체 수도 시스템을 구축하면서 이스탄불 주변에 수도시설이 생겼기 때문이다. 저자는 세계의 많은 유적지를 답사했지만, 이러한 저수조 유적지는 보지 못했다. 아직도 이곳에는 어느 정도의 물이 담겨 있는데, 지하에 거대한 석조 저수지가 있다는 것이 보고도 믿기지가 않았다.

336개 거대한 기둥이 떠받들고 있는 바실리카 시스턴 저수조

이 바실리카 시스턴 저수조를 보려면 계단을 통해 지하로 내려가야 한다. 이 지하 물 궁전에는 약 8만 톤 정도의 물을 저장할 수 있다고 한다. 지하내부가 조금은 어둡지만, 조명을 잘해 놓아 9m 높이의 336개 거대한 둥근 기둥이 천장을 떠받들고 있는 것을 큰 어려움 없이 볼 수 있다. 이 기둥들은 이오니아나 코린트 양식을 하고 있으며, 기둥의 머리는 다양한 패턴들로 장식되어 있다는 것을 알 수 있다. 저수조의 전체 구조는 직사각형으로 되어 있고, 저수조의 길이는 140m, 폭은 70m라고 한다. 이곳 저수조를 구성하고 있는 돌들은 이스탄불의 고대 유적지에서 가져왔을 것이라고 추정하는데, 이 돌을 가지고 오기 위해 얼마나 많은 노동자들이 힘든 노역을 했을까 라는 생각은 여기서도 떨쳐버리지 못했다. 저수조 내부를 걷다보면 바닥은 벽돌위에 회반죽을 입힌 것이 보인다. 미끄럼을 방지하기 위한 것이 아닌가 싶다. 저수조 내부 전체가 물에 젖어있고, 젖은 돌 위에 불빛이 비치어 반짝거리면서 저수조 안은 경이롭고 신비로운 분위기로 가득 차있다. 이러한 분위기 때문에 이 저수조에서 영화 촬영을 많이 한다고 하는데, 그럴만했다. 이 저수조는 비잔틴 유적을 연구하던 네덜란드 여행자에 의해

16세기에 발견되어 그동안 여러 번의 복원 작업이 있었다고 전해진다. 그리고 1994년에 이르러서야 이스탄불 지방자치단체에 의해 방문자들이 저수조 안으로 들어가는 것이 허락되었다고 한다.

신화 속 괴물 메두사의 머리

로마의 건축기술을 한 눈에 보여주고 있는 바실리카 시스턴, 이곳에는 특이한 볼거리가 있다. 이 저수조 내부는 어두운 곳에 불을 밝혀 놓은 지하이고 바닥이 물에 젖어있어서 걸을 때 자연스럽게 조심스러워진다. 거대한 로마 저수조에 입을 다물지 못하고 걷다보면, 지하 북서쪽 모퉁이에서 2개의 메두사 얼굴을 만나게 된다. 목이 잘려 있는 그 거대한 메두사 얼굴을 보는 순간, 흠칫하고 놀랄 수 있다. 하나의 머리는 옆으로 누워 있고, 다른 하나는 거꾸로 서 있다. 왜 두 개의 메두사 얼굴이 여기 있는 것일까. 얼핏 생각하면, 이렇게 커다란 메두사 머리가 이곳에 있다는 것이 상식적으로 이해가 되지 않는다. 그러나 구지 건축물의 구조와 연결해서 본다면, 전혀 이해하지 못할 일도 아니다. 이 두 메두사의 머리는 저수조의 기둥 받침대로 쓰였을 가능성이 있다. 즉, 메두사의 얼굴이 있는 돌의 크기가 기둥 받침대용으로 적합했던 것이다. 옆으로 누워 있는 메두사는 기둥을 고정하기 위해 방향을 그리한 것이고, 거꾸로 서 있는 메두사 머리는, 옆의 메두사와 높이를 비슷하게 하려다 보니 그렇게 있게 된 것이라고 받아들일 수 있다는 의미이다. 물론 이 메두사 머리들이 기둥 받침대로 쓰였다는 기록은 없다. 따라서 기둥 받침대였다는 추측이 틀리다면, 2개의 메두사가 이곳에 있는 것은 단순히 건축물에 사용하려고 이곳으로 가져왔다가, 보관하는 과정에서 자연스럽게 하나는 옆으로 하나는 거꾸로 놓이게 된 것은 아닐까.

저수조 내에 있는 메두사의 머리

　그러나 이 두 메두사의 머리는 예사롭게 보이지 않았다. 그냥 어쩌다보
니 이곳에 놓여 졌다고 하기에는 뭔가 맞지 않다는 생각이 들었다. 이 저수
지를 건설할 때 다른 건축물에 있던 것을 뜯어 가져와 재활용한 것일 수 있
지만, 구지 메두사의 머리를 이곳에 둔 것은 특별한 이유가 있을 것 같다.
메두사의 전설을 알면 더더욱 그런 생각이 들 수 있다. 메두사는 고대 그리
스 신화에 등장하는 괴물로, 인간의 몸과 뱀의 몸이 합쳐진 모습을 하고 있
다. 머리에 여러 마리의 뱀들이 달려있는 괴물을 본 적이 있다면, 그녀가
바로 메두사다. 고대 신화에서 메두사는 고르곤 세 자매 중 막내로 처음에
는 아름다운 여자였다. 아름다운 메두사가 이렇게 괴물로 변한 것은 아테
나 신전에서 포세이돈과 정을 통한 것을 알게 된 아테나가 저주했기 때문
이다. 그러나 인간들은 아테나의 저주로 괴물로 변한 메두사를 보면 모두
돌로 변해버린다. 이렇게 인간에게 해를 끼치는 메두사는 아테나의 방패로
무장한 페르세우스에 의해 목이 잘려 죽는다. 여기까지의 메두사 이야기는

로마시대 오비디우스의 창작으로 만들어진 내용이다. 그리스나 로마시대 작품에 메두사 신화가 자주 등장하는 이유를, 남성들을 위협하는 메두사를 출현시키고 죽이면서 그리스의 모계 종교를 억압하려는 그리스인들의 심리를 만족시키기 위해서라는 학자들의 주장도 있다.

그러나 그리스 신화에 나오는 메두사는 로마나 고대 아랍왕국에서는 또 다른 상징성을 가지고 있다. 즉, 죽은 자의 무덤을 보호하거나 건물에 달려드는 악귀 등을 물리치는 역할을 한다고 알려져 있다. 물론 이것은 민간신앙일 것이다. 로마는 신이 너무 많은 나라가 아니었던가. 따라서 바실리카 시스턴에 있는 2개의 메두사 얼굴은 악귀를 쫓아내고 이 거대한 건축물을 지키기 위해 세워진 것일 수 있다는 합리적 추정이 가능하다. 실제로 이 저수조의 메두사 머리는 사람이 직접 보면 돌로 변하는 신화에서 그 의미를 가져와 경비병으로 사용되었다는 설도 있다. 이 저수조 건설에 7,000명의 노예가 동원되었다고 하는데, 그렇다면 이들이 안전하게 일을 할 수 있도록 바라는 마음에서 메두사의 머리를 일부러 갖다 놓은 것이렷다. 지금도 많은 건설현장에서 일하는 노동자들의 안녕을 바라는 마음에서 고사를 지내지 않는가. 로마시대 유적지에서 메두사를 흔히 볼 수 있는 것도 이러한 이유와 비슷할 것이라고 생각한다. 예를 들어 아래에서 소개될 고대도시 에페소에 138년에 세워졌다는 하드리안 신전이 있는데 정문 위에 메두사가 조각되어 있다. 신전에 악령이 붙지 않게 하려는 의도이겠다. 그리고 고대 로마시대 악령을 물리치기 위해 메두사가 가장 널리 사용된 곳은 신전을 모방해서 만드는 석관(石棺)이었다. 당시 석관 겉에 각종 장식을 화려하게 조각하는데, 이곳에 메두사를 조각하는 것이다. 이렇게 죽음의 세계나 신전 같은 곳에 있는 메두사는 악귀를 막는 일종의 선신(善神)같은 역할을 했다고 볼 수 있다.

악귀를 물리치기 위한 장치는 동양, 서양할 것 없이 세계 여러 나라의 건축물에서 나타난다. 아니 멀리 갈 필요 없다. 우리나라의 광화문 앞의 해치 동상을 생각하면 된다. 경복궁 지킴이인 수호신 해치는 재앙과 악귀를 막는 신령의 동물, 신수(神獸)이다. 이러한 신수들은 가상의 동물들이 많다.

상상의 동물인 해태 동상들을 궁궐 문 앞 광화문에 세워둔 것은, 태조 이성계가 한양 천도 후 도성 안에 화재가 자주 발생하자 이를 막기 위한 것이었다. 해태상과 관련된 조선왕조실록 기록에는 '궁궐 정문 양쪽에 두 마리의 석상을 만들어 세우되...'라고 쓰여 있다. 이 두 마리 석상이 바로 지금의 광화문 앞에 있는 해치상이다. 이러한 신수들은 세계 여러 나라에 존재하고 있고, 그 신수들은 오래전부터 특정한 건축물을 보호하는 역할을 해왔다는 것을 중국 자금성에서, 인도네시아 타만 아윤 사원에서 이미 보았다. 이처럼 건축물 앞에 신수의 형상을 두어 그 건축물을 지키려 하는 것이라면, 이미 언급했듯이, 바실리카 시스턴의 메두사 또한 저수조를 지키고 악귀를 물리치는 하나의 상징적 모습으로 받아들이는 것이 맞지 않을까 싶다. 그런데 신화 속 괴물 메두사의 머리가 악귀를 물리치는 역할을 한다는 사실은 정말 몰랐다. 고대 신화에서 고르곤 세 자매 중 막내로 아름다운 여자였던 메두사가 어쩌다가 이런 상징으로 되었는지 서양의 긴 역사를 거슬러 올라가면 분명 이유가 있을 것이다. 무엇보다 남성에 의한 여성 억압과 관계가 있을 것이라는 의심이 든다. 저자가 여성이기 때문에 이런 말을 하는 것은 당연히 아니다. 우리는 역사에서 늘 힘 있는 자들이 힘없고 약한 자들을 억압해왔다는 사실을 알고 있지 않은가. 메두사에 대한 신화와 역사는 '유럽유적지기행'의 그리스 아테네 유적지에서 다시 살펴보기로 하자.

경복궁을 지키고 있는 광화문 앞 해치 상

4. 카파도키아 데린구유

◇◇◇◇◇◇

초고대문명이 정말 존재했을까

'고대의 아포칼립스'라는 제목의 다큐멘터리가 있다. '아포칼립스'(Apocalypse)란 단어는 '베일을 벗기다'라는 뜻으로, 숨겨진 사실이나 알려지지 않은 정보를 밝혀낼 때 사용하곤 한다. 이 다큐멘터리는 탐사보도 기자인 그레임 행콕이 빙하기 시대에 있었다고 추정되는 신비의 문명에 대한 아포칼립스를 다루고 있다. 그레임은 지구의 빙하기 전에 초 고대 문명이 이 지구에 존재했었는데, 빙하기가 오면서 묻혀 버렸다고 주장하고 있다. 그레임은 전문가도 아니고 고고학자도 아니지만, 그래서 오히려 객관적인 자료로 선입견 없이 접근한 이 다큐멘터리가 세계유적지를 다니는 저자에게 설득력 있게 다가왔다. 저자가 답사한 유적지 중에는 현대 문명에서도 해 낼 수 없는 기술력을 보여주는 건축물들이 있다. 인간의 이해력과 상상력을 뛰어넘는, 우리가 흔히 '불가사의'라고 부르는 것들이다. 그런 유적지들을 보면서, 고대보다 더 오래전인 초고대의 인간 조상들이 지금의 문명을 뛰어넘는 기술을 가지고 있었을 수도 있다고 의문을 품는 것이 이상한 일이 아니다. 오히려 인간이라면 자연스럽게 해볼 수 있는 생각이다. 그레임 또한 지구에 초고대 문명이 있었다는 의문을 품고 증거들을 하나씩 찾아 나섰는데, 의심되는 많은 문명 유적지 중 하나로 튀르키예 카파도키아에 있는 데린구유를 가리켰다.

데린구유 내부 구조, 출처: '고대의 아포칼립스'

    '깊은 우물'이라는 의미를 지닌 데린구유(Derinkuyu)는 수 천 년의 역사에 비해 늦게 세상의 관심을 받았고, 늦게 유명해 진 곳이다. 1963년 데린구유 인근에 살던 한 농부의 집 바닥이 움푹 꺼져 들어가게 되면서 데린구유는 우연히 발견되었다. 이 데린구유에 초고대문명이 있었을 가능성은 다음과 같은 이유에서다. 먼저 처음 이 지하도시를 만든 시기와 왜 만들었는지에 초점을 맞추어보자. 현재 데린구유에 남아있는 15,000개에 달하는 뚜렷한 손도끼 자국은 거의 10,000년 전에 형성되었다는 것이 밝혀졌다. 그리고 이곳은 이만명이 피난가능한 공간이라고 한다. 그런데 흥미로운 것은 이 마을 주변을 보면 특이한 사항이 없다는 것이다. 1830년까지도 지상에 집이 없었다고 하는데, 이처럼 매우 평범한 마을에 거대 지하도시가 생겼다는 것이 이상하지 않은가. 그렇다면 왜 이렇게 평범한 마을에 지하도시가 만들어진 것일까. 이 질문에 답을 하려면 먼저 다른 여러 고대 유적지에서 발견되는 뱀의 형상들에 대한 의문을 풀어야한다.

    그레임은 하늘에서 내려오는 혜성을 초고대인들은 뱀으로 표현한 것이고 주장한다. 완전 틀린 말은 아닌 것 같다. 우주 태양계에 대해 전혀 몰랐던 빙하기 이전 시대의 문명인들에게는, 타원형이나 쌍곡선, 또는 포물선

궤도를 하고 하늘에서 떠돌거나 지구로 떨어져 내려오는 혜성이 뱀처럼 보일 수 있다. 특히 혜성은 태양과 가까워질 때 가스로 된 머리와 꼬리가 생기는데, 밤하늘에서 보면 마치 긴 뱀이 아래로 내려가는 모습이다. 그런데 초고대인들은 이 혜성(뱀)의 형상이 하늘에 나타나면 대 혹한이 온다는 것을 알고 있었던 것이다. 그래서 미래에도 이런 형상이 나타나면 대 혹한 같은, 또는 이와 유사한 사건이 일어나는 징조임을 후대에 알려주기 위해 뱀의 형상을 만들어놓은 것이라고 그레임은 추측했다.

초고대인들이 뱀으로 표현한 하늘에서 내려오는 혜성들

그리고 데린구유는 베트남 전쟁 시 게릴라전으로 지하 동굴을 팠던 것처럼, 이곳에 있었던 초고대인들이 재난을 피하기 위한 피신처로 동굴을 만들었다 것이 다큐멘터리에서 그가 주장한 내용이다. 지하 동굴이란 전쟁이나 무언가 공포의 대상이 무서워서 피하기 위한 공간일 수 있으니 그레임의 주장이 전혀 일리가 없지는 않다. 결론적으로, 적으로 많은 사람들을 수용할 수 있는 이 거대한 지하 동굴이 만들어진 시기는 빙하기 전이고, 만들어진 이유는 약 만 년 전 혜성 충돌을 피하기 위해 만들어진 것으로 그의 주장은 요약된다.

　데린쿠유의 만든 시기와 그 이유가 설명되었다고 해도 왜 그레임은 이 데린쿠유가 초고대문명이었을 가능성을 제시하는 것일까. 그 이유는 고도의 공학기술 때문이다. 사실 지하 동굴 안 입구에 있는 원형돌판 0.5톤을 깎은 고도의 공학기술은 지금도 설명하기 힘들다. 각 공간마다 분리해놓은 것도 그렇고, 공간의 온도도 쾌적하게 유지되도록 하였으며, 인간이 일상 생활을 하는데 불편함이 없도록 만든 전체 구조와 구성물이 그렇다. 무엇보다 인간맞춤 크기의 공간을 개미굴처럼 이어 깊이 85m, 지하 7층 규모의 한 거대 도시로 만들었다는 것이 믿기지 않는다. 데린구유 안으로 내려가 보면, 환기구 역할을 하는 직경 1m 규모의 구멍이 도시를 수직으로 관통하고 있는 것이 보일 것이다. 중앙에 있는 이 수직 환기구와 주위의 보조 환기구들을 통해서 지하 각층 내부로 공기가 들어오도록 한 것을 보면, 고도의 공학기술이 아니고서야 가능할까 싶다. 지하에서 수만 명이 빵을 굽고 생기는 연기들은 이 환기구를 통해 밖으로 빠져나가게 하고, 밖의 신선한 공기는 안으로 들어오게 하는 과학적인 건축 구조를 그들은 분명 알고 있었다는 얘기다. 수많은 통로와 미로의 길, 수많은 거주 공간이 있는 지하에 펼쳐진 또 하나의 커다란 세상, 데린구유, 거기다가 적의 침입도 대비해 놓았다. 통로 중간 중간에 둥근 바퀴모양의 큰 돌덩이 문이 있는 것을 볼 수 있는데, 이 문은 비상시에는 통로를 막았고, 문구멍을 통해서는 화살을 쏠 수 있으며, 문 중앙에 막대기를 밀어 넣으면 돌덩이가 입구 앞으로 굴러가게 하는 방어 시설이다. 데린구유의 놀라운 공학기술을 정리해보면, 먼저 지하도시의 각 공간마다 분리되도록 설계했다는 것, 둘째, 모두 인간맞춤형으로 제작되었다는 것, 셋째, 환기구 역할을 최대한 활용할 수 있는 수직환 기구를 설치했다는 것, 넷째, 수많은 통로를 겹치지 않고 최적의 동선으로 만들었다는 것, 마지막으로 통로에 있는 둥근 바퀴모양의 문의 제작이다. 이 위대한 건축기술은 빙하기에 인간들이 대부분 죽었기 때문에 후대에 전수되지 않았지만, 데린구유에 있는 이런 흔적을 통해 초고대문명이 이 지구에 존재했을 가능성이 제시된 것이다.

고도의 공학기술을 보여주는 데린구유 통로들

이렇게 그레임은 데린구유가 빙하기 전에 만들어진 것이라고 추정하지만, 정확한 기록이 없기 때문에 데린구유가 만들어진 시기에 대해서는 의견이 분분하다. 수세대를 걸치면서 확장 되고 더욱 견고하게 형성된 것은 히타이트 시대(아나톨리아 고원에 형성된 왕국)즈음일 것이라고 주장하는 학자들도 있다. 4,000년 전 히타이트 시대 때 최초의 터널이 만들어졌다고 추측하여 데린구유 건설시기와 연결 지은 것이다. 그러나 최근 튀르키예 문화부는 기원전 8~7세기 프리기아인들이 피난처로 사용하기 위해 데린구유를 만들었다고 발표했다. 그러나 프리기아인들이 이곳에 자리를 잡을 때, 이미 이 동굴들은 만들어져 있었다고 보는 학자들도 있다. 이렇게 데린구유의 역사에 대해 여러 의견들이 있지만, 로마 초기에 기독교인들이 이곳에서 생활했다는 것에는 이견이 없다. 데린구유에는 로마로 부터 탄압을 받던 기독교인들이 이 동굴 속에 숨어 살았던 증거가 있기 때문이다. 데린구유 지하 1,2층에는 신학교와 성찬과 세례를 베풀던 장소로 추정되는 중앙에 큰 공간이 있고, 예배했던 현장인 십자가 형태의 교회나 묘지 흔적도 있다. 훌륭한 피난처이자 일상의 주거지로서 방과 부엌, 교회, 학교, 곡물창고, 화장터까지 모두 갖추었다는 것도 확인되었다. 따라서 기독교인들이 기존에 있던 동굴을 더 파고 시설을 넓히면서 지하 20층, 120m에 달하는 거대 도시를 만들었다고 보는 것이 대세다. 기독교인들은 기독교 탄압시기뿐 아니라, 이슬람교가 비잔틴 제국을 공격하던 시기에도 이곳으로 숨어들어 살았을 확률이 높다. 지하이기 때문에 쉽게 적들에게 노출되지 않아 비상 대피소로 쓰기 좋은 이곳을 기독교인들은 비상시에 오래 거주할 것을 대비해 더 깊고 더 넓게 파야만 했을 것이다. 따라서 데린구유가 처음 어느 시기에 왜 만들어졌는지 알 수는 없지만, 그리고 정말 초고대문명이 있었는지 분명하지 않지만, 기독교인들이 이 지하 동굴도시를 발전시킨 것만은 분명해 보인다.

이슬람 국가에 기독교 유적지가 있는 이유

기독교인들이 데린구유에만 도시를 만든 것은 아니다. 튀르키예에는 기독교 유적지가 유독 많다. 저자가 답사한 튀르키예 파묵칼레에 있는 히에라 폴리스에도 기독교 문화가 선명하게 남아있다. 히에라 폴리스는 기원전 190년 유메네스 2세에 의해 처음 세워져 기원후 3세기까지 로마시대의 온천지로 번성했던 고대 도시 중 하나다. 지금 현재 15,000명을 수용할 수 있다는 거대한 원형극장과 고대 사원 등이 유적지로 남아 있다. 이곳을 정복한 로마인은 이 도시를 성스러운 도시라는 의미로 '히에라 폴리스'라고 불렀다. 아름다운 자연과 역사유적을 동시에 갖춘 이곳은, 지질학적으로 특이하고 환상적인 공간을 연출하고 있는 파묵칼레와 함께 유네스코 세계

복합유산으로 등재되어 있다. 지금 남아 있는 유적지가 말해주듯, 히에라 폴리스는 그 당시 아나톨리아인, 마케도니아인, 로마인, 유대인들이 함께 살던 국제도시였다. 이 고대의 국제도시는 지진으로 모두 소멸했고, 현재 는 원형극장만 복원한 상태이다.

히에라 폴리스 원형극장

그런데 이곳 히에라폴리스는 예수님의 12제자 중 한 사람인 빌립보가 서 기 87년에 십자가형을 당한 곳이라고 한다. 그리고 4세기와 6세기 사이에 세워졌다고 추정되는 빌립보 기념 성당과 함께 기독교 관련 건축물이 남아 있어서 이곳을 기독교 유적지로 보는 것이다. 그렇다면, 왜 튀르키예에 이 렇게 초기 기독교인들의 문명이 많이 남아 있는 것일까. 단순히 생각하면, 튀르키예와 예루살렘이 인접해 있기 때문에 상대적으로 이동하기 쉬운 곳 이라 그럴 것이다. 그러나 위치적인 이유를 배제하면, 예수님이 돌아가시 면 끝날 것 같았던 기독교가 오히려 예수님 사후에 더 강성해지면서, 급격 하게 늘어난 기독교 신도 수 때문이라고 볼 수도 있다. 일단 신도 수가 많 아야 어디를 가든 문화가 형성되는 것이 아니겠는가. 물론 이슬람국가인 튀르키예에 기독교 유적지가 많은 이유가 신도 수가 급격히 늘어났기 때문만이 아니다. 더 강력한 이유는 제자들의 적극적인 기독교 전파와 로마의 기독교 박해 때문이다. 어찌된 일인지 예수님 사후 제자들은 예수님의 가르침을 전파하는데 적극적이다 못해 전투적이었다. 그러니 로마인들은 로마의 정치사상과 완전히 다른 사상을 가진 기독교인들을 무자비하게 박해하기 시작했고, 결국 기독교인들은 혹독한 박해를 피해서 이곳 튀르키예와서 기독교문화를 형성하게 된 것이다. 서양문화를 기독교문화라고 해도 과언이 아닐 정도로 서양 국가들에 커다란 영향을 미친 기독교에 대한 이야기를 여기서 이렇게 대충 마무리할 수는 없다. 기독교 탄생배경과 기독교인들이 당한 박해에 대해 조금 더 같이 들여다보면 어떨까.

히에라 폴리스 언덕위에 있는 빌립보 기념 성당으로 추정되는 유적, 출처: kidokilbo.com

기독교가 탄생한 시기의 로마제국의 상황을 보면, 최고의 권력자였던 카이사르가 공화파 귀족들에 암살되고, 그의 자리를 이어 받은 '존엄한 자' 아우구스투스로 불리는 옥타비아누스가 권력을 잡고 있었다. 그리고 그는 안토니우스와 이집트 클레오파트라의 연합군과의 전쟁에서 승리하면서 황제 자리에 올라 로마제국의 황금기를 연다. 급기야는 자신에 대한 신화까지 만들어 자신을 신의 영역까지 끌어올린다. 로마제국은 다수의 신들이 공존하는 다신교 국가라고 볼 수 있는 데, 이 때 그리스 신화를 바탕으로 한 로마 황제의 로마신화가 만들어진다. 따라서 이 시기에는 로마가 정복한 지역마다 신전이 세워졌다. 그런데 당시 로마가 정복한 이스라엘지역의 유대왕국은 유일신을 믿는 유대교가 국교였던 것이다. 다신교였던 로마는 받아들이기 어려웠지만, 유대왕국은 로마 황제를 인정하고 세금도 더 부담하면서 독자적인 종교를 유지할 수 있었다. 이 시기에 유대왕국에서 예수님이 태어났다. 기원전 시대가 끝나는 대사건이 일어난 것이다.

성인이 된 예수님은 나라를 잃고 타민족에게 억압받고 있는 유대인들에게 가르침을 주는 훌륭한 랍비이자 종교지도자가 된다. 로마 황제에 대해 예수님은 숭배를 거부했는데 이런 일은 로마 제국은 당연하고 유대교 지도자들에게도 큰 위협이 되었다. 예수님이 가르치는 내용은 기존의 유대교의 교리와 달랐기 때문이다. 예를 들어, 유대교에서는 전통적으로 지키는 안식일에 대해 예수님은 유연하게 받아들였고, 오히려 형식주의 안식일을 비판하기까지 했다. 또한, 예수님은 하늘에 제사를 지내는 유대교 사제의 존재도 인정하지 않았다. 이렇게 유대교가 가진 교리에 정면으로 맞서다보니, 유대교 사제들은 예수님에 대해 반감을 가지기 시작한다. 그러다 예수님을 따르는 추종자가 늘어나는 것을 보자, 불안감을 느낀 유대교 사제들이 결국 예수님을 로마 총독에 고발하게 된다. 그리고 예수님은 로마 총독에 의해 고대 로마 시대에 국가 전복을 시도한 반역자들에게 내려졌던 법정최고형인 십자가형을 받고 세상을 떠난다. 이때까지만 해도 예수님이 오늘날까지 인류에 이렇게 큰 영향을 미칠지 아무도 상상하지 못했을 것이다.

그런데 예수님의 죽음은 끝이 아니었다. 예수님이 세상을 떠난 후 그의 제자들이 움직이기 시작했다. 서아시아에 교회를 세우고 여러 지역으로 흩어져 예수님의 가르침을 적극적으로 전파하는데, 특히 바울의 선교활동이 가장 눈에 띈다. 사실 바울은 생전에 예수님을 만난 적도 없고 전혀 알지도 못했는데, 신약 성경에서 만날 수 있는 최초의 신학자가 되었고, 이미 존재하던, 또는 형성되어 가던, 또는 갓 출발하던 기독교 공동체에 합류하여 기독교를 이끄는데 결정적인 역할을 한다. 다음 에페소 유적지에서 재등장하는 바울에 대한 이야기는 그 때 다시 하기로 하자. 어쨌든 바울을 포함, 예수님의 제자들의 노력으로 기독교는 서아시아를 포함해 여러 나라에 그 교세를 확대해 나간다. 로마제국도 예외는 아니었다. 그러나 로마제국은 초기 기독교가 확산되던 것에 크게 신경 쓰지 않았는데, 그 이유는 그 당시 기독교의 세력이 크지 않았다고 판단했기 때문이다. 하지만 기독교의 세력은 점점 확산되어갔고 결국은 황제 권력을 위협할 수준까지 갔다. 때문에 폭군으로 소문난 로마의 네로 황제(서기 54-68)때 기독교의 박해는 시작된다. 사실인지 모르겠지만, 네로 황제는 집권 초기부터 폭군은 아니었다고 한다. 그러나 로마에 큰 화재가 발생하면서 민심이 돌아서기 시작했고, 심지어 네로 황제가 화재를 일으켰다는 소문이 확산되자, 기독교인들에 대해 강압정책으로 태도를 바꾸었다는 이야기가 있다. 이때 네로황제는 기독교 신자들이 방화했다는 죄를 씌워 많은 기독교 신자들을 처형했는데, 이 때 예수님의 제자들도 순교하게 된다. 아직은 소수파 종교였던 기독교는 네로 황제의 정치적인 목적에 의해 희생되었다고 볼 수 있다. 이렇게 네로 황제 시대에 시작된 박해는 이후 수백 년간 이어진다.

박해 원인은 이렇게 분석할 수 있다. 이미 언급했듯이, 기독교의 교리는 로마제국의 통치이념에 부합하지 않았기 때문이다. 기독교는 모든 사람은 평등하다고 주장하는데, 이 평등사상은 당시 로마 노동력의 근간인 노예제와 대치된다. 그리고 남녀 차별 철폐로 이어지면 여성의 위상이 높아져 결혼제도에 문제가 생길 수 있다. 로마는 지속적인 정복을 위해 군사력이 가장 중요했는데, 결혼을 통해서 많은 인구가 있어야만 했다. 그 당시 여성은 인구를 생산하기 위한 도구정도로 취급되었는데, 평등사상으로 인해 여성들이 자존감을 높이고 기존의 역할을 거부한다는 건 제국의 근간을 흔드는 일이었다. 나아가 기독교의 교리인 금욕주의는 로마 사회 전반에 번져있던 쾌락주의와 대치된다. 그 당시 로마인들은 먹고 즐기는 것이 하나의 풍습이었고, 황제는 대중들에게 오락놀이를 제공하여 즐기게 하고 그 대가로 그들의 지지를 받아 통치하고 있었다. 그러니 로마입장에서는 기독교 교리가 통치에 방해가 될 뿐 아니라 기존의 로마의 전통과 풍습을 해하는 일인 것이다. 결국 기독교는 불법화된 종교가 되면서 박해가 가해졌고, 이때 로마의 박해를 피해 기독교인들은 튀르키예의 여러 지역으로 숨어들게 되면서, 지금은 이슬람 국가인 이곳에 기독교문화가 형성된 것이다.

기독교의 반전

이렇게 지독한 박해를 받았던 기독교가 지금 세계에서 가장 큰 종교가 되었다. 어떻게 가능했을까. 저자는 기독교가 이렇게 반전이 된 것에는 바울과 함께 콘스탄티누스 1세 황제의 역할이 가장 컸다고 생각한다. 바울은 이미 이야기 한 것 같다. 최초의 기독교 신학자로 기독교 공동체에 합류하여 기독교를 이끄는데 결정적인 역할을 했다고. 그러나 저자는 콘스탄티누스 1세 황제의 역할이 더 컸다고 본다. 313년, 이 황제는 밀라노 칙령을 통해 기독교 신앙의 자유를 허용하면서 박해의 시대를 끝낸다. 그리고 황제는 기독교를 국가 차원에서 지원하고, 기독교 신자들을 포용하는 정책을 시행한다. 황제 자신도 기독교 세례를 받고 신자가 되면서, 기독교는 이제 소수파 종교가 아닌 주류 종교로 등극하게 된다. 기독교 역사에서 이보다 더 큰 사건이 있을까. 만약 콘스탄티누스 1세 황제가 없었다면, 지금 기독교가 세계에서 가장 큰 종교가 될 수 있었을까. 상상하기 어렵다. 종교는 국가차원에서 지원이 없으면 확장자체가 불가능하기 때문이다.

그렇다면 콘스탄티누스 1세는 왜 기독교 신앙을 허용한 것일까? 그 사연을 들여다보면 이렇다. 권력을 차지하는 과정이 모두 그렇듯이 그 또한 치열한 투쟁의 과정을 이겨내고 황제가 되었다. 그러나 자리를 차지했다고 해서 끝나는 것이 아니다. 창업(創業)은 쉬우나 수성(守成)은 어렵다고 본 책의 병마용 갱 유적지에서 말하지 않았던가. 콘스탄티누스 1세도 어렵게 얻어낸 황제자리를 지키기 위해 수시로 일어나는 전쟁에서 이겨야만 했다. 이것은 전해오는 이야기다. 로마의 지배권을 놓고 대전을 하루 앞둔 날, 콘스탄티누스 1세가 꿈을 꾸었는데, 꿈에서 특별한 표식을 보았다고 한다. 그리고 그는 꿈에서 본 표식, X와 P를 모든 병사의 방패에 표시하도록 명령했다. 지금도 기독교 상징으로 쓰이는 Xp(키로)는 히브리어 X(키)와 P(로)를 조합한 문자로, X는 Chris, P는 tos, 즉 Christ(예수 그리스도)를 의미하는 이니셜이다. 아이러니하게도 기독교에 박해를 가했던 그의 군대가 기독교 표식이 있는 방패를 들고 전투에 나선 것이다. 콘스탄티누스1세가 기독교를 공인한 것을 보면, 그 다음날 전투의 결과는 어찌 되었는지 짐작할 수 있으리라. 놀랍게도 적은 병력을 가졌던 콘스탄티누스의 군대가 대승리를 거두게 된 것이다.

물론 꿈에 나타난 표식 때문에 승리했다고 보기에는 무리가 있다. 역사학자들은 콘스탄티누스의 승리를 이렇게 분석한다. 당시 내전에서 이기고 싶었던 콘스탄티누스1세 황제는 많은 기독교인들의 병력이 필요했을 것이다. 그리고 당시 기독교 세력이 커졌다는 것을 알고 있었기 때문에, 기독교 세력의 지원을 받아 기독교인들을 전투의 병사로 참여시킬 수 있는 방법을 고민했을 것이다. 그 결과, 기독교인 병사들에게 기독교 표식을 하게하여 전쟁에 참여하게 하고, 종교의 힘으로 승리의 의지도 업(up)시킬 수 있다는 아이디어를 생각해낸 것이 아닐까라는 추정이 가능하다. 그렇다면 꿈에서 계시를 받았다는 이야기도 어쩌면 기독교인들을 활용하기 위해 만들어낸 이야기일 수도 있겠다. 그 무엇 때문에 승리를 했든, 결과적으로 이 전쟁의 승리로 인해 콘스탄티누스 1세가 그동안 박해받아왔던 기독교를 로마에서 공인하였다는 것이 중요하다. 반전을 가져오게 된 극적인 기독교 역사이다. 그 후, 로마 제국의 새로운 수도, '콘스탄티노폴리스'라는 세계 최초의 기독교 도시가 만들어지고 기독교는 크게 확장된다. 마침내 392년 기독교는 로마의 국교가 되고, 박해받고 설움에 겨웠던 소수파 종교가 놀랍게도 주류 종교가 된다. 사실 국가가 가지는 종교, 즉 국교가 되면 힘은 무소불위가 된다는 것을 구지 설명할 필요가 있을까. 로마의 국교가 된 기독교는 로마가 몰락했어도 그 교세는 유럽 전역으로 확장되었고 오늘날까지 서양의 주류 종교로 강인한 힘을 발휘하고 있다. 기독교인들은 이렇게 기독교가 서양의 거대 종교가 될 수 있도록 기여한 사도 바울과 콘스탄티누스 황제에게 고마워해야 되지 않을까. 그것도 아주 많이.

박해받던 종교가 박해하는 종교로

그렇다면 박해받던 기독교인들은 그 이후, 인류역사에 어떤 영향을 미쳤을까. 기독교 역사를 다룬다는 것이 조심스럽기는 해도, 저자의 경험을 뒤돌아보면, 반드시 기독교인이 아니더라도, 아니 기독교인이라 하더라도 역사적인 관점에서 객관적인 시각으로 기독교 역사를 한번쯤 들여다보는 것은 나쁘지 않다고 생각한다. 종교는 인류문명과 아주 깊은 관계가 있기 때문이다. 저자는 어릴 때 우연히 기독교 문화를 접했지만, 성장하면서 기독교역사와 예수님에 대해서 제대로 알지 못해서 혼란을 겪은 경험이 있다. 저자가 일방적으로 전수받은 기독교 교리는 무조건 믿으면 천국 간다는 아주 간단한 설명뿐이었다. 아무것도 아는 것이 없는데, 무조건 믿음을 갖기란 사실 쉬운 일이 아니다. 믿음을 가지려면 확신할 수 있는 증거가 뒷받침되어야하는 것이 아닐까. 논리적으로 어긋나는 교리였지만, 종교에서는 가능하다. 논리적, 이성적인 것이 발동하는 것이 아니라, 감성적인 것이 먼저 움직이기 때문이다. 그래서 기독교인들은 오히려 역사의 기독교, 역사의 예수님을 이성적으로 제대로 공부하는 것이 불경스러운 일인 것처럼 느껴질 수도 있다. 종교는 종교로만 받아들여야 하는 것이지, 종교를 역사로 접근해야 하는 것이 맞는 것인지 아직도 저자는 판단이 서지 않는다. 그럼에도 불구하고 이 책에서 기독교 역사를 한번 짚어보는 것은 의미 있는 일이라고 확신한다. 신앙을 가지고 있는 대부분의 종교 신자들은 자신의 종교는 역사와 분리되어 신화적으로 접근하기 쉽다. 그러나 종교가 창시된 그 시대의 배경과 이유, 그리고 지금까지 그 종교가 행한 역사를 이해한다면, 신비주의에서 벗어나 참된 종교인으로 거듭날 수 있다고 믿고 있다.

기독교의 2000년 역사를 툭 터놓고 쓴 존 딕슨의 '벌거벗은 기독교 역사'란 책은 기독교 역사를 이해하는데 많은 도움이 되었다. 모든 종교가 그렇듯이, 기독교인들 또한 성자도 많겠지만 종교를 이용하는 악인도 많다는 것을 미리 말해둔다. 우리는 역사를 통해 박해를 받아오던 기독교는 로마의 주류 종교가 된 후, 오히려 타 종교를 박해하는 종교가 된 것을 알고 있다. 그 예를 존 딕슨은 구체적으로 밝히고 있다. 기독교가 주류 종교가 된 이후, 제일 먼저 기독교인들이 한 일은 로마의 전통으로 내려오던 신들을 모신 신전들을 파괴하는 것이었다. 그리고 기독교가 아닌 다른 종교들의 활동들을 모두 금지했다. 다른 문화와 풍습, 종교를 억압한 것이다. 더 놀라운 것은, 기원전 776년 헤라클레스가 그리스에서 처음으로 개최했다고 전해오는 고대 올림픽은 기원후 393년 기독교가 로마 제국의 국교가 되면서 중단된다. 올림픽을 이교도들의 종교행사로 규정했기 때문이다. 그 후 약 1,500년 동안 중단되었던 고대올림픽은 1896년 그리스 아테네에서 첫 근대 올림픽으로 부활되어 세계인들의 함께 즐기는 축제의 장이 되고 있다. 최근 2024 파리 올림픽에 참가하여 경기를 치루거나 경기에 이긴 후 감동의 눈물을 흘리는 선수들을 보면서 과연 이런 스포츠 문화행사가 종교와 관계있다고 생각하는 사람이 있을까.

2024 파리올림픽 공식 포스터, 출처: Olympics.com

　로마제국이 멸망한 이후에도 기독교 문화는 유럽을 지배하면서 그 영향력은 더욱 커진다. 특히 12세기 중세 시대 기독교인들은 정치, 경제 전반에 영향력을 행사하는 권력자들이 되면서 사람들의 일상까지 지배하게 된다. 이러한 과정에서 기독교가 다른 종교들을 이단으로 결정하고 무고한 사람들을 어떻게 박해했는지 여실히 보여주는 사건이 '마녀사냥'이다. '마녀사냥'은 기독교가 자행한 학살 행위나 다름없다. '마녀' 책을 집필한 주경철은, 마녀사냥은 기독교 교리를 재정비하기 위한 과정에서 생긴 사건으로 보고 있다. 즉, 로마제국 후 주류 종교가 된 기독교는 일관되게 다른 민간 신앙 등을 사악한 믿음이라고 간주하고 계속해서 정리를 해왔다는 것이다. 특히 일반 민중들과 가장 깊은 관련이 있는 점쟁이나 민간치료사들은 기독교인들에 의해 사탄이나 악마의 뜻을 가진 '마녀'로 규정되었다. 자신들의 교리를 지키기 위해 최악의 방법을 발명해 낸 것이다. 사랑과 자비로 선함을 추구해야할 이 종교는 그들의 힘이 약해지고 있다고 느낄 때 그들이 가진 권력을 사용해 '마녀사냥'에 나섰다. '마녀사냥'으로 대략 20~50만 명이 처형되었다고 하니 기독교를 어떻게 성자들의 종교라고 할 수 있겠는가. 기독교의 빛나는 문명의 이면에 있는 이런 야만스러움을 어떻게 받아

들여야 할지 당혹스럽다.

조금 더 기독교의 이면을 들여다보자. 기독교의 교리는 중세시대 보통 사람들의 일상을 통제하는 봉건 영주들의 권력을 공고히 하는 수단이 되기도 했다. 또한 16세기 기독교인들은 면죄부(免罪符)를 발행해 돈벌이까지 한다. 면죄부(免罪符)란 지은 죄를 면제하였다는 증명을 해주는 특수목적을 위해 판매되던 증서인데, 당시 로마의 성당을 건설하기 위해 교황청이 대량으로 발행하여 반강제적으로 판매했다. 결국 면죄부는 종교개혁 운동 때 마르틴 루터가 '95개조 반박문'을 내붙이는 배경이 되었고, 이때 가톨릭으로부터 개신교가 분리된다. 여기까지만 보면, 기독교인들이 성자인지, 악마인지 혼란이 올 것이다. 데린구유 동굴로 들어가 예배를 보며 신앙의 진정한 눈물을 흘렸던 기독교인들, 그들의 역사는 분명 고통과 박해로 시작되었지만, 박해를 벗어난 이후에는 이렇게 누군가를 박해하고 억압하는 역사를 만들어냈다. 이러한 기독교 역사는 종교가 제 기능을 못할 경우, 얼마나 많은 사람들이 고통을 받을 수 있는지, 어떤 부작용과 폐해가 발생할 수 있는지 너무나 여실히 잘 보여주고 있다.

종교는 언제 사악해지는가

저자의 표현력 부족으로 오랫동안 머리에서만 머물고 제대로 제시하지 못했던 의문들을 찰스 킴볼이 쓴 책 '종교가 사악해 질 때'가 시원하게 대신해서 표현해 주고 있다. 찰스 킴볼은 그의 책을 통해 역사적으로 인간이 저지른 최악의 행동들은 종교와 깊은 관계가 있다고 주장한다. 지금까지 모든 종교는 인류에게 사랑과 평화를 강조해왔다. 그런데 이런 종교가 오히려 인류를 위협하는 최악의 행동들을 서슴없이 자행하며 사악해지는 것일까. 그것은 종교가 타락했을 때다. 종교학 교수인 찰스 킴볼은 타락한 종교에는 다섯 가지 징후가 있다고 한다. 이 중에서 세 가지 타락 현상, 즉,

자신들만이 절대적 진리를 가지고 있다는 믿음, 맹목적 복종, 그리고 종교
상 목적이 모든 수단을 정당화 할 때 종교가 사악해진다는데 저자는 격하
게 공감한다. 그래서 종교를 사악하게 만드는 이 세 가지 현상을 본 책에
언급하고자 한다. 먼저, 모든 종교가 진리를 추구한다고 하면서, 자신들만
이 절대적인 진리를 가지고 있다고 믿을 때, 즉, 오직 자신들이 믿는 신만
이 유일하며 자신들의 신을 통해서만 구원을 받을 수 있다고 주장할 때 종
교는 사악해진다는 것이다. 자신들이 가진 종교의 진리 전파에서 이런 편
협한 생각이 정치나 군사력과 결합되어버리면, 진정한 신의 사랑과 자비를
경험할 기회를 놓치게 된다는 찰스 킴볼의 주장에 전적으로 동의한다. 그
러나 저자의 생각과 가장 일치하는 부분은, 인간이 진리를 찾아가는 과정
을 표현하는 인간의 능력에 한계가 있다는 내용이다. 즉, 표현 방법이 다르
다 해도 그 표현에는 결국 같은 내용을 담고 있다는 것이다. 만약 온 우주
를 창조한 신이 존재한다면 인간의 감각과 사고를 넘어서는 초월적 존재이
어야 한다. 저자는 무조건 그렇게 생각한다. 인간의 사고와 인지의 한계 안
에 있다면 신이라고 할 수 있을까. 이런 생각에 동의한다면, 각 종교가 주
장하는 진리는 부분에 불과할지도 모른다. 찰스 킴볼은 이렇게 주장한다.
예를 들어, 사람의 눈을 가린 후 코끼리를 만지게 했는데, 코끼리의 다리를
만지고 '다리가 코끼리이다'라고 말하거나 코를 만지고 '코가 코끼리이다'
라고 말하는 것과 같다고. 결국 종교적 진리를 찾아 표현하는 인간의 능력
에는 한계가 있다는 것을 받아들여야 하고, 기독교가 주장하는 진리, 이슬
람이 주장하는 진리, 불교가 주장하는 진리(다행히 이들 종교가 주장하는 진리의
상당부분은 일치한다)는 신의 속성인 한 부분에 해당할 수 있다는 사실을 받아
들여야 한다. 그래야 한다, 그래야한다고 저자도 강력하게 주장하고 싶다.
　종교가 사악해지는 또 다른 타락 현상은 맹목적인 복종이라고 책은 말한
다. 맹목적 복종은 개인의 지적 판단력을 흐리게 하고 자신만이 가진 고유
의 개성을 박탈한다. 우리는 권위를 가진 종교지도자들에게 속절없이 굴
복하거나 무너져서 극단적인 행동을 하는 사람들을 많이 보아왔다. 여기

에 일일이 나열하지 않아도, 이미 우리가 보아온 많은 테러나 집단자살 사건들이 바로 맹목적 복종 때문에 생긴 일이다. 예를 들어 종교지도자가 세상에 종말이 다가왔다고 하면 평범한 일상생활이 시시해보이고 아무것도 아닌 것이 되기에 극단적인 행동을 서슴없이 하게 된다. 이러한 맹목적 복종은 종교지도자의 힘만 키우고 지나친 권력을 쥐게 하는 결과를 가져온다는 것을 역사적으로도 증명되었다. 종교의 본질인 사랑과 평화를 지향하는 진정성 있고 건강한 종교가 되려면, 맹목적 복종을 지양하고 개인에게 생각의 자유를 주어 스스로 생각해서 결정할 수 있도록 하고 스스로 개인적인 책임을 지게 해야 한다는 것이 찰스 킴볼의 주장이다. 마지막으로, 저자가 공감하는 종교가 사악해지는 시점은 종교상 목적이 모든 수단을 정당화할 때이다. 사람들은 자신이 속한 종교 공동체를 당연히 중요시한다. 그런데 문제는 공동체 외부의 사람들이 자신의 공동체를 위협한다고 생각하면 적으로 인식하게 되면서 폭력적으로 변한다는 것이다. 이런 변화가 생기면, 이제부터 공동체가 집단행동을 서슴없이 하게 되고 전쟁까지 치루면서 수많은 사람들을 희생시킨다. 인류역사에서 수많은 종교전쟁, 아니 지금도 진행 중인 전쟁들은 종교를 내세워 수단을 정당화하고 있지 않은가. 이 시점에서 우리는 종교 자체 보다 종교를 믿는 사람들이 문제라는 생각을 하게 될 것이다. 그런데 사실 '종교'와 '사악'이란 단어가 서로 어울리기나 한 건가. 어떻게 종교가 사악할 수 있단 말인가. 종교는 절대 사악하면 안 되는 것이다. 그런데 역사와 현실이 종교가 사악할 수 있다는 것을 대변해주고 있으니 더 이상 할 말을 잃게 한다.

저자는 본 책의 태국 유적지 부분에서 "그럼에도 불구하고 종교는 따뜻하다"고 말했다. 그렇다 진정한 종교는 따뜻한 것이다. 그리고 사람을 사람답게 살아가는 길, 무엇보다 인간이 가장 행복하게 살아가는 길을 가르치는 역할을 종교가 해야 한다고 강조했다. 인류역사에서 종교를 내세워 전쟁의 수단을 정당화하고 있다 해도 종교는 본래 따뜻하다는 것을 기억해야 한다. 종교인들은 종교의 본성인 이 따뜻함이 있기에 내적인 평화를 가질 수 있다는 것을 알고 있을 것이다. 찰스 킴볼이 그의 책에서 주장한 것처럼, 종교인들이 내적 평화를 가지려면 다른 종교의 진리들과 평화로운 공존이 필요하고, 그래서 자신들의 종교사상을 가지지 않은 타인들에게 경직된 배타성을 버려야 한다. 또한 개개인의 종교를 넘어선 초월적인 존재를 받아들이고, 다른 종교를 가진 사람들에게도 똑같은 측은지심을 느끼면서 그들과 건설적인 관계를 맺어야 한다는 그의 제안을 진지하게 생각해보아야 한다. 인류가 시작되면서 모든 집단에는 어떤 형태로든 종교가 있었다. 이렇게 인류가 오랜 세월동안 가지고 온 종교는 인간에게 삶의 의미를 부여하고 인간의 존재를 아름답고 선하게, 그리고 성스럽게 해주었다. 종교가 인류에게 긍정적 가치를 제공했다는 것에 누구도 부정하지 않을 것이다. 종교가 인류에 해만 끼친 것은 아니라는 뜻이다. 그리고 종교로 세상을 변화시킨 사람들도 많이 있었다는 것을 기억해야 한다. 그래서 지금이라도 각 종교의 가르침을 잘 알고 이해하는 것이 중요하다고 저자는 생각한다. 맹목적 믿음보다는 가르침에 대한 정보를 잘 분석하고, 그 가르침이 무엇을 향하고 있는지 정확히 판단해서, 비극적이고 모순된 일에 가담하지 않도록 종교인들은 이 기회에 한번 쯤 되돌아보는 것도 좋을 것 같다. 저자 또한 이 기회에 되돌아보니, 무겁게만 느껴졌던 종교가 가벼워졌고, 불편함도 많이 사라졌다. 종교든 무엇이든 과감하게 마주해서 툭 터놓고 이야기해야 한다는 사실을 다시 한 번 깨달았다.

5. 에페소 셀수스 도서관

◇◇◇◇◇

신약성경에 나오는 그 '에베소'

대부분의 종교는 믿음과 교리의 근간이 되는 경전을 가지고 있다. 기독교의 경전은 성경이다. 성경책은 무료로 배포되는 경우가 많아서, 가장 많이 팔린 책으로 랭킹을 메기기는 애매하지만, 기원전 1400년경부터 기원후 100년까지 약 1500년을 걸쳐 편찬되었다고 알려졌으니 인류 역사상 가장 많이 출판된 책인 것은 분명해 보인다. 또한 종교인들 중 기독교인이 26억 명으로 지구에서 가장 많으니 성경이 가장 많이 익힌 책이라고 해도 이상할 거 없다. 참고로, 성경 다음 베스트셀러로 꼽히는 책이 마오쩌뚱 어록으로 8억 2천만 부 팔렸다고 한다. 지금은 인도의 인구수가 중국을 추월하고 있지만, 세계에 있는 중국인의 수가 14억 명이나 되니, 충분히 가능한 이야기다. 물론 세계 각 나라에 있는 베스트셀러를 집계한다는 것이 쉽지 않아서 정확한 자료라고 할 수는 없다. 그러나 책의 출판 부수는 예상 독자 수와 관계가 있으니, 이 지구에서 가장 많이 팔린 베스트셀러가 성경, 마오쩌둥 다음으로 헤리 포터 시리즈(4억 부), 그리고 반지의 제왕(1억 3천만 부)과 연금술사(6천 500만부)로 집계된 것을 보면 통계에 큰 오류가 있는 것 같지는 않다.

신약성서 목차에 바울이 "To Ephesians" 에페소인들에게 보낸 편지가 있다

    오늘날 우리가 보는 성경책은 1권으로 되어 있지만, 실제로는 여러 작가들의 글(문서)들을 묶어놓은 모음집 또는 전집(全集)으로 보는 것이 맞다. 전집은 구약성서와 신약성서로 나누어져 있으며, 구약성서는 39권, 신약은 27권 총 66편의 문서들로 구성되어 있다. 약 40명의 저자들에 의해 쓰여 졌다고 추정하고 있는데, 그들 중 35명의 이름은 우리가 알고 있다. 그러나 사실 언제 누가 썼는지 정확히 밝혀지지 않은 부분도 많다. 그래서 성경을 쓴 저자들에 대해 여전히 논쟁하는 부분들이 있는 것도 사실이다. 구약성서의 경우, 창세기, 출애굽기, 레위기, 민수기, 신명기, 시편 등 성경의 약 20%가 이집트에서 이스라엘 백성을 노예에서 해방시킨 모세에 의해 쓰여 졌다고 알려져 있다. 신약성서는 복음서 4편(누가, 마태오, 마가, 요한), 예수와 사도들의 행적을 기록한 사도행전 1편을 제외한 나머지 글은 바울을 포함한 여러 저자가 각 지방에 있는 교회 공동체에 보낸 편지 글로 묶여져 있다. 그리고 종말에 대한 예언서인 요한 계시록도 신약성서에 포함되어 있다. 이렇게 신약성서의 마태복음부터 요한계시록까지 총 27편의

문서 중에 에베소서가 있다. 이 에베소서가 바로 셀수스 도서관이 위치하고 있는 '에베소'이다. 오래된 고대 유적지답게 '에베소'의 명칭은 다양하다. 영어로는 '에페수스(Ephesus)', 튀르키예는 '에페스(Efes)', 공동번역 성서에는 '에페소', 한글개역 판은 '에베소'이다. 이곳 뿐 아니라, 세계도시나 유적지 명칭은 각 나라 언어의 발음에 따라 다를 수 있다는 것을 이 기회에 말해둔다.

에페소는 아테네에 의해 기원전 9세기에 만들어진 도시로서, 바다와 인접해 있는 지정학적 위치로 인해 주변 국가들(스파르타, 페르시아, 페르가몬, 로마 등)의 흥망성쇠에 따라 운명이 바뀌는 고달픈 역사를 가지고 있다. 하지만 계속되는 식민지의 역사에도 불구하고 항구도시로서의 에페소는 그 당시 시리아, 이집트 등의 상인들이 집결하는 무역의 중심지였고, 따라서 무역을 통해 막대한 부가 쌓인 곳이었다. 기원전 2세기부터 로마의 지배를 받으면서 로마제국의 4대 도시로 까지 그 위상이 올라간 적도 있는데, 이렇게 한창 전성기 시절에는 인구 약 25만 명 이상이 이곳에 살았다고 한다. 당시 동서양을 잇는 상업요충지로 서아시아에서 가장 큰 도시가 에베소였던 것 같다. 대도시이다 보니 자연히 인구가 모여들고, 비즈니스도 활발하게 이루어졌을 것이다. 이렇게 경제가 살아 있는 도시에서는 많은 일들이 가능하다. 물론 종교 활동도 성공할 가능성이 높다.

고대 도시 에페소의 유적

의욕적인 지식인 바울

신약성서의 에베소서는 바울이 에베소에 있는 기독교에 입문한 신자들에게 보낸 편지이다. 위에서 이미 기독교가 창대해진 배경에는 바울과 콘스탄티누스 1세의 공이 가장 크다고 언급했다. 콘스탄티누스 1세에 관한 이야기는 이미 하였으니 이제 바울이 어떻게 기독교에 큰 기여를 했는지 살펴볼 차례이다. 바울은 기독교 전파에 가장 큰 영향을 미쳤기 때문에 기독교의 실제 창시자로 보아도 무리가 아니다. 바울은 그만큼 기독교 신자들을 영입하기 위해 복음서를 많이 썼고 또 서신도 많이 썼다. 경기가 좋고 돈이 흐르는 곳에는 많은 사람들이 몰려들기 때문에 인구가 많았던 에베소는 어떻게 보면 선교하기에 적합한 도시였다. 바울은 선교활동을 위해 에페소를 직접 방문했고, 이곳에서 신약성서의 에베소서를 집필한 것으로 추정하고 있다. 성경의 에베소서는 "에베소에 있는 성도들(에게)" 보내는 서한이라고 나오는데, 이곳 에베소에 살고 있는 새로 기독교인이 된 사람들의 영적인 이해력을 향상하고자 이 서한을 쓴 것으로 보인다. 지금도 교회에 처음 입문하면, 기독교 교리와 성경관련 교육을 받듯이, 새로운 신도들이 흩어지지 않고 교리를 잘 따라올 수 있도록 바울은 신경을 쓴 것이다.

사실 이렇게 기독교 신자들에게 영적 지식을 주려고 서신을 쓰는 일, 결코 쉬운 일이 아니다. 글 쓰는 능력도 능력이지만 지적 능력이 뛰어나야 하고, 무엇보다 정보를 구하고 연구를 해서 모든 내용을 알고 있어야 한다. 현대의 시각으로 보면 뛰어난 학자거나 지식인이라야 가능한 일이다. 그런데 알고 보니, 바울은 기독교를 박해하러 가는 길에 내면에 특별한 변화가 생기면서 갑자기 기독교로 개종했다. 그 전에는 유대교 신봉자였다고 한다. 유대인이었던 바울은 정통 유대교의 율법에 능통했다고 전해지는데, 당시 유대교 사회에서 율법학자에게 교육을 받은 상당한 지식인이었음을 짐작할 수 있다. 실제로 그가 쓴 편지를 읽어보면, 그의 철학과 율법학문이 상당히 높은 수준에 있음을 알 수 있다. 게다가 자신이 태어난 도시가 당시 로마 지배하에 있어서 유대인과 로마인 모두와 교류하는데 큰 어려움이 없었기에 일반 기독교인들이 가기 어려운 지역까지 복음 전파가 가능했다. 놀라운 것은 그가 살아생전에 예수님을 만난 적이 없었다는 것이다. 즉, 바울은 예수님의 제자가 아니었다. 그러나 의욕적인 학구파의 기질을 가지고 있었던 그는 예루살렘에 있는 동안 예수의 제자들과 교류하면서 예수님의 관한 정보를 얻게 되고 관련 내용들을 철저히 공부했다. 전해오는 말에 의하면, 유대인들에게 '메시아'로 오인 받을 만큼 그의 복음 설교는 뛰어났다고 한다. 바울은 당시 중요한 메시지였던 복음을 초기 기독교인들이 잘 이해할 수 있도록 적절한 용어와 예시, 그리고 긍정적인 표현법을 사용하여 설명한 것으로 알려져 있다. 그리고 그는 자신이 가지고 있는 지식과 경험, 역량을 기독교가 싹 트고 성장할 수 있도록 복음 전파에 모든 열정을 쏟아 부었다. 그리고 이 복음전파는 성공한다. 오늘날까지 성경이 훌륭한 경전으로 내려온 것도 바울의 지대한 학문적 기여가 있었기 때문은 아닐까. 그래서 기독교인들은 이렇게 복음전파에 헌신한 바울을 예수님 사후 기독교 신앙 역사에서 가장 중요한 인물로 추앙하고 있다.

지혜, 미덕, 지성, 지식의 보고(寶庫)

에페소에 있는 고대 유적들 가운데 가장 훌륭한 유적으로 평가되는 곳이 셀수스 도서관이다. 셀수스 도서관 건축물의 다른 부분은 훼손되거나 무너져 있고, 현재 정면 외벽만 남아있다. 마카오의 성 바울 성당 유적지와 유사하다. 그러나 남아있는 그 부분만으로도 무너져 내리기 전 원래의 건축물이 얼마나 우아하고 화려했는지 상상할 수 있다. 2세기에 다른 건축물도 아니고 도서관을 이렇게 멋지게 지었다니, 인간의 지식을 다음세대에 전수해주겠다는 거룩한 생각은 시대를 초월하나보다. 도서관 애호가인 저자에게는 설사 셀수스 유적에 우아함이나 멋짐이 없다고 하더라도, 도서관이란 이유만으로 이 건축물을 무조건 좋아했을 것이다. 지금도 어디에 있는 도서관이든, 도서관이라고 하면 남달리 바라본다. 소중한 보물이 저장되어 있는 곳인데 어떻게 도서관을 사랑하지 않을 수 있는가. 셀수스 도서관도 사랑할 수밖에 없다.

정면 외벽만 남아 있는 에페소 셀수스 도서관

셀수스 도서관은 2세기 중반, 135년에 아시아 지역의 통치자였던 로마 집정관 셀수스(Kélsos)를 위해 그의 아들(율리우스 아퀼리아)이 지은 대리석 2층 건물이다. 이곳에 셀수스 유골함이 매장되어 있다고 하는데, 그렇다면 셀수스 도서관은 무덤과 도서관이 통합되어 있는 건축물로 보면 되겠다. 셀수스가 대단한 애서가였는지, 한 사람을 위해 이렇게 아름답고 우아한 도서관 건축물을 세웠다니 조금 특별하고 의미 있어 보였다. 이 건축물은 117년 공사를 시작해 135년 완공되었지만, 11세기경에 발생한 지진으로 폐허가 되어 버린 후 현재의 상태로 남게 되었다. 셀수스 도서관으로 오는 길에 에베소 유적지에서 하드리아누스 신전을 보았다면, 이 도서관의 전체적인 외관이 그 신전과 유사하다는 것을 감지할 것이다. 모두 하드리아누스 황제 시절의 건축양식이라고 한다. 셀수스 도서관 기둥 또한 이 시대 건축양식으로 화려한 꾸밈이 특징인 코린트양식으로 장식되어 있다. 이 도서관의 정면에는 세 개의 입구가 있는데, 중앙 입구는 양쪽에 있는 다른 입구들보다 더 크게 해놓아, 건물이 실제 크기보다 더 커 보이는 효과를 냈다. 도서관은 높은 초석위에 세워졌기 때문에 안으로 들어가려면 입구 앞에 놓여 있는 넓은 계단들을 밟고 올라가야 한다. 도서관의 벽은 이중벽으로 되어 있다. 그 당시 책이라고 하면 양피지 아니면 파피루스이니 이들을 습기로부터 보호하기 위해서겠다. 그러나 이 귀한 책들은 262년 코트족의 침략으로 모두 불타서 소멸되었다고 하니, 아깝기 그지없다.

셀수스 도서관이 우아하고 아름다웠을 것이라고 상상하게 만들어주는 것은, 정면 출입구 벽에 세워진 4명의 여신상이다(진품은 오스트리아 박물관에 있다고 한다). 이들은 지혜를 상징하는 소피아상, 미덕을 상징하는 아레테상, 지성을 상징하는 에노이아상, 그리고 지식을 상징하는 에피스테메상인데, 도서관을 상징하고 보호해주는 여신들이다. 이러한 지혜와 미덕, 지성, 지식은 바로 도서관에서 가질 수 있는 보물들이 아닌가. 책을 읽는 것은 신성한 행위이고, 책은 고귀한 가치와 진리를 전달해 준다는 메시지가 담긴 도서관 건물에 정말 잘 어울리는 상들이다. 그런데 셀수스 도서관 앞에서 보고를 상징하고 있는 여신상들과 전혀 어울리지 않는 연결고리를 발견하게 된다. 바로 지하의 터널이 유흥업소가 있는 맞은편의 건물과 연결되어 있다는 사실이다. 더군다나 셀수스 도서관 근처에 성매매업소가 있었다는 뚜렷한 증거도 있다. 일종의 광고문구로 볼 수 있는 돌 판위에 새겨진 발자국과 여자의 모습, 그리고 동전의 모습 등이다. 광고 문구를 풀이하면, '당신을 사랑해 주기 위하여 도서관 앞에서 기다리고 있어요'라는 뜻이다. 현대의 광고문구와 크게 다르지 않다. 더 흥미로운 것은 그 돌 판에 새겨진 발의 크기로 미성년자인지 아닌지를 구분했다는 건데, 그래도 미성년자들의 출입을 막기 위해 나름 발의 크기로 기준을 정했다는 것이 좀 귀여운 아이디어 아닌가. 로마제국은 남성 위주의 사회였으니 도서관에 오는 사람들도 남자였을 것이고, 따라서 이런 광고판이 가능했을 것이다. 성매매가 고대부터 있어왔다는 사실에 새삼 놀랄 이유는 없다. 단, 그 당시 셀수스 도서관에 있었던 남성을 상상해보면, 대놓고 성매매 업소 간다고 말하지 않고 우아하게 도서관에 공부하러 간다면서 외출할 수 있어서 좋았겠다 싶다. 그러나 현대인의 시각에서는 정신을 정화시키는 도서관과 육체적 쾌락을 위한 성매매 업소가 연결되어 있다는 것이 조금 이해하기 어려울 수도 있겠다.

그러나 셀수스 도서관이 고대 세계 전역에서 대단한 학자나 지식인들이 이곳으로 와서 연구하고 공부하고 집필하던 곳이었다는 것을 알면 이 건축물을 바라보는 눈빛이 달라질 것이다. 그 대표적인 예로, 지식인이었던 사도 바울도, 요한계시록을 쓴 요한도 이곳 셀수스 도서관에 집필했다고 전해진다. 로마제국 시대에는 이 도서관에 12,000권의 책이 소장되어 있었고 24,000명을 수용할 수 있었다고 하니, 이 도서관이 얼마나 컸는지 그 규모를 짐작할 수 있다. 그 당시 세계에서 가장 큰 규모를 자랑했던 이집트의 알렉산드리아 도서관과 견줄 만큼 컸다고 보면 될 것 같다. 고대 이집트의 알렉산드리아 도서관은 마케도니아의 알렉산더 대왕의 이름을 따서 세워진 알렉산드리아 도시에 있으며, 세계 최초, 최대의 도서관으로 알려져 있다. 이 역사적인 알렉산드리아 도서관 역시 당시 70만권의 책을 보관하고 있었고, 많은 학자들과 지식인들이 연구하고 집필하고 교류했던 곳이다. 이런 도서관과 견주었다고 하면, 셀수스 도서관이 어떠했는지 이제 어느 정도 윤곽이 잡힐 것이다. 이집트의 알렉산드리아 도서관에 대해서는 이집트유적지 편에서 다룰 예정이다. 기대해도 좋다.

로마제국과 몽골제국

이곳 에베소에 도착했을 때 사실 저자는 튀르키예가 아닌 로마의 한 고대 도시에 와 있는 착각이 들었다. 에베소에 있는 대부분 건축물들이 이탈리아 로마에서 보고 느끼고 경험했던 유적지와 유사했기 때문이다. 같은 로마시대에 세워진 건축물이기에 당연하겠다. 그런데 이 로마시대의 유적지를 보기 위해 세계에서 수많은 사람들이 이곳을 방문한다. 유적지 근처의 길은 걷기조차 불편할 정도로 인산인해를 이룬다. 로마의 유적지는 대부분 그렇다. 이탈리아가 세계문화유산 보유국 세계 1위인 것도 바로 이 로마시대 유적지들의 위력이다. 이 책에만 해도 아야소피아, 바실리카 시스턴 저수조, 그리고 이곳 셀수스 도서관까지 모두 로마시대의 건축물이다. 그런데 저자는 로마시대 유적지에 갈 때마다 로마시대 건축물로 막대한 관광수입을 벌어들이고 있는 해당 나라의 경제와 국민들을 떠 올려본다. 즉, 남아있는 건축물 유적지가 경제를 살리고 국민들을 먹여 살린다는 생각을 하게 되는데, 사실일 것이다. 조금 엉뚱하게 들릴지 모르지만, 저자는 이렇게 수많은 세계인들이 몰리는 로마시대 유적지를 볼 때마다 징기스칸이 세운 몽골제국을 소환하곤 한다. 인류역사에서 로마제국 못지않은 몽골제국인데, 로마제국만큼은 아니더라도 관광객들이 보러 올 수 있는 건축물 몇 개는 있어야 하는 것 아닐까. 저자가 몽골을 방문했을 때 지구상에 있을 것 같지 않은 비현실적 풍경의 대 초원에 문명 유적지가 남아있지 않다는 것이 개인적인 아쉬움이었다.

몽골 테를지 국립공원

몽골은 인류역사상 가장 큰 영토를 가졌던 대 제국이었다. 그런데 징기스칸이 세운 원나라는 100년도 안되어 멸망했다. 1000년 이상을 유지한 로마제국에 비해 너무 짧은 기간이어서 문명의 건축물이 없다는 것이 당연할 수 있겠다. 다른 한편으로 생각하면, 인간이 편안히 살기 힘든 환경, 즉 극한 기후와 척박한 땅에 문명의 건축물을 쌓는다는 쉽지 않았을 것이다. 더군다나 한 곳에 머무르지 못하고 계절 따라 이동해야 하는 유목민들의 특성을 고려한다면, 건축물은 애초에 몽골과 어울리지 않을 수도 있다. 그럼에도 불구하고 로마인들처럼 다른 나라를 정복하고 정복한 나라에 건축물을 세울 수도 있었는데 몽골은 그렇게 하지 않았다. 저자는 그 이유를 몽골 답사에서 깨달았다. 몽골인은 말을 위주로 해서 생활하는 말의 문화다. 몽골제국 시절 역시 말은 가장 중요한 군사력이었다. 그래서 몽골제국이 그렇게 큰 영토를 차지할 수 있었던 것도 말 때문이라고 해도 과언이 아닐 것이다. 몽골인들은 이 군사력을 잃지 않으려면, 말의 거주지인 초원을 떠날 수 없었고, 그러다 보니 정복한 국가에 정착하여 무엇을 어떻게 해볼 수 없었다. 결국, 말이 세계에서 가장 강한 군대를 만들었지만, 말 때문에 정복국가에서 지배력을 강화시키지 못하다보니 그리 강성했던 몽골제국은 오래가지 못한 것이다. 그럼에도 불구하고, 로마만큼은 아니더라도 단 몇 개의 건축물 문명을 남겼다면, 지금 몽골민족들은 관광수입으로 어느 정도 경제적 혜택을 누리며 살지 않을까 라는 안타까운 마음이 드는 것은 어쩔 수 없었다. 실제 몽골은 현재 GDP 127위로 목축을 경제적 기반으로 하고 있는 유목민들이 전체 인구 335만 명 중 1/4이나 되니 경제적 상황이 열악하다. 저자가 본 몽골은 한국의 70~80년대의 경제 상황이었기에 더더욱 안타까운 마음이 생각이 든 것이다.

한국의 건축가 유현준이 신문 칼럼에 "로마는 1000년 지속, 몽골제국은 90년 만에 망한 까닭은"이란 글을 썼다. 그는 몽골제국이 오래 유지되지 못한 이유 중에 하나가 건축문화가 없었기 때문이라고 말한다. 저자의 생각과 일치하는 부분이다. 이미 저자는 그 끝없이 펼쳐진 푸른 초원위에 건축물을 하나라도 세워 놓았더라면, 그리고 정복한 국가에 건축물을 세웠더라면 하는 아쉬움을 토로했다. 유현준 또한 정복한 국가를 통치하는 데 건축물이 큰 역할을 한다고 주장한다. 멀리 갈 것도 없이 위에서 우리가 답사한 아야 소피아만 보아도 그렇다. 오스만 제국은 이스탄불을 정복하게 되자 로마가 세운 아야소피아를 벤치마킹하여 그들이 정복하는 나라마다 모스크 건축물을 세웠다. 그런데 몽골은 어떻게 했는가. 건축물은 아예 세울 생각도 없이 정복한 나라에 군사력인 말만 데려다 놓은 모양새가 된 것이다. 유목민족 특성상 끊임없이 이동해야 하니 어디를 가나 텐트는 세웠겠지만, 그들이 지나가고 난 자리에는 정복자의 권력과 통치력을 보여주고 정복자를 두려워하게 만드는 건축물을 세웠어야 했다. 그것도 되도록이면 크고 무겁게 지어서 지금까지 건재할 수 있도록 말이다. 그래서 지금 세계인들이 가장 보고 싶어 하는 유적지가 되어 몽골인들이 관광수입으로 행복하게 살 수 있도록 했어야 했다. 그런데 한편으로 생각하니, 이렇게 강하게 주장하고 있는 저자를 몽골인들이 이상하게 볼 수도 있겠다. 몽골인도 아니고 한국인이 왜 몽골제국을 로마제국과 마음대로 비교하고, 그것도 오지랖 넓게 왜 몽골인 걱정을 하는지 이해할 수 없다며, 주제넘게 쓸데없이 참견하지 말라고 할 것 같다. 그리고 환청인지 모르지만, 푸른 초원위에서 바람과 함께 말을 타며 진정한 삶의 자유와 마음의 평화를 누리고 있는 유목민들이 진정한 행복이 무엇인지 모르고 하는 소리라고 저자를 타박하는 소리가 귀에 들려왔다.

나의 도서관

셀수스 고대 도서관이 그저 '도서관'이라는 이유만으로도 저자의 눈길을 끌었다고 이미 말했다. 그렇다. 저자에게 '도서관'이란 특별한 상징이기도 하고 많은 의미가 담겨 있는 곳이다. 지나온 시간을 뒤돌아보니, 왜 그랬을까, 사는 동안 조금의 여유도 부릴 줄 몰랐던 것 같다. 늘 시간에 쫓기며 살아온 것 같은데, 타고난 DNA 때문인지 아니면 만들어진 습관 때문인지 모르겠지만, 이러한 습성은 평생을 가만히 두지 못하고 움직이게 하여 몸은 늘 고달팠다. 뇌가 명령하니 어쩔 수 없이 바삐 움직이는 내 몸에 가끔씩은 미안함까지 느낀다. 이제는 충분히 휴식하며 여유롭게 보낼 수 있는 상황이 되었는데도 여전히 몸은 바쁘다. 물론 시간에 쫓기어 살 수 밖에 없는 시절은 있었다. 아마 초등학교를 졸업하고 난 후 부터인 것 같다. 이미 언급했듯이, 가족들의 각자도생에, 저자 또한 스스로의 삶을 일구어야 하는 환경에 놓이다보니, 하루하루를 시간 단위, 아니 분 단위로 쪼개가며 움직였던 것 같다. 일과 공부를 병행해야 했던 십대가 가장 시간이 부족했고 힘들었다고 기억하는데, 아이러니하게도 이렇게 바삐 움직였던 십대가 저자의 생에서 가장 행복한 시간이었음을 부정할 수 없다. 지금도 시청 구청사 정문의 대형 시계를 보면, 그 바쁜 시간을 보냈던 시절이 고스란히 떠오른다. 시청을 지나갈 때 마다 버스 속에서 그 시계를 보며 정해진 시간 내에 도착할 수 있을지 늘 초조했기 때문이다. 십대에 어째서 그리 성실했고, 어째서 그리 시간을 낭비하지 않으려고 애썼을까. 지금 생각해도 스스로가 이해되지 않는 생의 한 시절이다.

이렇게 목적지도 모르고 정신없이 달려가던 십대 저자에게 삶의 공기청정기 역할을 해준 곳이 남산도서관이었다. 항상 시간이 부족했던 저자는 늘 책이 고팠다. 아무도 알려주지도 않았고 권하지도 않았는데, 조금의 시간이라도 주어지면 남산도서관을 자연스럽게 찾았다. 그곳에서 보낸 시간은 꿈결처럼 감미롭고 포근하고 편안했으며, 세상의 모든 것을 다 얻은 듯 마음이 뿌듯했다. 특히 도서관 내에 번져있는 책 내음이 너무 좋았는데, 도서관에 앉아 있으면 링거의 수액이 몸에 들어가듯 도서관에 있는 책속의 지식들이 영혼으로 들어가 책 고픔을 채워주는 것 같았다. 그때 깨달았다. 저자는 책을 읽는 지적활동을 좋아한다는 것을. 그러나 시간이 넉넉지 않아 남산 도서관을 자주 찾지는 못했다. 다행스럽게 십대에 남산 도서관을 사랑했던 저자는 이십대에 대학에 입학하면서 다시 도서관을 만났다. 대학 도서관 서고에 꽂혀 있는 책들 중에서 저자의 손에 잡힌 것은 주로 문학소설과 실존주의 철학책들이었다. 이문열의 '사람의 아들', 조세희의 '난장이가 쏘아올린 작은 공', 카프카의 '변신', 까뮈의 '이방인', 니체의 '짜라투스투라는 이렇게 말했다' 등이 기억난다. 그런데 문제는 이십대가 되자 약간, 그렇다 아주 약간 생긴 정신적 여유 공간 안으로 예상치 못한 관념적 혼란과 방황이 들이닥친 것이다. 그 눈부시고 찬란한 이십대에 개인의 소중한 정신적 자유를 박탈당한 꼴이 되었다. 지금 생각해보면, 도서관의 책들이 관념적인 것에 과하도록 집중하게 하여 생을 너무 진중하고 무겁게 만들었던 같다. 그렇게 심각하고 무거울 필요는 없었는데 말이다. 그러나 이십대에도 여전히 도서관을 마음대로 갈 수 있는 시간은 부족했다.

  그런 저자에게 어느 날 갑자기 도서관에서 마음껏 책을 읽고 공부할 수 있는 기회가 왔다. 불혹의 나이를 앞두고 뜻하지 않는 계기로 호주에 있는 대학의 석사과정에 입학하게 된 것이다. 지금도 생생이 기억한다. 호주 대학 도서관에 처음 들어서는 순간, 울컥하면서 눈물 한 방울 흘렸던 것을. 드디어 시간에 쫓기지 않고 마음껏 도서관에서 지식을 향유할 수 있게 된 것이다. 서고에서 책 한권을 빼면, 딱 그 책의 무게만큼, 뜨거움이 가슴에 차올랐고, 그동안 감춰있었던 지식욕이 본성을 드러내며 저자를 도서관에 오랫동안 원 없이 머무르게 하였다. 그리고 마음껏 공부할 수 있게 된 것에 대해 신께 감사드렸다. 이때 너무 감사한 나머지 신에게 덜컥 약속을 하나 했는데, 지금 고백하자면, 그 약속이란 남은 생은 힘들고 어려운 자들에게 봉사하며 이타적 삶을 살겠다는 것이었다. 그런데 아직 그 약속을 지키지 못하고 있는 것 같아 늘 죄송한 마음은 있다. 지금도 여전히 도서관은 저자에게 의미 있는 장소이다. 저자에게 도서관은 무엇인가를 누리고 있다는 생각을 하게 해주고, 누릴 자격이 있다고 말해주는 곳이다. 인간은 초라하고 대단하지 않는 존재라는 것을 알지만, 도서관은 책을 통해 온 우주를 누비고 다니는 위대하고 초월적인 존재로 만들어준다. 도서관이 그리워도 시간에 쫓기어 가지 못했던 그때를 생각하며, 저자는 지금 주어진 시간에 가장 특별한 가치를 부여하려고 노력한다. 뒤돌아보면 후회만 가득 차 있는 과거가 있고, 앞을 보면 근심만 가득 차 있는 미래가 있지만, 지금 주어진 찰나 같은 순간의 시간들을 낭비하지 않으려고, 망치지 않으려고 노력한다. 읽고 싶은 책을 실컷 읽고, 책에서 흡수한 지식이 타인에게 어떠한 형태로든, 아주 적은 양이라도 도움이 된다면, 신과 약속한 대로, 저자는 기꺼이 쏟아 부을 생각이다.

저자가 사랑한 도서관

이제 '길'로 시작한 '아시아유적지기행'의 집필을 '도서관'을 끝으로 마치려고 한다. 지난해에 출판된 '한국유적지기행' 도서는 현재 국립중앙도서관에 소장되어 있다. 물론 저자의 책만 특별히 이곳에 있는 것이 아니다.

출판되는 모든 책은 의무적으로 국립중앙도서관에 납본하게 되어 있다. 그럼에도 불구하고, 누군가가 도서관에서 저자의 책을 접한다면, 이제 저자와 독자는 하나의 세계에서 만나는 것이다. 큰 울림을 주는 감동도 없고, 삶에 영양분을 듬뿍 넣어주는 책은 아닐지라도, 누군가 도서관에서 책을 읽는 동안 세계유적지로 가는 여정을 꿈꾸었다면, 저자는 신과 약속한 이타적 삶을 천만분의 일이라도 실현된 것으로 만족하려고 한다. 그리고 다음에 집필하는 세계유적지 기행서도 도서관의 서고로 가서 누군가의 생의 여정에 울림을 주고 감동을 줄 수 있는 책이 될 수 있도록 열렬하게 집필해 볼 작정이다.

참고문헌

- 강구열. 2021. "인류 '전쟁의 공포'가 평화 만들었다" 세계일보. 2021.1.26.
- 강신주. 2007. 철학 삶을 만나다. 이학사.
- 권석환, 김동욱, 안장리, 이석해, 이정수, 이행렬. 2002. 중국문화답사기. 다락원.
- 김경일. 2011. 공자가 죽어야 나라가 산다. 바다출판사.
- 김상욱. 2018. 떨림과 울림. 동아시아.
- 김봉수. 2021. "'창업보다 수성이 더 어렵다'는 옛말, 과학적으로 증명됐다?" 아시아 경제, 2021.10.12.
- 김창금. 2014. "4만 년 전 손바닥 벽화…'예술 발원지' 바꾸나" 한겨레신문, 2014. 10. 9.
- 김희준. 2012. 철학적 질문 과학적 대답. 생각의 힘.
- 김희준. 2005. "살신성인 별의 죽음" 경향신문. 2005. 4.1.
- 레프 톨스토이(이선미 역). 2020. 톨스토이의 인생론. 메이트북스.
- 로버트 프로스트(신재실 역). 2022. 로버트 프로스트 명시 읽기. 한국문화사.
- 리처드 카벤디쉬(김희진 역). 2009. 죽기 전에 꼭 봐야 할 세계 역사 유적 1001. 마로니에북스.
- 모리서 이서먼, 스튜어드 위버(조금희, 김동수 역). 2015. 히말라야 도전의 역사. 하루재클럽.
- 바그완 슈리 라즈니쉬 강의(이춘호 역). 2017. 죽음: 가장 커다란 거짓말. 인문사.
- 배은숙. 2021. 로마 전차 경기장에서의 하루. 글항아리.
- 배철현. 2017. "나는 누구인가? 자코메티의 예술세계" 국민일보, 2017. 12. 28.

- 손민호. 2021. "들어가면 입 벌어진다…1만 명 숨어 살았다는 지하 55m 도시". 중앙일보, 2021. 11. 25.

- 박현도. 2017. 무함마드의 여인들. 월간조선.

- 법정. 2000. 무소유. 범우사.

- 스티븐 호킹. 레오나르드 믈로디노프(전대호 역). 2006. 짧고 쉽게 쓴 시간의 역사. 까치글방.

- 안도 다다오. 2014. 안도 다다오 일을 만들다. 재능교육.

- 알베르 까뮈(박언주 역). 2020. 시지프의 신화. 열린책들.

- 알베르 까뮈(김화영 역). 2019. 이방인. 민음사.

- 야로슬라프 펠리칸(김경민. 양세규 역). 2017. 성서, 역사와 만나다. 비아.

- 엄남석. 2022. "고대 7대 불가사의 피라미드 건설 가능케 한 지류 있었다" 연합뉴스. 2022.8.31.

- 에릭살린(서종기 역). 광물, 역사를 바꾸다. 예경.

- 오은경. 2014. 베일속의 여성, 그리고 이슬람. 시대의 창.

- 온라인중앙일보, 2016. "서프라이즈' 캄보디아의 대표적 유적 '앙코르와트' 사실은 유령도시에서 발견" 2016.07.31.

- 요한 볼프강 폰 괴테(장희창 역). 2003. 색채론. 민음사.

- 윌리엄 제임스(정명진 역). 2014. 심리학의 원리. 부글북스

- 유네스코(UNESCO) 홈페이지. https://heritage.unesco.or.kr

- 유발 하라리(김병주 역). 2019. 호메데우스 미래의 역사. 김영사

- 유발 하라리(김병주 역). 2019. 호모사피엔스. 김영사

- 유성운, 2018. "서희는 '세 치 혀'로 거란군을 물리친 걸까" 중앙일보, 2018.09.16

- 유현준. 2017. "로마는 1000년 지속, 몽골제국은 90년 만에 망한 까닭은" 중앙선데이 2017.01.22

- 이문열. 2020. 사람의 아들. 알에이치코리아.

- 이성규. 2016. 앙코르의 비밀, 과학이 밝혀낼까. KISTI의 과학향기, 2735호.

- 이유미. 2024. "2050년엔 기독교·이슬람신자 수 같아진다...`이슬람 출산율 효과". 이데일리, 2024. 6.6.

- 이준일. 2015. 13가지 죽음. 지식프레임.

- 이희철. 2011. 터키, 신화와 성서의 무대, 이슬람이 숨쉬는 땅. 리수.

- 장 길렌. 장 자미트(박성진 역). 2020. 전쟁 고고학. 사회평론 아카데미.

- 정민. 2022. 서학, 조선을 관통하다. 김영사.

- 정호승. 2021. 외로우니까 사람이다. 창비.

- 제임스 수즈먼(김병화 역). 2022. 일의 역사. 알에이치코리아.

- 조너선 홀스래그(오윤성 역). 2020. 권력 쟁탈 3000년. 북트리거.

- 조세희. 2024. 난장이가 쏘아올린 작은 공. 이성과 힘.

- 조셉 캠벨. 빌 모이어스(이윤기 역). 2020. 신화의 힘. 21세기북스.

- 조인숙. 2015. 불교 세계관 원형 간직한 '동양의 베니스', 신동아.

- 존 딕슨(홍종락 역). 2022. 벌거벗은 기독교 역사 악당인가 성자인가. 두란노 서원.

- 주경철. 2017. 마녀. 생각의 힘

- 주남철. 1983. 한국건축미. 일지사.

- 찰스 킴볼(김승욱 역) 2020. 종교가 사악해질 때. 현암사.

- 최진숙. 2023. 한국유적지기행. 만수출판사.

- 칼 세이건(홍승수 역). 2006, 코스모스(Cosmos), 사이언스북스.

- 캐린 듄(황필호 역). 1980. 석가와 예수의 대화. 종로서적.

- 폴 데이비스(박배식 역). 2005. 마지막 3분. 사이언스북스.

- 표정훈. 2010. 하룻밤에 읽는 동양사상. 랜덤하우스코리아.

- 피터프랭코(이재황 역). 2023. 기후변화 세계사. 책과 함께.

- 프란츠 카프카(전영애 역). 2009. 변신. 시골의사. 민음사.

- 프리드리히 니체(장희창 역). 2004. 차라투스트라는 이렇게 말했다. 민음사.

- 하메드 압드엘-사마드(배명자 역). 2016. 무하마드 평전. 한스미디어.

- 홍익희. 2019. 문명으로 읽는 종교이야기. 행성B.

- 히로나카 헤이스케(방승영 역). 2008. 학문의 즐거움. 김영사.

아시아유적지기행

1판 1쇄 발행 2024년 11월 25일

저자 최진숙

편집 윤혜린   **마케팅·지원** 김혜지

펴낸곳 (주)하움출판사   **펴낸이** 문현광

이메일 haum1000@naver.com   **홈페이지** haum.kr
블로그 blog.naver.com/haum1000   **인스타그램** @haum1007

ISBN 979-11-94276-63-0(03910)

좋은 책을 만들겠습니다.
하움출판사는 독자 여러분의 의견에 항상 귀 기울이고 있습니다.
파본은 구입처에서 교환해 드립니다.